ACTIVITIES MANUAL

¡Claro que sí!

ACTIVITIES MANUAL

Workbook / Lab Manual

¡Claro que sí!

An Integrated Skills Approach

FIFTH EDITION

Lucía Caycedo Garner
University of Wisconsin–Madison, Emerita

Debbie Rusch
Boston College

Marcela Domínguez
Pepperdine University

HOUGHTON MIFFLIN COMPANY
BOSTON NEW YORK

Publisher: Rolando Hernández
Sponsoring Editor: Van Strength
Senior Development Editor: Sandra Guadano
Editorial Assistant: Erin Kern
Project Editor: Amy Johnson
Senior Manufacturing Coordinator: Marie Barnes
Senior Marketing Manager: Tina Crowley Desprez

CREDITS

Page 16, courtesy of Humberto Hincapié Villegas; page 34 from http://www.plus.es/codigo/television/television.asp, photo from Buffy the Vampire Slayer © 1997 Twentieth Century Fox. All rights reserved.; page 63, Excerpt on "Machu Picchu" from http://traficoperu.com/machupicchu.htm; page 63, Excerpt on "Hiram Bingham" from http://www.infoweb.com.pe/villarreal/fdcp0f.htm; page 94, © Peter Menzel; page 106, reprinted with permission of AT&T; page 108, Robert Frerck/Odyssey Productions (top and bottom); page 125, Copyright © 1986 by Houghton Mifflin Company. Adapted and reproduced by permission from *The American Heritage Spanish Dictionary*; page 137, © Mary Altier; page 151, © Venezuelan International Airways; page 159, © Revista *Mucho Más*: page 176, courtesy of Mi Buenos Aires Querido; page 181, from "El Mundo a Su Alcance con Hertz," reprinted by permission of the Hertz Corporation; page 196: Courtesy of Kentucky Fried Chicken; page 211: Photo Researchers/Jim Fox; page 215: Asociación CONCIENCIA -- Folleto de Campaña "Vivamos en un paisaje limpio", Argentina; page 236: Miguel Fairbanks/Material World; page 347: © Giraudon/Art Resource, New York.

ILLUSTRATIONS

Conrad Bailey: pages 11, 12
Doug Wilcox: pages 77, 265, 283, 303
Joyce A. Zarins: pages 38, 57, 60, 61, 120, 128, 145 (b and c), 162, 274, 279, 280, 292, 294, 309 (middle), 323 (bottom)
Len Shalansky: pages 6, 145 (a), 260, 309 (bottom)
Tim Jones: pages 86, 313
Will Winslow: pages 4, 5, 26, 43 (bottom), 53, 72, 74, 154, 161, 269 (bottom), 271, 275, 276, 288, 293, 323
Mark Heng: pages 43 (top), 44, 46, 62, 71, 132, 153, 183, 192, 205, 227, 277

Printed in the U.S.A.

ISBN: 0-618-19035-X

3456789-HES-07 06 05 04

Contents

To the Student

The Activities Manual to accompany *¡Claro que sí!, Fifth Edition* consists of two parts:

- Workbook Activities
- Lab Manual Activities

Workbook

The Workbook activities are designed to reinforce the chapter material and to help develop your writing skills. Each chapter in the Workbook, with the exception of the preliminary chapter, contains four parts:

- *Práctica mecánica I:* Contains mechanical drills to reinforce and practice the vocabulary and grammar presented in the first part of the textbook chapter. You should do this section after studying the first grammar explanation.
- *Práctica comunicativa I:* Contains open-ended activities that allow you to use the concepts learned in the first part of the chapter. Many of the activities will focus on more than one concept. Do this section after having completed the activities in the first *Hacia la comunicación I* section.
- *Práctica mecánica II:* Contains mechanical drills to reinforce and practice the vocabulary and grammar presented in the second part of the textbook chapter. You should do this section after studying the second grammar explanation.
- *Práctica comunicativa II:* Integrates all vocabulary, grammar, and functions presented in the chapter and allows you to express yourself in meaningful and open-ended contexts. You should do this section after having completed *Hacia la comunicación II*, and before any exams or quizzes.

The *Repaso* sections after odd numbered chapters will help you review some key concepts.

Answers to the Workbook activities are provided in a separate Workbook Answer Key, which your instructor may make available to you.

Here are some tips to follow when using the Workbook:

- Before doing the exercises, study the corresponding vocabulary and grammar sections in the textbook.
- Do the exercises with the textbook closed and without looking at the answer key.
- Write what you have learned. Be creative, but not overly so. Try not to overstep your linguistic boundaries.
- Try to use dictionaries sparingly.
- Check your answers against the answer key, marking all incorrect answers in a different color ink.

- Check any wrong answers against the grammar explanations and vocabulary lists in the textbook. Make notes to yourself in the margins to use as study aids.
- Use your notes to help prepare for exams and quizzes.
- If you feel you need additional work with particular portions of the chapter, do the corresponding exercises in the CD-ROM and/or ACE Practice Tests on the ***¡Claro que sí!*** Website.

Lab Manual

The activities in the Lab Manual are designed to help improve your pronunciation and listening skills. Each chapter contains three parts:

- *Mejora tu pronunciación:* Contains an explanation of the sounds and rhythm of Spanish, followed by pronunciation exercises. This section can be done at the beginning of a chapter.
- *Mejora tu comprensión:* Contains numerous listening comprehension activities. As you listen to these recordings, you will be given a task to perform (for example, completing a telephone message as you hear the conversation). This section should be done after studying the second grammar explanation and before taking any exams or quizzes.
- The audio program for each chapter ends with the corresponding conversations from the text, so that you can listen to them outside of class. You may also listen to them on the audio CD packaged with the textbook.

Here are some tips to follow when doing the Lab Manual activities:

- While doing the pronunciation exercises listen carefully, repeat accurately, and speak up.
- Read all directions and items before doing the listening comprehension activities.
- Pay specific attention to the setting and type of spoken language (for example, an announcement in a store, a radio newscast, a conversation between two students about exams, and so forth).
- Do not be concerned with understanding every word; your goal should be to do the task that is asked of you in the activity.
- Replay the activities as many times as needed.
- Listen to the recordings again after correction to hear what you missed.

Conclusion

Through conscientious use of the Workbook and Lab Manual you should make good progress in your study of the Spanish language. Should you need additional practice, do the CD-ROM and Web ACE Practice Tests. The CD-ROM and the ACE Practice Tests are excellent review tools for quizzes and exams.

Workbook

Capítulo preliminar

Actividad 1: *Llamarse.* Complete the following sentences with the correct form of the verb **llamarse.**

1. Ud. se ____________ Pedro Lerma, ¿no?
2. Me ____________ Francisco.
3. ¿Cómo te ____________?
4. ¿Cómo se ____________ Ud.?
5. Ud. ______ ____________ Julia Muñoz, ¿no?
6. ____________ llamo Ramón.
7. ¿Cómo ______ ____________ tú?
8. Hola, tú ______ ____________ Patricia, ¿no?

Actividad 2: ***Ser.*** Complete the following sentences with the correct form of the verb **ser**.

1. Yo ____________ de Cali, Colombia.
2. ¿De dónde ____________ Ud.?
3. Tú ____________ de California, ¿no?
4. Tomás, ¿____________ de México?
5. Ud. ____________ de Valencia, ¿no?
6. ¿De dónde ____________ tú?
7. ¿De dónde ____________ Susana?
8. Yo ____________ de San José.

NOMBRE ______________________ FECHA ______________

Actividad 3: ¿Cómo se llama Ud.? Two businesspeople are sitting next to each other on a plane, and they strike up a conversation. You can hear the woman, Mrs. Beltrán, but not the man, Mr. García. Write what you think Mr. García is saying.

SRA. BELTRÁN Buenas tardes.

SR. GARCÍA ______________________.

SRA. BELTRÁN Me llamo Susana Beltrán, y ¿cómo se llama Ud.?

SR. GARCÍA ______________________.

¿______________________?

SRA. BELTRÁN Soy de Guatemala, ¿y Ud.?

SR. GARCÍA ______________________.

SRA. BELTRÁN Encantada.

SR. GARCÍA ______________________.

Actividad 4: Buenos días. Today is Pepe's first day at a new school. He is meeting his teacher, Mr. Torres, for the first time. Complete the following conversation. Remember that Pepe will show respect for Mr. Torres and use **usted.**

SR. TORRES Buenos días.

PEPE ______________________.

SR. TORRES ¿______________________?

PEPE ______________________ Pepe.

SR. TORRES ¿De dónde ______________________?

PEPE ______________________ Buenos Aires.

SR. TORRES Ahhh... Buenos Aires.

PEPE Señor, ¿______________________?

SR. TORRES Soy el señor Torres.

Actividad 5: *Estar*. Complete the following sentences with the correct form of the verb **estar**.

1. ¿Cómo ______________________ Ud.?
2. Pepe, ¿cómo ______________________?
3. Sr. Guzmán, ¿cómo ______________________?
4. Srta. Ramírez, ¿cómo ______________________?

NOMBRE ______________________ FECHA ______________

Actividad 6: ¿Cómo te llamas? Finish the following conversation between two college students who are meeting for the first time.

ÁLVARO ¿Cómo te ______________?

TERESA Me ______________. ¿Y ______________?

ÁLVARO ______________.

TERESA ¿De ______________ eres?

ÁLVARO ______________ Córdoba, España. ¿Y ______________?

TERESA ______________ Ponce, Puerto Rico.

ÁLVARO ______________.

TERESA Igualmente.

Actividad 7: ¡Hola!

Parte A. Two friends see each other on the street. Complete their brief conversation with what you think they said.

MARIEL Hola, Carlos.

CARLOS ______________, ______________.

¿______________?

MARIEL Bien, ¿______________?

CARLOS Muy bien.

MARIEL Hasta luego.

CARLOS ______________.

Parte B. Rewrite the preceding conversation from **Parte A** so it takes place between two business acquaintances who meet at a conference.

SR. MARTÍN ______________.

SR. CAMACHO ______________, ______________.

¿______________?

SR. MARTÍN ______________. ¿______________?

SR. CAMACHO ______________.

SR. MARTÍN ______________.

SR. CAMACHO ______________.

Actividad 8: La capital es... Mr. Torres is teaching Latin American capitals and asks the students the following questions. Write the students' answers using complete sentences.

1. ¿Cuál es la capital de Panamá? ______________________
2. ¿Cuál es la capital de Honduras? ______________________
3. ¿Cuál es la capital de Colombia? ______________________
4. ¿Cuál es la capital de Puerto Rico? ______________________
5. ¿Cuál es la capital de Chile? ______________________

Actividad 9: Países. As a student, Luis Domínguez has many opportunities to travel. Look at the button collection on his backpack and list the countries he has visited.

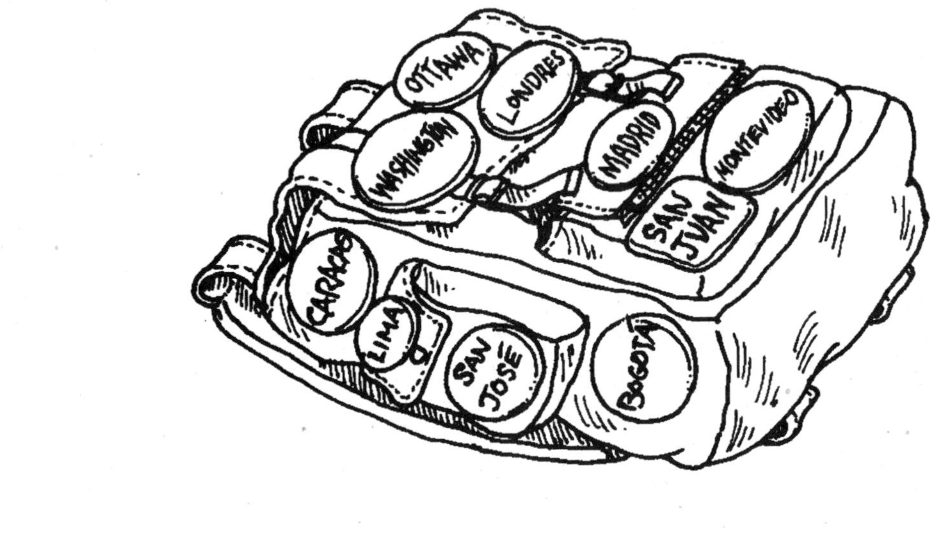

____

____

____

Actividad 10: Población. Look at the following data provided by the United States Census Bureau, then answer the questions that follow.

POBLACIÓN DE LOS ESTADOS UNIDOS

Proyección para el año 2010		
Número total de habitantes	299.861.000	100%
Blancos (no hispanos)	201.956.000	67,3%
Negros (no hispanos)	37.482.000	12,5%
Hispanos	43.687.000	14,6%
Proyección para el año 2020		
Número de habitantes	351.070.000	100%
Blancos (no hispanos)	212.740.000	54,5%
Negros (no hispanos)	51.559.000	13,2%
Hispanos	90.343.000	23,1%
Proyección para el año 2050		
Número de habitantes	403.686.000	100%
Blancos (no hispanos)	212.740.000	52,8%
Negros (no hispanos)	53.466.000	13,2%
Hispanos	98.228.000	24,3%

1. Do all groups mentioned rise in number of inhabitants from 2010 to 2050? ______ yes ______no
2. In terms of percentage of the overall population, which group is rising quickly? ______________________ Which is declining? ______________________

Actividad 11: Opinión. In English, briefly discuss what you think may be some of the implications for the United States of the population trends seen in *Actividad 10.*

___

___

___

___

___

NOMBRE ______________________________ FECHA ____________________

Actividad 12: ¿Cómo se escribe? Write out the spellings for the following capitals.

➤ Asunción *A-ese-u-ene-ce-i-o con acento-ene*

1. Caracas ______________________________
2. Tegucigalpa ______________________________
3. San Juan ______________________________
4. Quito ______________________________
5. Santiago ______________________________
6. La Habana ______________________________
7. Managua ______________________________
8. Montevideo ______________________________

Actividad 13: Los acentos. Write accents on the following words where needed. The stressed syllables are in boldface.

1. televi**sor**
2. **fa**cil
3. impor**tan**te
4. **dis**co
5. Ra**mon**
6. **Me**xico
7. **ri**diculo
8. conti**nen**te
9. fi**nal**
10. fan**tas**tico
11. ciu**dad**
12. invita**cion**

Actividad 14: Puntuación. Punctuate the following conversation.

MANOLO Cómo te llamas

RICARDO Me llamo Ricardo Y tú

MANOLO Me llamo Manolo

RICARDO De dónde eres

MANOLO Soy de La Paz

NOMBRE ______________________ FECHA ______________

Capítulo 1

PRÁCTICA MECÁNICA I

Actividad 1: Los números. Write out the following numbers.

a. 25 ______________________

b. 15 ______________________

c. 73 ______________________

d. 14 ______________________

e. 68 ______________________

f. 46 ______________________

g. 17 ______________________

h. 54 ______________________

i. 39 ______________________

j. 91 ______________________

Actividad 2: Nacionalidades. Indicate the nationality of the following people in complete sentences.

➤ Juan es de Madrid. *Juan es español.*

1. María es de La Paz. ______________________
2. Hans es de Bonn. ______________________
3. Peter es de Londres. ______________________
4. Gonzalo es de Buenos Aires. ______________________

Continued on next page →

NOMBRE ______________________________ FECHA ______________

5. Jesús es de México. ______________________________
6. Ana es de Guatemala. ______________________________
7. Irene es de París. ______________________________
8. Tú eres de Quito. ______________________________
9. Frank es de Ottawa. ______________________________
10. Soy de los Estados Unidos. ______________________________

Actividad 3: Verbos. Complete the following sentences with the appropriate form of the indicated verbs.

1. ¿Cómo __________ ____________________ él? (llamarse)
2. ¿Cuántos años ____________________ tú? (tener)
3. Yo ____________________ de España. (ser)
4. Ella ____________________ veinticinco años. (tener)
5. ¿Cómo __________ ____________________ Ud.? (llamarse)
6. Laura, ¿cuántos años ____________________? (tener)
7. Felipe ____________________ boliviano, ¿no? (ser)
8. ¿De dónde ____________________ tú? (ser)
9. Ana ____________________ diecinueve años y Pepe ____________________ veinte. (tener, tener)
10. Sra. Gómez, ¿de dónde ____________________ Ud.? (ser)

PRÁCTICA COMUNICATIVA I

Actividad 4: ¿Cuál es tu número de teléfono? You are talking to a friend on the phone, and she asks you for a few phone numbers. Write how you would say the numbers.

➤ Juana *dos, cincuenta y ocho, setenta y seis, quince*

NOMBRE	TELÉFONO
Juana	258 76 15
Paco	473 47 98
Marisa	365 03 52
Pedro	825 32 14

1. Paco ______________________
2. Marisa ______________________
3. Pedro ______________________

Actividad 5: ¿De dónde son? Look at the accompanying map and, using adjectives of nationality and complete sentences, state each person's nationality.

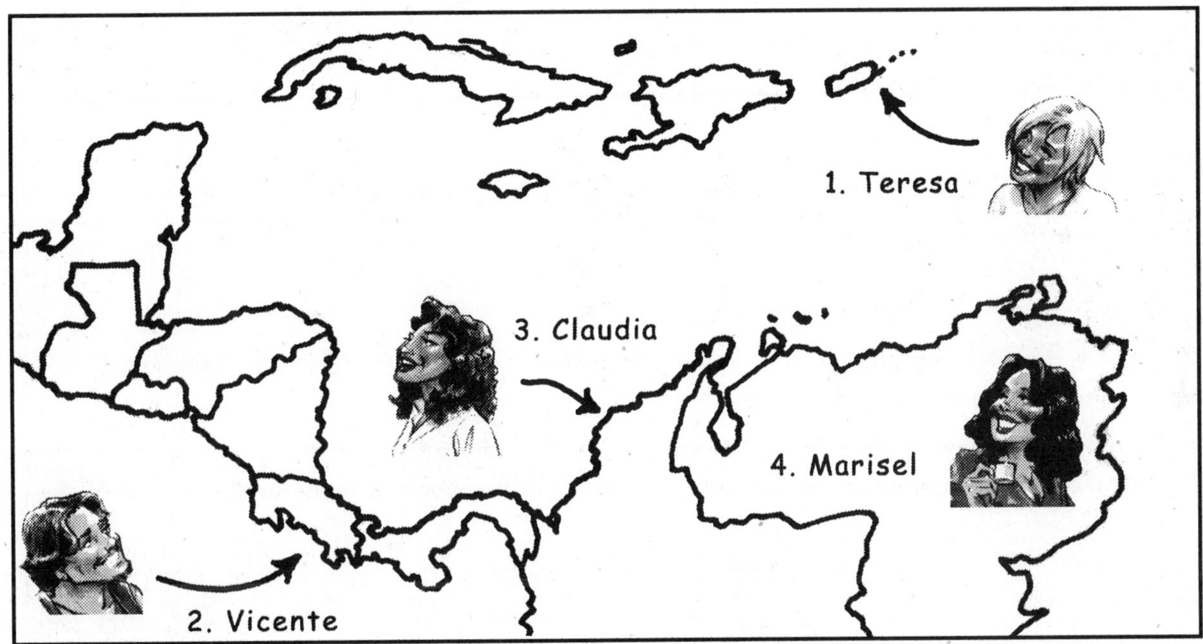

1. ______________________
2. ______________________
3. ______________________
4. ______________________

NOMBRE ______________________ FECHA ______________

Actividad 6: En orden lógico. Put the following conversation in a logical order by numbering the lines from 1 to 10.

_______ ¿De dónde es ?

_______ ¿España?

_______ ¿Quién, ella?

_______ ¡Ah! Hola, ¿cómo estás?

_______ Antonio.

_______ Bien... ¿Cómo se llama?

_______ Es de Córdoba.

___*1*___ Hola, Carlos.

_______ No, Argentina.

_______ No, él.

Actividad 7: ¿Quién es? Write a brief paragraph saying all that you can about the two people shown in the accompanying student I.D.s.

Universidad Complutense de Madrid

Nombre:	Claudia		
Apellidos:	Dávila Arenas		
Ciudad:	Cali	**País:**	Colombia
Edad:	21	**Pasaporte:**	AC 67 42 83

Universidad Complutense de Madrid

Nombre:	Vicente		
Apellidos:	Mendoza Durán		
Ciudad:	San José	**País:**	Costa Rica
Edad:	26	**Pasaporte:**	83954

____

____

____

____

____

____

NOMBRE ______________________ FECHA ______________

Actividad 8: La suscripción. Fill out the accompanying card to order this magazine for yourself or a friend.

Reciba en su casa la nueva revista *Mujer*

Lo último en moda y belleza para la mujer refinada

12 ejemplares por sólo $20.00

¡Suscríbame hoy!

Nombre ______________________

Dirección ______________________

____

Ciudad ____________ Estado ____________ Código Postal ____________

Incluyo mi ☐ cheque o ☐ giro postal   Cargar a mi ☐ Visa ☐ MasterCard

Tarjeta número ____________ Fecha de vencimiento ____________

Firma autorizada ______________________

Esta oferta es válida sólo para suscripciones en Estados Unidos y Puerto Rico. Hacer cheque o giro postal a nombre de: Editorial Latina. Su primer ejemplar será puesto en correo dentro de seis semanas.

PRÁCTICA MECÁNICA II

Actividad 9: Las ocupaciones. Change the following words from masculine to feminine or from feminine to masculine. Make all necessary changes.

1. ingeniero ______________________
2. doctora ______________________
3. actriz ______________________
4. abogada ______________________
5. secretaria ______________________
6. artista ______________________
7. profesora ______________________
8. director ______________________
9. camarero ______________________
10. vendedora ______________________
11. comerciante ______________________
12. deportista ______________________

Actividad 10: Verbos. Complete the following sentences with the appropriate form of the indicated verbs.

1. Ellos ______________ paraguayos. (ser)
2. ¿Cuántos años ______________ Uds.? (tener)
3. Nosotros ______________ abogados. (ser)
4. Él ______________ veinticinco años y ______________ ingeniero. (tener, ser)
5. Juan y yo ______________ veintiún años. (tener)
6. ¿De dónde ______________ Clara y Miguel? (ser)
7. Ella ______________ Pilar, ______________ veinticuatro años y ______________ artista. (llamarse, tener, ser)
8. El Sr. Escobar y la Sra. Beltrán ______________ ecuatorianos. (ser)

Actividad 11: Preguntas y respuestas. Answer the following questions both affirmatively and negatively in complete sentences.

1. ¿Eres de Chile? Sí, ______________
   No, ______________
2. Ud. es colombiano, ¿no? Sí, ______________
   No, ______________
3. Ella se llama Piedad, ¿no? Sí, ______________
   No, ______________
4. ¿Son españoles Pedro y David? Sí, ______________
   No, ______________
5. Uds. tienen veintiún años, ¿no? Sí, ______________
   No, ______________

Actividad 12: Las preguntas. Write questions for the following answers.

1. —¿______________? —Sí, es Ramón.
2. —¿______________? —Ellos son de Panamá.
3. —¿______________? —Tenemos treinta años.
4. —¿______________, ¿no? —No, me llamo Felipe.
5. —¿______________? —Se llaman Pepe y Ana.
6. —¿______________? —Es abogada.
7. —¿______________, ¿no? —No, es abogada.
8. —¿______________, ¿no? —No, no es abogado.
9. —¿______________? —Soy guatemalteca.

NOMBRE ______________________ FECHA ____________

PRÁCTICA COMUNICATIVA II

Actividad 13: ¿Recuerdas? How many characters from the text can you remember? Try to answer the following questions in complete sentences. You might have to scan the text for answers.

1. ¿De dónde es Juan Carlos? ______________________
2. ¿Es Álvaro de Perú? ______________________
3. ¿Cuántos años tiene Diana? ______________________
4. ¿Qué hace el padre de Claudia y de dónde es él? ______________________
5. ¿Es Juan Carlos el Sr. Moreno o el Sr. Arias? ______________________
6. Teresa es colombiana, ¿no? ______________________
7. ¿De dónde es Diana? ______________________
8. ¿Qué hace el padre de Vicente? ¿Y su madre? ______________________

   ____
9. ¿De dónde son los padres de Vicente y cuántos años tienen? ______________________

   ____

Actividad 14: La respuesta correcta. Choose the correct responses to complete the following conversation.

PERSONA A ¿Quiénes son ellas?

PERSONA B ______________

a. Felipe y Juan. b. Felipe y Rosa. c. Rosa y Marta.

PERSONA A ¿De dónde son?

PERSONA B ______________

a. Soy de Ecuador. b. Son de Ecuador. c. Eres de Eduador.

PERSONA A Son estudiantes, ¿no?

PERSONA B ______________

a. No, son abogadas. b. No, no son abogadas. c. No, son estudiantes

PERSONA A Y tú, ¿qué haces?

PERSONA B ______________

a. Soy economista. b. Soy doctor. c. Somos ingenieros.

PERSONA A ¡Yo también soy economista!

Actividad 15: En el aeropuerto. You are in the airport, and you overhear bits and pieces of four different conversations. Fill in the missing words.

1. —¿De dónde eres?

   —______________________ de Monterrey, México.

2. —¿De dónde ______________________ Uds.?

   —____.

   —Yo también ______________________ de Panamá.

3. —¿Cómo se ______________________ ellos?

   —Felipe Y Gonzalo.

4. —¿____?

   —¿Cómo?

   —¿____?

   —¡Ah! Yo tengo veinte años y ella veintidós.

5. —¿______________________ hacen Uds.?

   —______________________ cantantes.

Actividad 16: Un párrafo. Write a paragraph about yourself and your parents. Tell your names, nationalities, how old you are, and what each of you does.

____

____

____

____

____

____

Actividad 17: La tarjeta. Look at the accompanying business card and answer the questions that follow in complete sentences.

Sociedad Industrial de Productos Siderúrgicos S.A.

HUMBERTO HINCAPIÉ VILLEGAS
INGENIERO INDUSTRIAL

CARRERA 13 No. 26-45. OF. 1313
TELEX 044-1435
hicapivill@correo.com

TELS. 828-10-76 - 828-14-75
BOGOTÁ. D. E.

1. ¿Es el Sr. Hincapié o el Sr. Villegas? ______________________________

____

2. ¿Qué hace Humberto? ______________________________
3. ¿De qué país es? ______________________________
4. ¿Cuáles son sus números de teléfono? ______________________________

____

Actividad 18: Jorge Fernández Ramiro. Jorge is a contestant on a TV show and is being interviewed by the host. Read the following description of Jorge and his family. Then, complete the conversation between Jorge and the host.

> Se llama Jorge Fernández Ramiro. Tiene veinticuatro años y es ingeniero civil. Su padre también es ingeniero civil. Él también se llama Jorge. Su madre, Victoria, es ama de casa. Ellos tienen cincuenta años. Jorge tiene una novia que se llama Elisa. Ella es estudiante y tiene veinte años. Ellos son de Managua, la capital de Nicaragua.

ANIMADOR	______________________________
JORGE	Me llamo ______________________________.
ANIMADOR	______________________________
JORGE	Jorge, también.
ANIMADOR	______________________________
JORGE	Victoria.
ANIMADOR	______________________________
JORGE	Tienen cincuenta años.
ANIMADOR	______________________________
JORGE	Veinticuatro.
ANIMADOR	______________________________
JORGE	Se llama Elisa. (¡Hola Elisa!)
ANIMADOR	______________________________
JORGE	Soy ingeniero civil y ella es estudiante.
ANIMADOR	______________________________
JORGE	Él es ingeniero también y ella es ama de casa.
ANIMADOR	______________________________
JORGE	Somos de Managua.
ANIMADOR	Muchas gracias, Jorge.

Actividad 19: ¿Quién es quién? Read the clues and complete the following chart. You may need to find some answers by process of elimination.

Nombre	Primer apellido	Segundo apellido	Edad	País de origen
Ricardo	*López*	*Navarro*	25	*Venezuela*
Alejandro				
		Martínez		
			24	
				Argentina

La persona de Bolivia no es el Sr. Rodríguez.

La persona que tiene veinticuatro años es de Chile.

Su madre, Carmen Sánchez, es de Suramérica pero su padre es de Alemania.

Miguel es de Colombia.

La madre de Ramón se llama Norma Martini.

La persona de Chile se llama Ana.

La persona que es de Argentina tiene veintiún años.

El primer apellido de Ramón es Pascual.

El Sr. Rodríguez tiene veintidós años.

El segundo apellido del Sr. Fernández es González.

El primer apellido de Ana es Kraus.

La persona que tiene veintiún años no se llama Miguel.

El señor de Bolivia tiene diecinueve años.

NOMBRE ______________________ FECHA ______________

Capítulo 1 Repaso

GEOGRAFÍA

Actividad 1: Países y capitales. Label the Spanish-speaking countries (one is actually a commonwealth of the United States) and their capitals.

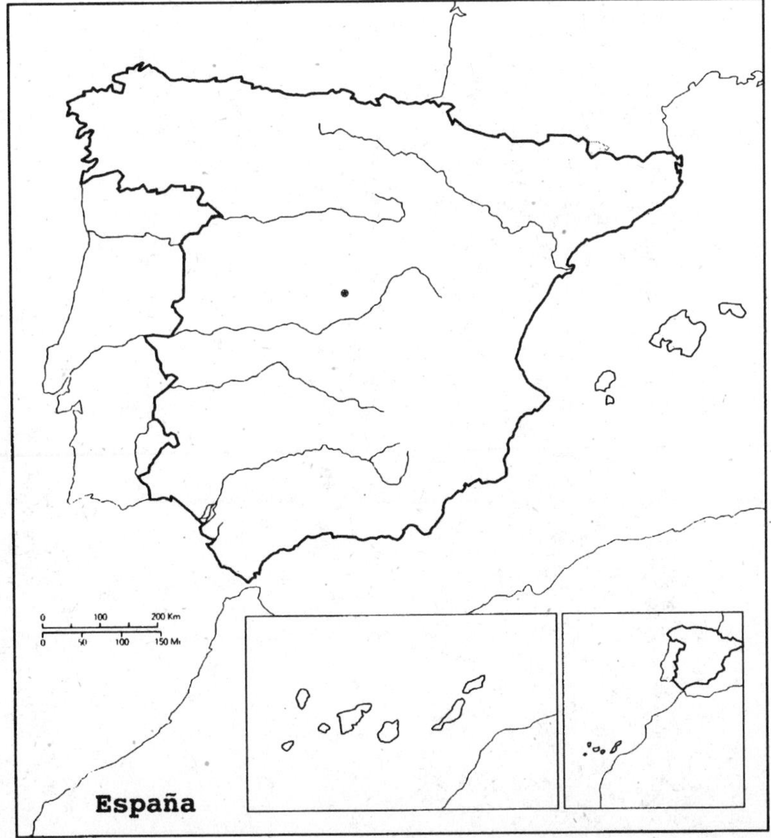

NOMBRE ______________________ FECHA ______________

NOMBRE ______________________ FECHA ______________

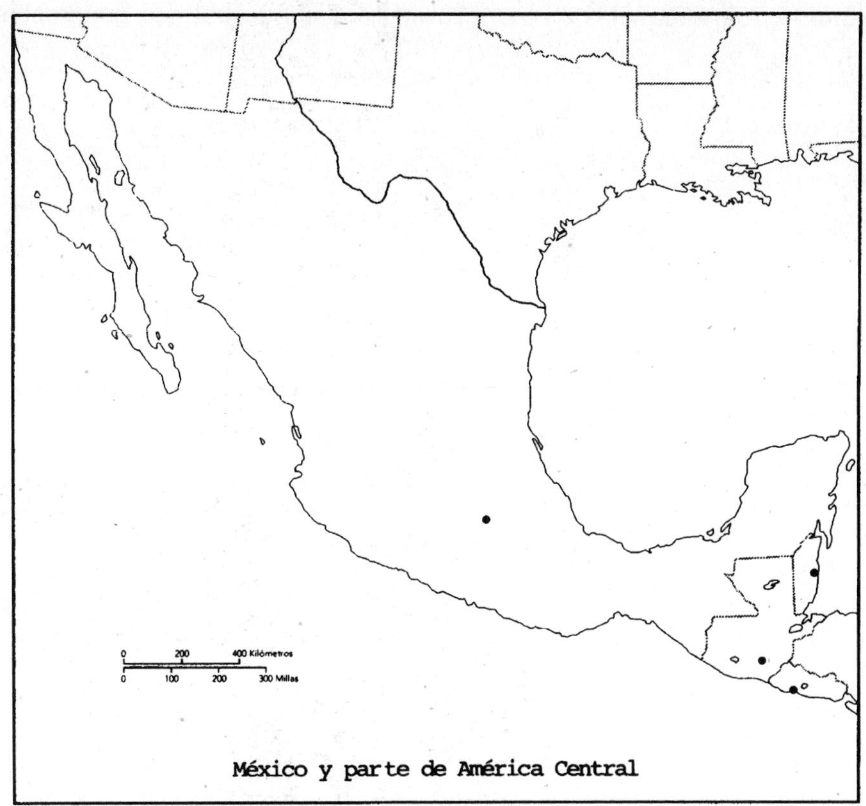

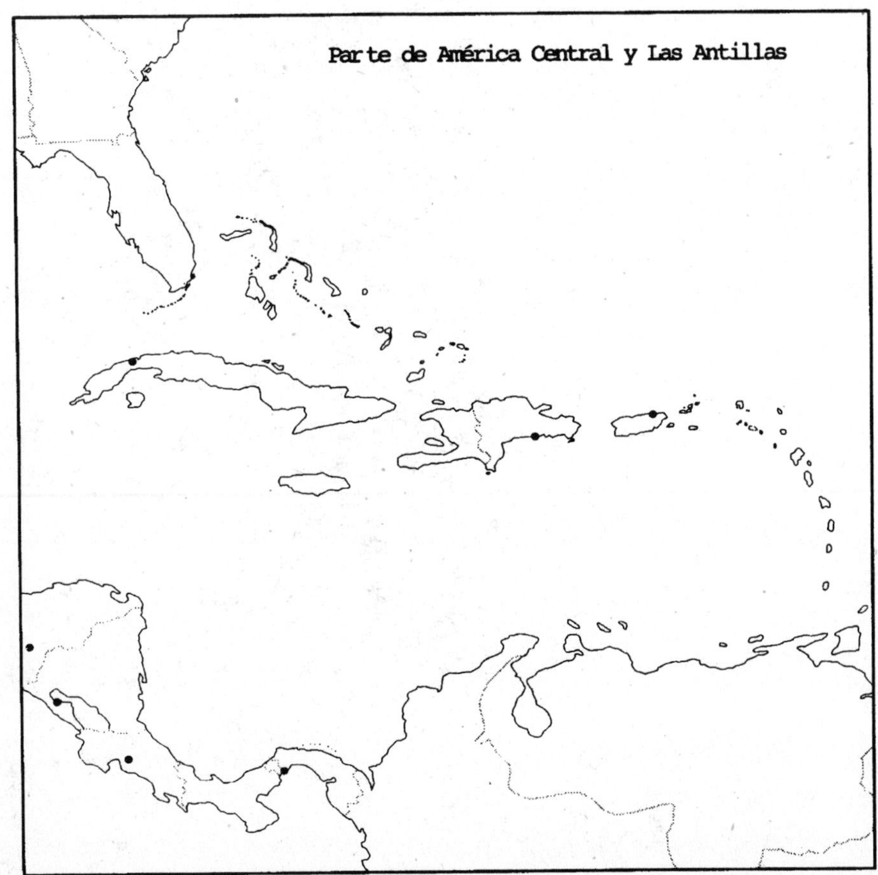

NOMBRE ______________________ FECHA ______________

Actividad 2: Zonas geográficas. Match the following countries with their geographic area.

1. ______ Venezuela
2. ______ Honduras
3. ______ España
4. ______ México
5. ______ Cuba
6. ______ Chile
7. ______ Panamá
8. ______ La República Dominicana
9. ______ Ecuador
10. ______ El Salvador

a. Norteamérica
b. Centroamérica
c. El Caribe
d. Suramérica
e. Europa

NOMBRE ______________________ FECHA ______________

Capítulo 2

PRÁCTICA MECÁNICA I

Actividad 1: *El, la, los* o *las*. Add the proper definite article for each of the following words.

1. __________ calculadora
2. __________ plantas
3. __________ papel
4. __________ discos compactos
5. __________ lámparas
6. __________ escritorios
7. __________ reproductor de DVD
8. __________ sillas
9. __________ cama
10. __________ champú
11. __________ estéreo
12. __________ guitarras
13. __________ jabón
14. __________ novelas
15. __________ peines

Actividad 2: Plural, por favor. Change the following words, including the articles, from singular to plural.

1. la ciudad ______________________
2. la nación ______________________
3. un estudiante ______________________
4. una grabadora ______________________
5. un reloj ______________________
6. el papel ______________________
7. el artista ______________________
8. el lápiz ______________________
9. el televisor ______________________

NOMBRE ______________________________ FECHA ______________

Actividad 3: Los gustos. Complete the following sentences with the appropriate form of the verb **gustar** and the words **me, te, le, a mí, a ti, a él, a ella,** or **a Ud.**

1. A mí ________ ____________________ las novelas.
2. Sr. García, ________ ________ le ____________________ la computadora, ¿no?
3. A Juan ________ ____________________ las cintas de rock.
4. A ____________________ me ____________________ las plantas.
5. ¿A ____________________ te ____________________ el video de Harrison Ford?
6. A Elena ________ ____________________ la universidad.
7. ________ mí ____________________ gusta tu móvil.

Actividad 4: La posesión. Create sentences from the following words. You may need to add words or change forms.

➤ mesa / Carlos *La mesa es de Carlos.*

1. lápiz / Manuel ________________________________
2. papeles / el director ________________________________
3. estéreo / mi madre ________________________________
4. libro / la profesora ________________________________
5. computadora / el ingeniero ________________________________

Actividad 5: La posesión 2. In Spanish, one can express possession using **de** or by using **mi/s, tu/s, su/s**, etc. Follow the models to create sentences that state who owns what.

➤ Yo tengo móvil. *Es mi móvil.*

Tú tienes libros de historia. *Son tus libros de historia.*

1. Ellos tienen televisor. ________________________________
2. Ella tiene guitarra. ________________________________
3. Nosotros tenemos plantas. ________________________________
4. Tú tienes grabadora. ________________________________
5. Él tiene cintas. ________________________________
6. Nosotros tenemos reproductor de DVD. ________________________________
____
7. Yo tengo reloj. ________________________________
8. Ud. tiene discos compactos. ________________________________

NOMBRE ______________________ FECHA ______________

PRÁCTICA COMUNICATIVA I

Actividad 6: La palabra no relacionada. In each of the following word groups, circle the word that doesn't belong.

1. champú, pasta de dientes, crema de afeitar, silla
2. cama, mesa, disco compacto, sofá
3. periódico, lápiz, revista, papel
4. estéreo, cinta, radio, grabadora
5. cepillo, lámpara, escritorio, libro

Actividad 7: Las asignaturas.

Parte A. Write the letter of the item in Column B that you associate with each subject in Column A.

	A		B
1.	_____ matemáticas	a.	animales y plantas
2.	_____ sociología	b.	fórmulas y números
3.	_____ historia	c.	Wall Street
4.	_____ economía	d.	Picasso, Miró, Velázquez, Kahlo
5.	_____ literatura	e.	adjetivos, sustantivos, verbos
6.	_____ arte	f.	1492, 1776
7.	_____ inglés	g.	H_2O
8.	_____ biología	h.	Freud
9.	_____ psicología	i.	la sociedad
10.	_____ química	j.	Miguel de Cervantes y Gabriel García Márquez

Parte B. Now answer these questions based on the subjects listed in Column A of **Parte A.**

1. ¿Qué asignaturas tienes? ______________________________
____
2. ¿Qué asignatura te gusta? ______________________________
____
3. ¿Qué asignatura no te gusta? ______________________________
____
4. ¿Te gusta más el arte o la biología? ______________________________
____

Actividad 8: ¿De quién es? Look at the drawing of these four people moving into their apartment. Tell who owns which items. Follow the example.

➤ Pablo y Mario: *El televisor es de Pablo y Mario*

1. Pablo y Mario: _______________

2. Ricardo: _______________

3. Manuel: _______________

Actividad 9: ¿De quién es? Many college students live with a roommate or roommates. Look at the following list of items and state who owns what. (If you live alone, make it up.) Follow the example.

➤ las cintas *Son mis cintas.*
Las cintas son de Jazmine.
Son nuestras cintas.
No tenemos cintas.

1. el televisor _______________
2. el video _______________
3. los discos compactos _______________
4. el reproductor de DVD _______________
5. el sofá _______________

Actividad 10: Los gustos. Form sentences by selecting one item from each column.

A mí				el café de Colombia
A ti				el jazz
A él		me		la música clásica
A ella		te		las novelas de Cervantes
A Ud.	(no)	le	gusta	las computadoras
A nosotros		nos	gustan	las cintas de Jennifer López
A vosotros		os		el actor Antonio Banderas
A ellos		les		los exámenes
A ellas				la televisión
				los relojes Rolex

1. ______________________________
2. ______________________________
3. ______________________________
4. ______________________________
5. ______________________________
6. ______________________________
7. ______________________________
8. ______________________________

PRÁCTICA MECÁNICA II

Actividad 11: Los días de la semana. Complete the following sentences in a logical manner.

1. Si hoy es martes, mañana es ______________.
2. Si hoy es viernes, mañana es ______________.
3. No tenemos clases los ____________ y los ______________.
4. Si hoy es lunes, mañana es ______________.
5. Tengo clase de español los ______________.

Actividad 12: Verbos. Complete the following sentences with the appropriate form of the indicated verbs.

1. Mañana ellos ______________ a ______________ en Portillo. (ir, esquiar)
2. A mí ________ ______________ ______________ mucho. (gustar, nadar)
3. Nosotros ______________ que ______________. (tener, estudiar)

Continued on next page →

NOMBRE ______________________ FECHA ______________

4. ¿Qué ______________ a ______________ tú el fin de semana? (ir, hacer)
5. Yo ______________ a ______________ una composición. (ir, escribir)
6. Ud. ______________ que ______________, ¿no? (tener, trabajar)
7. A nosotros no ________ ______________ ______________ televisión. (gustar, mirar)

Actividad 13: Preguntas y respuestas. Answer the following questions in complete sentences according to the cues given.

1. ¿Qué vas a hacer mañana? (leer / novela) ______________________________
2. ¿Qué tiene que hacer tu amigo esta noche? (trabajar) ______________________________
3. ¿A Uds. les gusta correr? (sí) ______________________________
4. ¿Tienes que escribir una composición? (sí) ______________________________
5. ¿Tienen que estudiar mucho o poco los estudiantes? (mucho) ______________________________
6. ¿Van a hacer una fiesta tus amigos el sábado? (no) ______________________________
7. ¿Vas a visitar a tus padres la semana que viene? (sí) ______________________________

Actividad 14: Asociaciones. Associate the words in the following list with one or more of these actions: **escribir, leer, escuchar, hablar, mirar**.

1. estéreo ______________
2. novela ______________
3. televisión ______________
4. computadora ______________
5. revista ______________
6. periódico ______________
7. radio ______________
8. guitarra ______________
9. grabadora ______________
10. teléfono ______________

PRÁCTICA COMUNICATIVA II

Actividad 15: Tus gustos.

Parte A. On the first line of each item, state whether you like or dislike what is listed. On the second line, state whether your parents like it or not. Remember to include an article if necessary (**el, la, los, las**).

➤ comer pizza *A mí me gusta comer pizza.*
A mis padres no les gusta comer pizza.

1. videos de MTV

____

____

2. escuchar música rock

____

____

3. correr

____

____

4. cintas de jazz

____

____

5. discos compactos

____

____

6. usar computadoras

____

____

Parte B. Look at the preceding list and indicate the things that both you and your parents like or dislike.

➤ *(No) nos gusta leer novelas.*

1. ______________________
2. ______________________
3. ______________________
4. ______________________
5. ______________________
6. ______________________

Actividad 16: Planes y gustos. Complete the following paragraph to describe yourself and your friends.

A mí me gusta ______________; por eso, tengo ______________________.
A mis amigos les gusta ______________. Este fin de semana yo tengo que ______________, pero mis amigos y yo también vamos a ______________________________.

Actividad 17: Yo tengo discos. It's Saturday night, and Marisel is trying to get things organized for the party. Read the entire conversation, then go back and fill in the missing words.

MARISEL ¿Quién ______________ discos compactos de Juan Luis Guerra?
ÁLVARO Yo ______________ tres discos compactos ______________ él.
MARISEL ¡Perfecto!
TERESA Claudia y yo ______________ cintas de Marc Anthony.
MARISEL Bien... Ah, Juan Carlos, Vicente, ¿qué tienen Uds.?
VICENTE ______________ la sangría y ______________ tortillas.
MARISEL Muy bien.
TERESA Álvaro, tú ______________ muchas cintas, pero nosotros no ______________ grabadora.
MARISEL Álvaro va a ______________ la grabadora y ______________ grabadora es excelente.
VICENTE ¿Tenemos guitarra?
MARISEL ¡Claro! Yo ______________ guitarra.

Actividad 18: Gustos y obligaciones. Answer the following questions.

1. ¿Qué tienes que hacer mañana por la mañana? ______________________________
2. ¿Qué van a hacer tus amigos mañana? ______________________________
3. ¿Qué les gusta hacer a ti y a tus amigos los sábados? ______________________________
4. ¿Qué van a hacer Uds. el sábado? ______________________________

NOMBRE ______________________________ FECHA ______________

Actividad 19: Hoy y mañana.

Parte A. List three things that you are going to do tonight. Use **ir a** + *infinitive.*

1. ______________________________
2. ______________________________
3. ______________________________

Parte B. List three things that you have to do tomorrow. Use **tener que** + *infinitive*.

1. ______________________________
2. ______________________________
3. ______________________________

Actividad 20: ¿Obligaciones o planes? Write an **O** if the following phrases refer to future obligations and a **P** if they refer simply to future plans. Then write a sentence saying what you are going to do or have to do.

➤ __*P*__ comer en un restaurante con tus amigos.
Voy a comer en un restaurante con mis amigos.

1. ______ estudiar para el examen de historia

   ____

2. ______ nadar

   ____

3. ______ hacer la tarea de filosofía

   ____

4. ______ salir a comer con tus padres

   ____

5. ______ ir al cine

   ____

6. ______ comprar un libro de álgebra

   ____

NOMBRE ______________________ FECHA ______________

Actividad 21: La agenda de Álvaro. Look at Álvaro's datebook and answer the following questions.

OCTUBRE	ACTIVIDADES
lunes 15	*estudiar cálculo; comer con Claudia*
martes 16	*examen de cálculo; ir a bailar*
miércoles 17	*salir con Diana y Marisel a comer; nadar*
jueves 18	*leer y hacer la tarea*
viernes 19	*mirar un video con Juan Carlos*
sábado 20	*nadar; ir a la fiesta — llevar cintas y grabadora*
domingo 21	*visitar a mis padres*

1. ¿Adónde va a ir Álvaro el sábado? ______________________

2. ¿Qué tiene que hacer el lunes? ______________________

3. ¿Cuándo va a salir con Diana y Marisel y qué van a hacer? ______________________

4. ¿Qué tiene que llevar a la fiesta? ______________________

5. ¿Cuándo va a nadar? ______________________

6. ¿Qué va a hacer el domingo? ______________________

NOMBRE ______________________ FECHA ______________

Actividad 22: Tus planes.

Parte A. Use the accompanying datebook to list the things that you have to do or are going to do next week, and indicate with whom you are going to do them. Follow the model.

OCTUBRE	ACTIVIDADES
lunes	
martes	*Pablo y yo tenemos que estudiar – examen mañana*
miércoles	
jueves	
viernes	
sábado	
domingo	

Parte B. Based on your datebook notations, write a description in paragraph form of what you are going to do or what you have to do next week. Be specific.

El lunes ____

NOMBRE ______________________________ FECHA ______________

Estrategia de lectura: Scanning

When scanning a written text, you look for specific information and your eyes search like radar beams for their target.

Actividad 23: La televisión. Scan these Spanish TV listings to answer the following question: ¿Cuáles son los programas de los Estados Unidos?

____

____

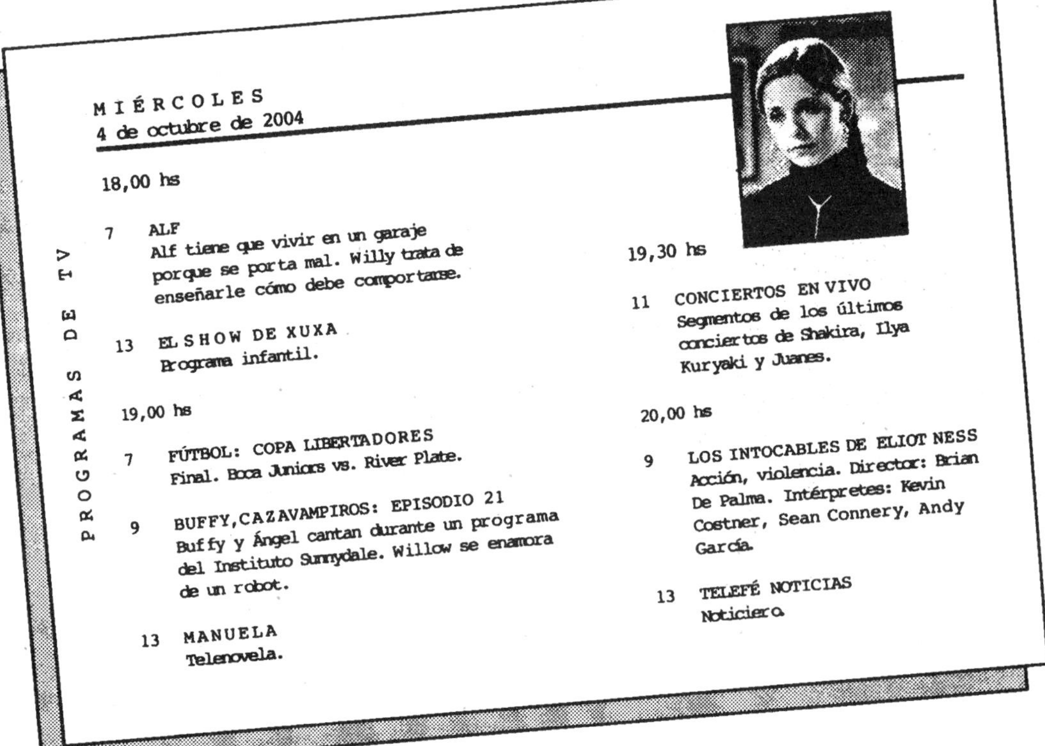

PROGRAMAS DE TV

MIÉRCOLES
4 de octubre de 2004

18,00 hs

7 ALF
Alf tiene que vivir en un garaje porque se porta mal. Willy trata de enseñarle cómo debe comportarse.

13 EL SHOW DE XUXA
Programa infantil.

19,00 hs

7 FÚTBOL: COPA LIBERTADORES
Final. Boca Juniors vs. River Plate.

9 BUFFY, CAZAVAMPIROS: EPISODIO 21
Buffy y Ángel cantan durante un programa del Instituto Sunnydale. Willow se enamora de un robot.

13 MANUELA
Telenovela.

19,30 hs

11 CONCIERTOS EN VIVO
Segmentos de los últimos conciertos de Shakira, Ilya Kuryaki y Juanes.

20,00 hs

9 LOS INTOCABLES DE ELIOT NESS
Acción, violencia. Director: Brian De Palma. Intérpretes: Kevin Costner, Sean Connery, Andy García.

13 TELEFÉ NOTICIAS
Noticiero.

NOMBRE ______________________ FECHA ______________

Capítulo 3

PRÁCTICA MECÁNICA I

Actividad 1: Asociaciones. What places do you associate with the following names, items, and actions? Follow the model.

➤ Safeway, Piggly Wiggly *un supermercado*

1. Gap, TJ Maxx ______________________
2. Walgreens, CVS ______________________
3. libros, estudiar ______________________
4. libros, comprar, Barnes & Noble ______________________
5. arte, Picasso ______________________
6. nadar ______________________
7. médicos, operaciones ______________________
8. $$$$, Chase Manhattan ______________________
9. Kleenex, aspirinas ______________________
10. Broadway ______________________
11. Harvard, Wellesley, Duke ______________________
12. comer, TGI Fridays, Applebee's, Olive Garden ______________________

NOMBRE ______________________________ FECHA ______________

Actividad 2: *¿Al o a la?* Complete the following sentences with **al** or **a la**.

1. Tengo que ir ____________ banco.
2. Los domingos Juana va ____________ iglesia.
3. Mañana vamos a ir ____________ cine.
4. Tengo que comprar champú. Voy ____________ tienda.
5. Tenemos que trabajar. Vamos ____________ oficina.

Actividad 3: Verbos. Complete the following sentences with the appropriate form of the logical verb.

1. Pablo ____________________ francés muy bien. (hablar, caminar)
2. Ellos ____________________ en la discoteca. (nadar, bailar)
3. Tú ____________________ en la cafetería. (comer, llevar)
4. Nosotros ____________________ novelas. (leer, visitar)
5. Me gusta ____________________ música. (mirar, escuchar)
6. ¿____________________ Uds. estéreos? (vender, aprender)
7. Yo ____________________ Coca-Cola. (beber, comer)
8. Carlota y yo ____________________ a las ocho. (regresar, necesitar)
9. Uds. tienen que ____________________ champú. (estudiar, comprar)
10. Nosotros ____________________ mucho en clase. (vender, escribir)
11. Mi padre ____________________ el piano. (molestar, tocar)
12. Tú ____________________ cinco kilómetros todos los días. (recibir, correr)
13. Ellos ____________________ en Miami. (vivir, hacer)
14. Margarita ____________________ en una biblioteca. (esquiar, trabajar)
15. Yo ____________________ con Elisa, mi novia. (salir, mirar)
16. Mis padres ____________________ en Puerto Vallarta. (desear, estar)
17. Guillermo, Ramiro y yo ____________________ la televisión. (mirar, hacer)
18. Mis amigos siempre ____________________ en Vail, Colorado. (esquiar, regresar)
19. Paula ____________________ álgebra en la escuela. (recibir, aprender)
20. Uds. ____________________ un video. (mirar, tocar)

Actividad 4: Más verbos. Change the following sentences from **nosotros** to **yo**. Follow the model.

➤ ¿Salimos mañana? *¿Salgo mañana?*

1. Traducimos cartas al francés. ________________________________
2. Nosotros salimos temprano. ________________________________
3. Traemos la Coca-Cola. ________________________________
4. Vemos bien. ________________________________
5. ¿Qué hacemos? ________________________________
6. Ponemos los papeles en el escritorio. ________________________________

NOMBRE ____________________ FECHA ____________

PRÁCTICA COMUNICATIVA I

Actividad 5: Los lugares. Fill in the following crossword puzzle with the appropriate names of places.

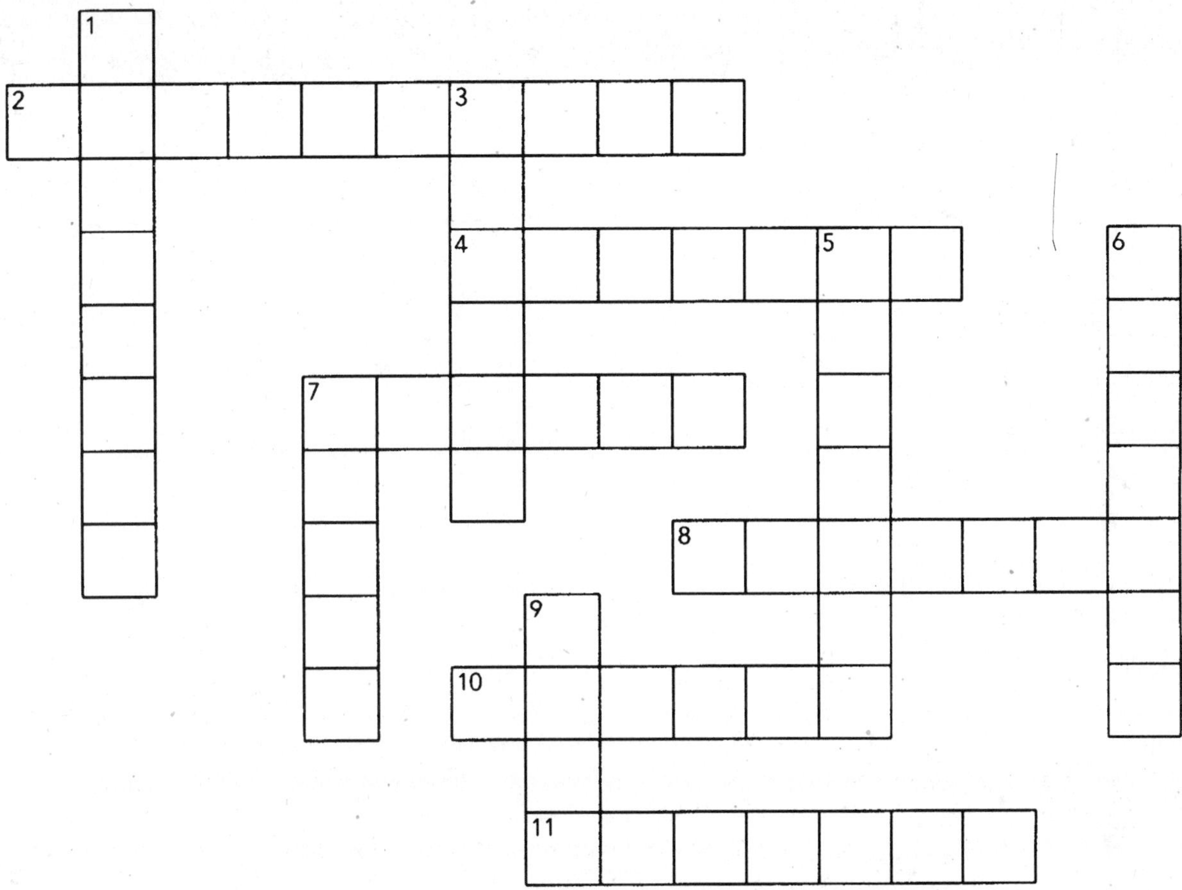

Horizontales

2. Un lugar donde estudias.
4. ______ de viajes.
7. El ______ Central está en Nueva York.
8. El hotel tiene una ______ para las personas que nadan.
10. Para comprar cosas vas a una ______.
11. Los maestros trabajan en una ______.

Verticales

1. Una tienda que vende libros.
3. Vas allí para ver un ballet o un concierto de música clásica.
5. Mis amigos católicos van a la ______ los domingos.
6. Un lugar donde compras Coca-Cola, vegetales, etc.
7. Para nadar, vamos a la ______ de Luquillo en Puerto Rico.
9. Adonde vas para ver *Psycho, Titanic, E.T.*, etc.

Actividad 6: ¿Dónde están? While Salvador is at home alone, he receives a phone call from his wife, Paquita, asking where their children are. Read the entire conversation, then go back and fill in the missing words.

SALVADOR ¿Aló?

PAQUITA Hola, Salvador. ¿Está Fernando?

SALVADOR No, no ______________.

PAQUITA ¿Dónde ______________?

SALVADOR Fernando y su novia ______________ ________ el cine.

PAQUITA ¿Y Susana?

SALVADOR Susana ______________ ________ la librería. Tiene que trabajar esta tarde.

PAQUITA ¿______________ ______________ Pedro y Roberto?

SALVADOR ______________ ________ la piscina. Yo ______________ solo en casa. ¿Dónde ______________ tú?

PAQUITA ______________ ________ la oficina. Voy a ir al supermercado y después voy a casa.

SALVADOR Bueno, hasta luego.

PAQUITA Chau.

Actividad 7: Una nota. Teresa has promised her uncle (**tío**) to baby-sit his children. The accompanying note from him confirms the dates and gives her some instructions. Complete the sentences with the appropriate form of the verbs indicated.

TRAVELTUR

Teresa:

Nosotros ______________ (tener) que ir a Salamanca el viernes y ______________ (regresar) el domingo por la mañana. Vas a estar con los niños, ¿no? En general, los niños ______________ (mirar) la televisión después del colegio y luego ______________ (ir) al parque. Por la noche ellos ______________ (comer) y ______________ (beber) poco. Mientras (*While*) los niños ______________ (estudiar) el sábado por la mañana, tú debes (*should*) comprar unos sándwiches para comer después en la piscina. En la piscina no vas a ______________ (tener) problemas porque

Carlitos siempre ______________ (estar) con sus amigos y Cristina ______________ (nadar).
Generalmente los niños van al cine el sábado por la tarde. Y tú ______________ (salir),
______________ (estudiar) o ______________ (usar) mi computadora. Tú decides.

Gracias por todo. Tu tío,

Alejandro

Actividad 8: Una conversación. Complete the following conversation about organizing an opening party for an art exhibition with the present tense of the indicated verbs.

ANA ¿Qué ______________ yo? (traer)

GERMÁN Tú ______________ las cintas de música clásica, ¿no? (traer)

ANA Bien. ¿Quién va a ______________ el café? (hacer)

GERMÁN Yo ______________ un café muy bueno. ______________ un café de Costa Rica que es delicioso. (hacer, tener)

ANA Perfecto.

GERMÁN ¿Dónde ______________ el estéreo? (poner)

ANA En la mesa.

GERMÁN Oye, ¿quién está con el director? Yo no ______________ bien. (ver)

ANA Es Patricia, y ella ______________ traer Coca-Cola y vino. (ofrecer)

GERMÁN O.K. Ahora yo ______________ que hablar con el director porque nosotros ______________ los programas ¿Adónde ______________ tú ahora? (tener, necesitar, ir)

ANA ______________ para la universidad. Chau. (salir)

NOMBRE ________________________________ FECHA ________________

Actividad 9: Los problemas. Ignacio wrote a note to his friend Jorge, who replied. Read both notes first, then go back and fill in the missing words with the appropriate forms of the following verbs: **bailar, cantar, escuchar, estar, estudiar, gustar, leer, ser, tener, tocar**. You can use a verb more than once.

> Querido Jorge:
>
> Yo ____________ una persona muy simpática y ____________ una novia que también es simpática. Nos gusta hacer muchas cosas: nosotros ____________ muchos tipos de música, ____________ en las discotecas, yo ____________ la guitarra y ella ____________. Ella y yo ____________ literatura en la universidad; nos ____________ mucho ____________ poemas. Nosotros ____________ enamorados, pero yo ____________ un problema: ella ____________ muy alta. Yo no ____________ contento porque ____________ muy bajo.
>
> *Ignacio*

> Querido Ignacio:
>
> Tu novia es fantástica. Tú ____________ un problema: ¡tu ego!
>
> *Jorge*

Actividad 10: La rutina diaria. Answer the following questions about yourself.

1. Cuando vas al cine, ¿con quién vas? ____________________
2. ¿Nadas? Si contestas que sí, ¿con quién nadas? ¿Dónde nadan Uds.? ____________________
3. ¿Corres con tus amigos? ¿Corren Uds. en un parque? ____________________
4. En las fiestas, ¿qué beben Uds.? ____________________
5. ¿Lees mucho o poco? ¿Qué lees? ____________________
6. ¿Adónde vas con tus amigos los sábados? ____________________
7. Cuando estás en la universidad. ¿escribes muchas cartas o hablas mucho por teléfono? ____________________

NOMBRE ______________________ FECHA ______________

PRÁCTICA MECÁNICA II

Actividad 11: Opuestos. Write the opposites of the following adjectives.

1. guapo ______________________
2. alto ______________________
3. bueno ______________________
4. tonto ______________________
5. nuevo ______________________
6. moreno ______________________
7. simpático ______________________
8. joven ______________________
9. delgado ______________________
10. corto ______________________

Actividad 12: El plural. Change the following sentences from singular to plural.

1. Pablo es guapo. Pablo y Ramón ______________________
2. Yo soy inteligente. Miguel y yo ______________________
3. Ana es simpática. Ana y Elena ______________________
4. Maricarmen es delgada. Maricarmen y David ______________________

Actividad 13: Descripción. Complete the following sentences with the correct form of the indicated descriptive and possessive adjectives.

1. Lorenzo y Nacho son ______________. (simpático)
2. La chica ______________ está en la cafetería. (guapo)
3. ______________ amigas están ______________. (mi, aburrido)
4. ______________ padres son ______________. (su, alto)
5. ______________ clases son muy ______________. (nuestro, interesante)
6. Ellos están ______________. (borracho)
7. Voy a comprar discos compactos de música ______________. (clásico)
8. Daniel y Rodrigo están ______________. Vamos al cine. (listo)
9. Marcos y Ana tienen un estéreo. ______________ estéreo es muy ______________. (su, bueno)
10. Elena está muy ______________. (preocupado)

NOMBRE ______________________________ FECHA ______________

Actividad 14: ¿*Ser* o *estar*? Complete the following sentences with the correct form of **ser** or **estar**.

1. Mis amigos ______________ en la residencia.
2. Ellos ______________ peruanos.
3. Yo ______________ aburrida, porque el profesor ______________ terrible.
4. Carmen, tenemos que salir. ¿______________ lista?
5. Nosotros ______________ nerviosos porque tenemos un examen de biología.
6. Mi novio ______________ muy alto.
7. Mi profesor de historia ______________ joven.
8. Tú ______________ muy simpático.
9. Es muy tarde y Felipe no ______________ listo.
10. Julián y yo ______________ enojados.

Actividad 15: En orden lógico. Form complete sentences by putting the following groups of words in logical order.

1. altos / Pablo / son / y / Pedro

   ____

2. profesores / los / inteligentes / son

   ____

3. disco compacto / un / tengo / de / REM

   ____

4. amigos / muchos / simpáticos / tenemos

   ____

5. madre / tres / tiene / farmacias / su

   ____

Actividad 16: ¿Qué están haciendo? Say what the following people are doing right now, using the indicated verbs.

1. José Carreras __________ ______________ ópera. (cantar)
2. Felipe y Silvia __________ ______________. (comer)
3. Michael Jackson y Liz Taylor __________ ______________. (bailar)
4. Yo __________ ______________ una respuesta. (escribir)
5. Picabo Street __________ ______________. (esquiar)

NOMBRE ______________________ FECHA ______________

PRÁCTICA COMUNICATIVA II

Actividad 17: Una descripción. Describe your aunt and uncle to a friend who is going to pick them up at the bus station. Base your descriptions on the accompanying drawing. Use the verb **ser**.

____

____

____

____

____

Actividad 18: ¿Cómo están? Look at the accompanying drawings and describe how each person feels. Use the verb **estar** and an appropriate adjective in your responses. Remember to use accents with **estar** when needed.

1. ______________

2. ______________

3. ______________

4. ______________

5. ______________

Actividad 19: ¿La familia típica? Look at the accompanying drawing and describe the mother, the father, and their son, Alfonso. Tell what they look like (**ser**) and how they feel (**estar**).

____

____

____

____

____

____

Actividad 20: Eres profesor/a. You are the teacher. Correct the grammar in the following sentences. The bolded words contain no errors and may help you find the mistakes. (There are nine mistakes.)

Mi familia y yo regreso mañana de nuestro **vacaciones** en Guadalajara. Mi hermano Ramón no regresa porque **él** viven en Guadalajara. Su novia es **en Guadalajara**, también. **Ella** es guapo, inteligente y simpático. Ellos van a una fiesta esta noche y van a llevar sus **grabadora.** A **ellos** le gusta la música mucho. Siempre baila en las fiestas.

Actividad 21: Hoy estoy... Finish the following sentences in an original manner.

1. Me gustaría ____________ porque hoy estoy ____________.
2. Hoy voy a ____________ porque estoy muy ____________.
3. Hoy tengo que ____________ porque necesito ____________.
4. Deseo ____________ porque estoy ____________.

Actividad 22: El cantante famoso. Freddy Fernández, a famous Mexican rock singer, was interviewed by a reporter. Write an article based on the following notes that the reporter took.

Descripción

Alto, guapo, simpático

Estado

contento, enamorado

Un día normal

cantar por la mañana / guitarra
leer / periódico
correr / 10 kilómetros / parque
comer / con / agente
él / novia / comer / restaurante
él / novia / mirar / videos

Planes futuros

él / novia / ir / Cancún / sábado
él / ir / cantar / Mazatlán / programa de televisión

Le gustaría

cantar / el coliseo de Los Ángeles
ir / novia / una playa / del Pacífico

NOMBRE ______________________ FECHA ______________

Actividad 23: El detective. A detective is following a woman. Write what he says into the microphone of his tape recorder.

➤ hablar / micrófono *Él está hablando en el micrófono.*

1. salir / apartamento ______________________
2. caminar / parque ______________________
3. comprar / grabadora ______________________
4. hablar / grabadora ______________________
5. vender / cassette ______________________

Estrategia de lectura: Dealing with Unfamiliar Words

When reading, people frequently come across unfamiliar words. Sometimes you consult a dictionary to find the exact meaning, but more often than not, you simply guess the meaning from context. You will practice guessing meaning from context in *Activity 26.*

NOMBRE ______________________ FECHA ______________

Actividad 24: Ideas principales. Each paragraph in the following letter expresses one of the main ideas in the list. Scan the letter and put the correct paragraph number next to its corresponding idea.

a. ______ las actividades de Mario

b. ______ la familia de Mario

c. ______ las preguntas a Teresa

d. ______ la composición étnica

Carta de Puerto Rico

Teresa recibe cartas (*letters*) de sus amigos puertorriqueños. La siguiente carta es de su amigo Mario. Él vive con su padre y su madre en San Juan, Puerto Rico.

San Juan, 20 de octubre

Querida Teresa:

Por fin tengo tiempo para escribir. ¿Cómo estás? Espero que bien. Tengo muchas preguntas porque deseo saber cómo es tu vida en España y cuáles son tus planes y actividades. ¿Te gusta Madrid? ¿Tienes muchos amigos? ¿De dónde son y qué estudian? ¿Qué haces los sábados y los domingos? Escribe pronto y contesta todas las preguntas; todos deseamos recibir noticias de nuestra querida Teresa.

Yo estoy muy bien. Voy a la universidad todas las noches y trabajo por las mañanas en un banco. Soy cajero y me gusta mucho el trabajo. Por las tardes voy a la biblioteca y estudio con Luis Sosa. Eres amiga de Luis, ¿verdad? Tengo que estudiar dos años más y termino mi carrera; voy a ser hombre de negocios. ¿Te gusta la idea? A mí me gusta mucho.

Por cierto, uno de mis cursos es geografía social de Hispanoamérica y es muy interesante, pero tengo que memorizar muchos datos. Por ejemplo, en Argentina la mayoría de las personas son de origen europeo y solamente un 2% tiene mezcla de blancos, indios y/o negros; pero en México sólo un 5% es de origen europeo; el 25% de los mexicanos son indígenas y el 60% son mestizos. Necesito tener buena memoria porque hay mucha variedad en todos los países, ¿verdad?

Por aquí, todos bien. Mis padres y yo vivimos ahora en la Calle Sol en el Viejo San Juan. Nos gusta mucho el apartamento. Los amigos están bien. Marta estudia y trabaja todo el día. Tomás, el deportista profesional, practica béisbol ocho horas diarias y Carolina va a comprar una computadora Macintosh. Ahora escribe en mi computadora y quiere aprenderlo todo en tres días, ¡como siempre! Bueno, no tengo más noticias.

Teresa, espero recibir carta muy pronto. Contesta todas las preguntas, ¿O.K.? Adiós.

Cariños,

Mario

P.D. La dirección nueva es: Calle Sol, Residencias Margaritas, Apto. 34, San Juan, Puerto Rico 00936

NOMBRE ______________________ FECHA ______________

Actividad 25: ¿Quién es el sujeto? To whom do the following verbs refer? Reread the letter; note the verb endings and the context given before choosing an answer.

1. "¿De dónde son y qué **estudian**?" (línea 5)
   a. Teresa y Mario b. los amigos de Teresa c. los amigos de Teresa y Mario
2. "**Tengo** que estudiar dos años más..." (línea 11)
   a. Mario b. Teresa c. Luis
3. "Por ejemplo, en Argentina... **son** de origen europeo..." (línea 14)
   a. los amigos de Mario b. la mayoría de las personas c. los hispanoamericanos
4. "Ahora **escribe** en mi computadora..." (línea 21)
   a. Marta b. Tomás c. Carolina
5. "Teresa, **espero** recibir carta muy pronto." (línea 23)
   a. Mario b. Teresa c. Carolina

Actividad 26: Contexto. Refer to the reading to determine which translation best fits each word in bold.

1. "Tengo que estudiar dos años más y termino mi **carrera**; voy a ser hombre de negocios." (línea 11)
   a. career b. internship c. university studies
2. "...y solamente un 2% tiene **mezcla** de blancos, indios y negros..." (línea 15)
   a. mixture b. blended c. combining
3. "...pero en México sólo un 5% son de origen europeo; el 25% de los mexicanos son indígenas y el 60% son **mestizos**." (línea 17)
   a. indigenous b. European c. European and indigenous

Actividad 27: Preguntas. Answer the following questions based on the letter you read.

1. ¿Dónde trabaja Mario y qué hace? ______________________

   ____
2. ¿Cuál es el origen de los argentinos? ______________________

   ____
3. En México, ¿qué porcentaje de personas son mestizas? ______________________

   ____
4. ¿Qué practica Tomás todos los días? ______________________

   ____
5. ¿Qué va a comprar Carolina? ______________________

   ____

Capítulo 3 Repaso

Ser, estar, tener

In Chapter 3, you learned how to describe someone using **ser** or **estar** with adjectives. In previous chapters you have already learned other uses of **ser** and **estar**.

Ser:	¿De dónde **eres**?	**Soy** de Wisconsin. **Soy** norteamericana.
	¿Qué haces?	**Soy** economista.
	¿Cuál **es** tu número de teléfono?	Mi número de teléfono **es** 448 22 69.
	¿**Es** tu padre?	Sí, él **es** mi padre.
	¿Quién **es** ella?	**Es** mi madre.
	¿De quién **es** el carro?	**Es** de mi madre.
	¿Cuándo **es** tu examen de historia?	**Es** el lunes.
	¿Cómo **es** tu profesor de historia?	**Es** muy simpático, pero la clase **es** difícil.
Estar:	¿Cómo **estás**?	**Estoy** bien.
	¿Dónde **está** tu madre?	**Está** en casa, **está** enferma.
	¿Dónde **está** tu casa?	**Está** en la parte vieja de Bogotá.
	¿Qué **estás** haciendo?	**Estoy** escribiendo la tarea.

You have also learned that to express age in Spanish, you use the verb **tener**.

¿Cuántos años **tienes**?	**Tengo** veinte años.

NOMBRE ______________________ FECHA ______________

Actividad: En el aeropuerto. Paula and Hernán are sitting next to each other in the airport when they find out their flight will be delayed for a few hours. Fill in the blanks in their conversation with the appropriate forms of **ser, estar,** or **tener**.

COMPUTADORA Bip... Bip... Bip...

HERNÁN ¿Qué haces?

PAULA ______________________ (1) trabajando con la computadora, pero ya no tiene batería.

HERNÁN ¿Cómo te llamas?

PAULA ______________________ (2) Paula, Paula Barrero. ¿Y tú?

HERNÁN Hernán Gálvez. Encantado. ¿De dónde ______________________ (3)?

PAULA ______________________ (4) de Santiago.

HERNÁN ¿En qué país ______________________ (5) Santiago?

PAULA Ay, perdón, ______________________ (6) en Chile.

HERNÁN Pues, yo también ______________________ (7) de Santiago, pero Santiago, en España. Y ¿qué haces?

PAULA ______________________ (8) programadora de computadoras.

HERNÁN ¿Para qué compañía trabajas?

PAULA Para IBM.

HERNÁN ¿Tu oficina ______________________ (9) en Santiago?

PAULA No, ______________________ (10) en Valparaíso. Y tú, ¿qué haces?

HERNÁN ______________________ (11) director de cine.

PAULA Entonces, ______________________ (12) muy creativo, ¿no?

HERNÁN No exactamente; ______________________ (13) un poco creativo e idealista, pero también ______________________ (14) muy responsable... Si ______________________ (15) programadora de computadoras, te gustan los números, ¿no?

PAULA No sé... ______________________ (16) posible, pero ahora ______________________ (17) aburrida en el trabajo. Todos los días ______________________ (18) iguales.

HERNÁN Todos los días ______________________ (19) diferentes y activos para mí. Y tus padres, ¿viven en Valparaíso?

PAULA No, ______________________ (20) en Santiago.

HERNÁN ¿Trabajan?

PAULA No. Mi padre ______________________ (21) enfermo. ______________________ (22) un poco gordo y tiene diabetes; por eso mi madre ______________________ (23) en casa con él. ______________________ (24) mayores.

HERNÁN ______________ (25) preocupada, ¿no?

PAULA Sí, un poco. Mi padre siempre ______________ (26) en el sofá enfrente del televisor todo el día y el pobre ______________ (27) aburrido y mi madre ______________ (28) un poco triste últimamente.

HERNÁN ¿Cuántos años ______________ (29) ellos?

PAULA Mi madre ______________ (30) sesenta y cinco años y mi padre ______________ (31) setenta y cinco.

HERNÁN Bueno, ______________ (32) un poco mayores... ¿Te gustaría tomar una Coca-Cola o algo?

PAULA Bueno.

HERNÁN La cafetería Los Galgos ______________ (33) en este aeropuerto y ______________ (34) muy bonita. Vamos.

NOMBRE ______________________ FECHA ______________

Capítulo 4

PRÁCTICA MECÁNICA I

Actividad 1: Las partes del cuerpo. Look at the following drawing and label the parts of the body.

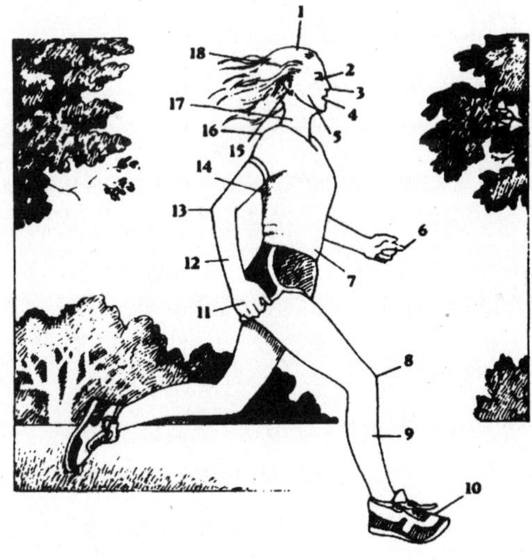

1. ______________________
2. ______________________
3. ______________________
4. ______________________
5. ______________________
6. ______________________
7. ______________________
8. ______________________
9. ______________________
10. ______________________
11. ______________________
12. ______________________
13. ______________________
14. ______________________
15. ______________________
16. ______________________
17. ______________________
18. ______________________

Actividad 2: Los verbos reflexivos. Complete the following sentences with the appropriate form of the indicated reflexive verbs.

1. Los domingos yo ________ ____________________ tarde. (levantarse)
2. Mi novio no ________ ____________________ porque a mí me gusta la barba. (afeitarse)
3. Todos los niños ________ ____________________ el pelo con champú Johnson para no llorar. (lavarse)
4. Nosotros siempre ________ ____________________ tarde y no ____________________ porque no tenemos tiempo. (levantarse, desayunar)
5. ¿________ ____________________ o ________ ____________________ tú por la mañana? (ducharse, bañarse)
6. Yo ________ ____________________ los dientes después de comer. (cepillarse)
7. El niño tiene cuatro años pero ________ ____________________ la ropa solo. (ponerse)
8. Las actrices de Hollywood ________ ____________________ mucho. (maquillarse)

Actividad 3: Posición de los reflexivos. Write the following sentences a different way without changing their meaning.

1. Voy a lavarme el pelo. ______________________________
2. Ella tiene que maquillarse. ______________________________
3. Juan se va a afeitar. ______________________________
4. Tenemos que levantarnos temprano. ______________________________

Actividad 4: *A, al, a la, a los, a las.* Complete the following sentences with **a, al, a la, a los,** or **a las** only if necessary; otherwise, leave the space blank.

1. Voy a ir __________ ciudad.
2. No veo bien __________ actor.
3. ¿ __________ ti te gusta esquiar?
4. ¿Conoces __________ David?
5. Escucho __________ discos compactos muy interesantes.
6. Tengo __________ un profesor muy interesante.
7. Siempre visitamos __________ padres de mi novio.
8. Vamos a ver __________ la película mañana.
9. Deseo caminar __________ parque.
10. Conozco __________ Sr. Ruiz muy bien.

PRÁCTICA COMUNICATIVA I

Actividad 5: ¡Qué tonto! Rewrite the following sentences in a logical manner, changing whatever elements are necessary.

1. El señor se afeita los brazos. ______________________
2. La señora se maquilla el pelo. ______________________
3. Me levanto, me pongo la ropa y me ducho. ______________________
4. Después de levantarme, desayuno las piernas. ______________________
5. Antes de salir de la casa, me cepillo la nariz y me maquillo las orejas. ______________________

Actividad 6: Una carta. Finish the following letter to your Spanish-speaking grandmother, who has asked you to describe a typical day at the university.

Universidad de ______________________, 12 de septiembre de 20____

Querida abuela:

¿Cómo estás? Yo ______________________. Me gusta mucho ______________________
______________________. Estudio mucho pero también ______________________. Tengo muchos amigos que son ______________________.
A ellos les gusta ______________________.

Todos los días son iguales (*the same*); normalmente me levanto y ______________________
____
______________________.

Por la noche ______________________
______________________.

Un abrazo,

____
(tu nombre)

NOMBRE ______________________________ FECHA ______________

Actividad 7: También tiene interés Claudia. Finish the following story about Claudia, Juan Carlos, Vicente, and Teresa. Use **a, al, a la, a los,** or **a las** only if necessary; otherwise, leave the space blank.

Claudia desea saber más de Juan Carlos; por eso llama ______________ Teresa porque Teresa conoce ______________ Juan Carlos. Teresa sabe que Juan Carlos va ______________ llamar ______________ Claudia para salir con ella. Teresa sabe también que ______________ Juan Carlos le gusta ir ______________ montañas a esquiar, pero no le gusta mucho escuchar ______________ jazz. Teresa también sabe que Juan Carlos va ______________ discotecas porque le gusta bailar ______________ salsa.

Vicente también conoce ______________ Juan Carlos. Claudia sabe que ______________ Teresa le gusta mucho Vicente. Teresa ve ______________ Vicente todos los días en la cafetería. Ella va ______________ hablar con Vicente para ir ______________ cine con Claudia y Juan Carlos el domingo.

Actividad 8: Una familia extraña. Pedro's family seems to be caught in a routine. First read the entire paragraph, then go back and fill in the missing words with the appropriate forms of the verbs in the list. You can use verbs more than once. When finished, reread the paragraph and check to see that each verb agrees with its subject. Note: some verbs are reflexives and some aren't.

afeitarse	desayunar	leer	maquillarse	peinarse
cepillarse	ducharse	levantarse	mirar	salir

En mi casa todos los días son iguales. Mis padres ______________ temprano. Mi madre va al cuarto de baño y ______________. Mi padre prepara el café. Después él ______________ el periódico. Al terminar de ducharse, mi madre ______________ los dientes con Crest (mi padre usa Colgate) y ______________ la cara con productos de Mary Kay. Entonces, mi padre ______________, ______________ con su Schick, ______________ los dientes y ______________ (¡tiene poco pelo, pero tiene peine!). Al final ellos ______________ café y tostadas. Después, ellos ______________ los dientes otra vez y ______________ para el trabajo. Luego, yo ______________ y ______________ café y yogur. ______________ los dientes y ______________ la televisión. Voy a la universidad, pero por la tarde, no por la mañana.

NOMBRE ______________________________ FECHA ______________

PRÁCTICA MECÁNICA II

Actividad 9: Las fechas. Write out the following dates and state what season it is in the Northern and Southern Hemispheres. Remember that the day is written first in Spanish.

	Fecha	Hemisferio norte	Hemisferio sur
a.	3/4 ______	______	______
b.	15/12 ______	______	______
c.	30/8 ______	______	______
d.	25/10 ______	______	______
e.	1/2 ______	______	______

Actividad 10: El tiempo. Look at the accompanying drawings. Using complete sentences, state what the weather is like in each case.

1. ______________________
2. ______________________
3. ______________________
4. ______________________
5. ______________________
6. ______________________
7. ______________________
8. ______________________

Actividad 11: ¿*Saber* o *conocer*? Complete the following sentences with the appropriate form of the verbs **saber** o **conocer.**

1. ¿______________ tú a mi padre?
2. Yo no ______________ tu número de teléfono.
3. ¿______________ Uds. dónde es la fiesta?
4. Ellos ______________ Caracas muy bien porque trabajan allí.
5. ¿______________ nadar Teresa?
6. ¿______________ Uds. cómo se llama el profesor nuevo?
7. Yo no ______________ la película nueva de Almodóvar.
8. Jorge ______________ bailar muy bien. Es bailarín profesional.

Actividad 12: ¿Cuál es? Complete these miniconversations by selecting the appropriate demonstrative and writing the correct form.

1. —Me gustan las plantas que están cerca de la puerta.
   —¿______________ plantas? (este, ese)
2. —¿Te gustan ______________ discos compactos que tengo en la mano? (este, aquel)
   —Sí, me gustan mucho.
3. —¿Dónde está el restaurante?
   —Tenemos que caminar mucho. Es ______________ restaurante que está allá. (este, aquel)
4. —¿Vas a comprar una revista?
   —Sí, pero ¿cuál quieres? ¿______________ que tengo aquí o ______________ que está allí? (este, ese) (este, aquel)
   —Me gusta más *Cambio 16.*

PRÁCTICA COMUNICATIVA II

Actividad 13: Fechas importantes. Complete the following lists with dates that are important to you.

Cumpleaños:	Nombre	Fecha
1.	*madre*	______________
2.	*padre*	______________
3.	______________	______________
4.	______________	______________
5.	______________	______________

Aniversarios

6. *mis padres* ______________ ______________

Exámenes

7. *español* ______________ ______________

8. ______________ ______________

9. ______________ ______________

10. ______________ ______________

Otros

11. *último (last) día del semestre* ______________ ______________

12. ______________ ______________

Actividad 14: Asociaciones. Associate the following words with others.

➤ otoño *clases, estudiamos*

1. julio ______________
2. primavera ______________
3. Acapulco ______________
4. diciembre ______________
5. invierno ______________
6. hacer viento ______________
7. octubre ______________

Actividad 15: Lógica. Finish the following series of words in a logical manner.

1. junio, julio, ______________
2. hacer frío, hacer fresco, ______________
3. afeitarse, crema de afeitar; lavarse el pelo, champú; cepillarse los dientes, ______________
4. este libro, ese libro, ______________
5. verano, ______________, ______________, primavera
6. noviembre, ______________, enero
7. el brazo, el codo, ______________, los dedos

Actividad 16: ¿Qué tiempo hace? You are on vacation in the Dominican Republic, and you call a friend in Cleveland. As always, you begin your conversation by talking about the weather. Complete the following conversation based on the accompanying drawings.

Cleveland　　La República Dominicana

TU AMIGO　¿Aló?

TÚ　Hola. ¿Cómo estás?

TU AMIGO　Bien, pero ______________________________
______________________________.

TÚ　¿También llueve?

TU AMIGO　______________________________.
¿______________________________?

TÚ　¡Fantástico! ______________________________
______________________________.

TU AMIGO　¿Cuál es la temperatura?

TÚ　______________________________.

TU AMIGO　Creo que voy a visitar la República Dominicana.

Actividad 17: El fin de semana. Look at the accompanying map and plan your weekend. Say where you are going to go and why. Use phrases such as **voy a ir a... , porque hace... ,** and **me gusta... .**

____

____

____

____

Actividad 18: Una conversación. Complete the following telephone conversation between Luis and Marcos, two students, by selecting the correct response.

LUIS ¿Qué estás haciendo?

MARCOS
a. ________ Estás comiendo.
b. ________ Voy a ir a Ávila mañana.
c. ________ Estoy lavando el carro.

LUIS
a. ________ Yo estoy estudiando y tengo una pregunta.
b. ________ No tengo carro.
c. ________ ¿Qué es?

MARCOS
a. ________ Ud. es el profesor.
b. ________ Bueno, pero no sé mucho.
c. ________ Eres experto.

LUIS
a. ________ ¡Hombre! Por lo menos sabes más que yo.
b. ________ Claro que soy inteligente.
c. ________ Siempre saca buenas notas.

MARCOS
a. ________ O.K. ¿Conoces al profesor?
b. ________ ¿Por qué no hablas con el médico? Sabe mucho.
c. ________ O.K., pero estoy lavando el carro. Más tarde, ¿eh?

NOMBRE ______________________ FECHA ______________

Actividad 19: Muchas preguntas pero poco dinero. You work for a low-budget advertising agency that makes ads for TV and radio. Complete your boss's questions, using **saber** or **conocer**, and then answer them in complete sentences.

1. ¿______________ el número de teléfono de la compañía del champú?
____
2. ¿______________ tú personalmente a un actor famoso?
____
3. Necesito un pianista para un anuncio comercial. ¿______________ tocar el piano?
____
4. Necesito un fotógrafo. ¿______________ a un fotógrafo bueno?
____
5. ¿______________ tus amigos nuestros productos?
____

Actividad 20: *Este, ese* y *aquel.* You and a friend are at a party and you begin discussing the physical variety that exists among people. Look at the drawing and finish the conversation that follows describing the people you see.

TÚ	No hay dos personas iguales. Este señor es ______________________________.
TU AMIGA	Sí, y ______________ es muy alto.
TÚ	______________________________.
TU AMIGA	¿Y aquella señora?
TÚ	¡Huy! Aquella señora es ______________________________.
TU AMIGA	Es verdad, todos somos diferentes.

Estrategia de lectura: Using Background Knowledge and Identifying Cognates

The following are excerpts from a Peruvian, Spanish-language Web site about Machu Picchu. By using your general knowledge and your ability to recognize cognates (words in Spanish that are similar to English), you should be able to obtain a great deal of information about this intriguing place.

When doing the following activities, assume that you are a tourist in Peru and do not have a bilingual dictionary. Simply try to get as much information as you can from the readings. A few key words have been glossed to help you.

Actividad 21: Cognados. In the excerpts that follow, underline all the cognates (words that are similar in Spanish and English) you can identify and all the words you may have already learned in Spanish. Then read the excerpts to extract as much information as you can.

VISITE MACHU PICCHU

Machu Picchu es, sin duda, el principal atractivo turístico del Perú, y uno de los más renombrados del mundo, atrayendo por este motivo un alto número de turistas anualmente. La UNESCO lo ha declarado Patrimonio Cultural de la Humanidad.

Su arquitectura es el más notable ejemplo inca de integración urbanística con la naturaleza. Esta actitud integral caracterizaba a todos los actos de los incas, y es expresada plenamente en su política estatal, organización social y planificación.

Machu Picchu es un símbolo de peruanidad, que compartimos con toda la humanidad porque presenta los niveles más altos alcanzados por el hombre para vivir integrado armónicamente[1] a su medio ambiente,[2] mediante un avanzado desarrollo tecnológico y estético.

HIRAM BINGHAM

El 14 de julio de 1911, arribó Hiram Bingham con especialistas de la Universidad de Yale en biografía, geología, ingeniería y osteología. Ellos fueron conducidos hasta el lugar por Melchor Arteaga, un habitante de la zona quien les dio derroteros de cómo llegar hasta lo que hoy se considera la Octava Maravilla del Mundo.

Posteriormente, en 1914, Bingham volvió a Machu Picchu con apoyo económico y logístico de la propia universidad y la Sociedad Geográfica de los Estados Unidos al frente de un equipo especializado y con una publicación que ya circulaba por el mundo: "La Ciudad Perdida[3] de los Incas".

[1]*in harmony* [2]*environment* [3]*lost*

Actividad 22: ¿Qué sabes ahora? Make a list of all the information you have been able to obtain from the above reading. You can make this list in English.

NOMBRE ______________________ FECHA ______________

Capítulo 5

PRÁCTICA MECÁNICA I

Actividad 1: ¿Qué hora es? Write out the following times in complete sentences.

➤ 2:00 *Son las dos.*

a. 9:15 ______________________

b. 12:05 ______________________

c. 1:25 ______________________

d. 5:40 ______________________

e. 12:45 ______________________

f. 7:30 ______________________

Actividad 2: En singular. Change the subjects of the following sentences from **nosotros** to **yo** and make all other necessary changes.

1. Podemos ir a la fiesta. ______________________
2. Dormimos ocho horas todas las noches. ______________________
3. No servimos vino. ______________________
4. Nos divertimos mucho. ______________________
5. Nos acostamos temprano. ______________________
6. Jugamos al fútbol. ______________________

Actividad 3: Verbos. Complete the following sentences by selecting a logical verb and writing the appropriate form.

1. María no ______________ venir hoy. (poder, entender)
2. Los profesores siempre ______________ las ventanas. (jugar, cerrar)
3. Carmen y yo ______________ estudiar esta noche. (volver, preferir)
4. Marisel siempre ______________ temprano. (dormirse, encontrar)
5. Yo no ______________ francés. (entender, pedir)
6. ¿A qué hora ______________ el concierto? (despertarse, empezar)
7. Juan ______________ ir a bailar esta noche. (decir, pensar)
8. Pablo es camarero; ahora está ______________ cervezas. (servir, comenzar)
9. Nosotros ______________ a casa esta tarde. (volver, poder)
10. ¿Qué ______________ hacer Uds.? (querer, dormir)
11. ¿______________ Ricardo y Germán mañana? (despertar, venir)
12. Los niños están jugando al fútbol y están ______________ mucho. (querer, divertirse)
13. Yo siempre ______________ la verdad. (sentarse, decir)
14. ¿Cuándo ______________ Ud. las clases? (comenzar, servir)
15. Ellos dicen que ______________ ir. (decir, querer)

Actividad 4: Preguntas. Answer the following questions about your life in complete sentences.

1. ¿A qué hora empiezan tus clases los lunes? ______________

2. ¿A qué hora te acuestas los domingos por la noche? ______________

3. ¿Con quién almuerzas los lunes? ______________

4. ¿Dónde almuerzan Uds.? ______________

5. ¿Puedes estudiar por la tarde o tienes que trabajar? ______________

6. ¿Prefieres estudiar por la tarde o por la noche? ______________

7. Generalmente, ¿cuántas horas duermes cada noche? ______________

NOMBRE ______________________ FECHA ______________

PRÁCTICA COMUNICATIVA I

Actividad 5: ¿A qué hora? Look at Pilar's schedule (**horario**). She is a first-year student of philosophy. Answer the questions that follow.

	lunes	martes	miércoles	jueves	viernes
9:00–9:50	Antropología 1	La Herencia Socrática	Antropología 1	La Herencia Socrática	
10:05–11:05	Filosofía de la Naturaleza	Teorías Científicas de la Cultura	Filosofía de la Naturaleza	Teorías Científicas de la Cultura	Filosofía de la Naturaleza
11:20–12:10	Metafísica 1		Metafísica 1		
12:25–1:25		Filosofía de la Religión		Filosofía de la Religión	
1:40–2:30	Fenomenología de la Religión	Nihilismo y Metafísica	Fenomenología de la Religión	Nihilismo y Metafísica	Fenomenología de la Religión

1. ¿A qué hora empieza la clase de Antropología I los lunes y los miércoles?

____

2. ¿A qué hora puede tomar un café en la cafetería los martes?

____

3. ¿A qué hora termina la clase de Filosofía de la Religión?

____

4. Normalmente empiezan las clases a las nueve. ¿A qué hora empiezan sus clases el viernes?

____

5. ¿Prefieren estudiar Antropología I o Nihilismo y Metafísica tú y tus amigos?

____

6. ¿Te gustaría tener este horario o prefieres tu horario de este semestre?

____

NOMBRE ______________________ FECHA ______________

Actividad 6: ¿Tiene calor, frío o qué? Read the following situations and indicate how each person or group of people feels: hot, cold, hungry, etc. Use complete sentences. Remember to use the verb **tener** in your responses.

1. Una persona con una pistola está en la calle y le dice a Esteban que quiere todo su dinero.

   Esteban ______________________________.

2. Es el mes de julio y estoy en los Andes chilenos.

   ____

3. Son las tres y media de la mañana y estamos estudiando en la biblioteca.

   ____

4. Estoy en clase y veo mis medias (*socks*). ¡Por Dios! Son de color diferente.

   ____

5. Después de jugar al fútbol, Sebastián quiere una Coca-Cola.

   Sebastián ______________________________.

6. Volvemos de estudiar, vemos una pizzería, entramos y pedimos una pizza grande con todo.

   ____

7. Mis amigos están en San Juan, Puerto Rico, en el invierno porque no les gusta el frío de Minnesota.

   Mis amigos ______________________________.

Actividad 7: Una carta a Colombia. Here you have one page from a letter that Claudia is writing to a friend in Colombia. First read the entire page, then reread the letter and complete it with the appropriate forms of the verbs found to the left of each paragraph. Note: you may use verbs more than once.

	¿Y cómo están tus clases? ¿Tienes mucho trabajo?
	Tengo unos amigos fantásticos. Una se llama Diana;
querer	(1) ______________ de los Estados Unidos, pero
entender	(2) ______________ en España estudiando literatura.
ser	Habla y (3) ______________ el español como tú y yo
divertirse	porque su familia (4) ______________ de origen mexicano.
estar	Yo (5) ______________ mucho cuando (6)
salir	______________ con ella porque siempre pasa algo
	interesante. Nosotras (7) ______________ ir a Barcelona
	el fin de semana que viene y después irnos a Sitges para (8)
	______________ en la playa.
	Tengo otra amiga que a ti te gustaría. Se llama Marisel;
saber	(9) ______________ de Venezuela. Tiene ropa, ropa y más
encontrar	ropa. Siempre (10) ______________ ropa muy moderna. Yo
ser	siempre tengo problemas con la ropa; voy a muchas tiendas,
poder	pero no (11) ______________ cosas bonitas.
ponerse	(12) ______________ que no soy fea, pero es un problema.
	En cambio Marisel siempre (13) ______________ encontrar
	algo que es perfecto para ella.
vivir	Si vienes a España, vas a (14) ______________ a dos
poder	hombres muy simpáticos. (15) ______________ en un
querer	apartamento y si tú (16) ______________,
conocer	(17) ______________ vivir con ellos. Debes
pensar	(18) ______________ en venir porque te gustaría y tienes
	que...

Actividad 8: Dos conversaciones. Complete the following conversations with verbs from the lists provided. Follow this procedure: first, read one conversation; then go back, select the verbs, and fill in the blanks with the appropriate forms; when finished, reread the conversations and check to see that all the verbs agree with their subjects. Note: you may use verbs more than once.

1. Una conversación por teléfono (**divertirse, empezar, mirar, preferir, querer, saber, volver**)

   —¡Aló!

   —¿Jesús?

   —Sí.

   —Habla Rafael. Carmen y yo ______________ ver la película de Ron Howard. ¿Quieres ir?

   —¿A qué hora ______________ la película?

   —No ______________.

   —¿Por qué no ______________ en el periódico?

   —Buena idea... Es a las siete y cuarto en el Cine Rex.

   —¿______________ Uds. comer un sándwich antes?

   —Claro. Siempre tengo hambre. Hoy Carmen ______________ a casa a las cinco. ¿Dónde ______________ comer tú?

   —______________ la comida en la Perla Asturiana porque es barata y es un lugar bonito.

   —Buena idea; yo siempre ______________ en esa cafetería.

2. Una conversación con el médico (**acostarse, despertarse, dormir, dormirse, entender**)

   —¿A qué hora ______________ Ud. por la noche normalmente?

   —A la una y media.

   —¡Qué tarde! ¿Y a qué hora ______________?

   —______________ a las siete.

   —¡Cinco horas y media! ¿No ______________ Ud. en la oficina?

   —No, pero yo ______________ la siesta todos los días.

   —Ah, ahora ______________. En mi casa, nosotros también ______________ la siesta.

NOMBRE ______________________________ FECHA ____________________

Actividad 9: El detective. The detective is still watching the woman. Today is very boring because the woman isn't leaving her apartment and the detective has to watch everything through the windows. Write what the detective says into his microphone, including the time and the activity in progress. Use the verb **estar** + *present participle* **(-ando, -iendo)** to describe the activity in progress.

1. estar / despertarse ______________________________

____

2. estar / preparar / el almuerzo ______________________________

____

3. hombre / estar / entrar ______________________________

____

4. estar / servir / el almuerzo ______________________________

____

5. hombre / estar / salir ______________________________

____

6. estar / dormir ______________________________

____

NOMBRE ______________________ FECHA ______________

PRÁCTICA MECÁNICA II

Actividad 10: La ropa. Identify the clothing items in this drawing.

1. ______________
2. ______________
3. ______________
4. ______________
5. ______________
6. ______________
7. ______________
8. ______________
9. ______________
10. ______________

Actividad 11: En orden lógico. Put the following words in logical order to form sentences. Make all necessary changes.

1. tener / suéter / ella / de / azul /lana / mi ______________________________
2. camisas / el / para / comprar / yo / verano / ir a / algodón / de ______________________________
3. gustar / rojo / me / pantalones / tus ______________________________
4. yo / los / probarse / zapatos / alto / de / tacón / querer / negro ______________________________

Actividad 12: *Por o para.* Complete the following sentences with **por** or **para.**

1. La blusa es ______________ mi madre. Mañana es su cumpleaños.
2. Salimos el sábado ______________ Lima.
3. Voy a vivir en la universidad ______________ dos años más.
4. Álvaro estudia ______________ ser abogado.
5. Ahora Carlos trabaja los sábados ______________ la noche.
6. Vamos a Costa Rica ______________ dos semanas.
7. No me gusta ser camarero pero trabajo ______________ poder vestirme bien.
8. Tenemos que leer la novela ______________ mañana.
9. Mi amigo estudia ______________ ser médico.
10. Esta noche tengo que estudiar ______________ un mínimo de seis horas.
11. ¿Vas ______________ tu casa ahora?
12. Durante los veranos yo trabajo ______________ un banco en mi pueblo.

Actividad 13: *Ser* o *estar*. Complete the following sentences with the appropriate form of **ser** or **estar**.

1. Tu camisa ________________ de algodón, ¿no?
2. Mis padres ________________ en Paraguay.
3. ¿De dónde ________________ tus zapatos?
4. ¿Dónde ________________ tus zapatos?
5. El concierto ________________ en el Teatro Colón.
6. Tus libros ________________ en la biblioteca.
7. ¿Dónde ________________ la fiesta?
8. ¿Dónde ________________ Daniel?
9. Daniel ________________ de Cuba, ¿no?
10. ¿________________ de plástico o de vidrio tus gafas de sol?

PRÁCTICA COMUNICATIVA II

Actividad 14: La importación. Answer the following questions in complete sentences based on the clothes you are wearing.

1. ¿De dónde es tu camisa? ________________________________
2. ¿De qué material es? ________________________________
3. ¿Son de los Estados Unidos tus pantalones favoritos? ________________________________
4. ¿De dónde son tus zapatos? ________________________________
5. ¿Son de cuero? ________________________________

Actividad 15: Descripción. Look at the accompanying drawing and describe what the people in it are wearing. Use complete sentences and be specific. Include information about colors and fabrics.

____

____

____

____

____

Actividad 16: Tu ropa. Using complete sentences, describe what you normally wear to class.

____

____

____

Actividad 17: ¿Dónde están? Read the following miniconversations and complete the sentences with an appropriate verb. Afterward, tell where each conversation is taking place.

1. —¿A qué hora ________________ la película, por favor?

   —A las nueve y cuarto.

   ¿Dónde están? ________________________________

2. —¿Cuánto ________________ la habitación?

   —52 euros.

   —¿Tiene dos camas o una cama?

   —Dos.

   ¿Dónde están? ________________________________

Continued on next page →

3. —¿Qué hora es?

   —______________ la dos y media.

   —¿Siempre ______________ aquí?

   —Sí, es un lugar excelente para comer.

   ¿Dónde están? ______________

4. —¿Aló?

   —Hola, Roberto. ______________ hablar con tu padre.

   —Está ______________ en el sofá.

   —Bueno. Voy a llamar más tarde.

   ¿Dónde están Roberto y su padre? ______________

Actividad 18: Los viajes. All of the following people are currently traveling. Say where they are from and imagine where they are right now. Use complete sentences.

1. Sarah Ferguson (Fergie) ______________
2. Denzel Washington ______________
3. Tus padres ______________
4. Enrique Iglesias ______________

Actividad 19: ¡A comprar! Complete the following conversation between a store clerk and a customer who is looking for a gift for his girlfriend.

CLIENTE Buenos días.

VENDEDORA ¿En qué ______________ servirle?

CLIENTE Me gustaría ver una blusa.

VENDEDORA ¿______________ quién?

CLIENTE ______________ mi novia. Es que ella ______________ Ecuador y yo salgo ______________ Quito mañana.

VENDEDORA Muy ______________. ¿De qué color?

CLIENTE ______________, ______________ o ______________.

VENDEDORA Aquí tiene blusas.

CLIENTE ¿Son de ______________?

VENDEDORA Ésta es de algodón, ______________ las otras ______________ seda.

Continued on next page →

CLIENTE	No, no quiero una de algodón, ______________ una blusa de seda.
VENDEDORA	¿____?
CLIENTE	Creo que es 36.
VENDEDORA	Bien, 36. Aquí están. Son muy ______________.
CLIENTE	¡Ay! Éstas sí. Me gustan mucho.
VENDEDORA	Y ______________ solamente 60 euros. ¿Cuál quiere?
CLIENTE	Quiero la blusa ______________.
VENDEDORA	Es un color muy bonito.
CLIENTE	También necesito una corbata ______________ mí.
VENDEDORA	¿Con rayas o de un solo color? ¿De qué material?
CLIENTE	Todas mis corbatas son de ______________. Y tengo muchas de rayas. Creo que quiero una azul.
VENDEDORA	Aquí hay ______________ que ______________ muy elegante.
CLIENTE	Perfecto.
VENDEDORA	¿Cómo va a ______________?
CLIENTE	Con la tarjeta Visa.
VENDEDORA	Si la talla no le queda ______________ a su novia, yo siempre estoy aquí ______________ las tardes.
CLIENTE	Muchas gracias.
VENDEDORA	Buen viaje.

Estrategia de lectura: Activating Background Knowledge

Predicting helps activate background knowledge, which aids you in forming hypotheses before you read. As you read, you confirm or reject these hypotheses based on the information given. As you reject them, you form new ones and the process of deciphering written material continues.

Actividad 20: Predicción. Don't read the entire ad; just look at the title and format to make two predictions about its content. You may write in English.

1. ____
2. ____

Before reading the ad, list some common problems that parents have with young children. You may write in English.

____

____

PERDÓN MAMÁ

¿Sus hijos son un desastre? ¿Siempre pierden cosas? No hablo de bolígrafos, cuadernos y lápices, sino de camisetas, guantes, cinturones, zapatos de tenis y hasta abrigos. ¿Le cuesta un ojo de la cara comprar prendas nuevas? Ahora Ud. puede dormir con tranquilidad. Su solución es Cintas Bordadas IMAK. Con nuestras cintas puede marcar la ropa de sus niños con sus nombres. Así no hay confusión. Los niños no van a ponerse la ropa de otros después de la clase de gimnasia, y de esta manera empiezan a ser más responsables.

IMAK entiende su problema
IMAK encuentra soluciones

Para pedir: Llame al 546 8908

Actividad 21: El anuncio. Answer the following questions based on the ad.

1. ¿A quién está dirigido el anuncio?

   a. madres b. padres c. niños d. padres y madres

2. ¿Cuál es el problema? ______

   ______

3. ¿Cuál es la solución? ______

   ______

Capítulo 5 Repaso

Future, present, and immediate past

You have learned to talk about future obligations and plans, and to state preferences, what you do every day, and what you are doing right now. You have also learned to state what has just happened.

Future obligations and plans:

Esta noche tengo que acostarme temprano.

Esta noche debo estudiar.

Esta noche voy a estudiar.

¿Cuándo vienes?

Pienso estudiar economía.

No puedo ir.

State preferences:

Me gustaría salir con mis amigos.

Me gusta comer en restaurantes e ir al cine.

Quiero ir contigo.

Prefiero la blusa roja.

What you do every day:

Yo me levanto temprano.

Voy al trabajo.

Como con mis amigos.

Vuelvo a casa tarde.

Miro la televisión.

Me acuesto temprano.

NOMBRE ______________________ FECHA ______________

What you are doing right now:

Estoy leyendo.

Estoy estudiando.

Estoy haciendo la tarea.

State what you just did:

Acabo de hablar con mi jefe.

NOMBRE ______________________ FECHA ______________

Actividad: Una carta. Complete the following letter to a friend. Write the correct form of the indicated verbs in the blanks.

	______________, ______ de ________
	(ciudad) (día) (mes)
	Querida Mariana:
estar	¿Cómo ______________? Yo bien, en este momento
estar	______________ escuchando un disco compacto de Marc
gustar	Anthony. Me ______________ mucho, ¿y a ti? Un día me
gustar	______________ ver uno de sus conciertos. Tú
deber, comprar	______________ ______________ su nuevo CD porque
ser	______________ excelente.
ser	Aquí con el trabajo, todos los días ______________
levantarse, ducharse	iguales. ______________ temprano, ______________,
vestirse, desayunar	______________ y ______________ en una cafetería
levantarse	cerca del trabajo. El sábado no voy a ______________
	hasta las doce.
buscar	Tengo que ______________ un trabajo nuevo. De
gustar	verdad, no me ______________ mi jefe. Además
querer	______________ vivir en Caracas para estar cerca de
gustar	mis padres. Me ______________ encontrar un trabajo en
acabar	una escuela como profesora. ______________ de leer en
necesitar	el periódico que ______________ profesores en una
	escuela bilingüe.
ser, salir	¿Cómo ______________ tu vida? ¿______________
ir, hacer	con Tomás? ¿Qué ______________ a ______________
gustar	para las vacaciones de Navidad? Me ______________ ir
tener	a una isla del Caribe, pero no ______________ dinero.
ir, venir	Mis padres ______________ a ______________ aquí
ir, divertirse	para Navidad. Ellos ______________ a ______________
venir	mucho. ¿Por qué no ______________ tú?
	Un fuerte abrazo de tu amiga,
	Raquel

Capítulo 6

PRÁCTICA MECÁNICA I

Actividad 1: Los números. Write out the following numbers. Remember that in Spanish a period is used instead of a comma when writing large numbers.

1. 564 ____________________
2. 1.015 ____________________
3. 2.973 ____________________
4. 4.743.010 ____________________

Actividad 2: ¿Dónde están? State whether the following sentences are true **(cierto)** or false **(falso).** Correct the false statements by crossing out the preposition and writing the correct one above it. All questions are based on the following configuration of letters.

			LH
AB			I
C	D	EFG	J

1. La ce está debajo de la a. __________
2. La efe está encima de la e y la ge. __________
3. La ele está cerca de la be. __________
4. La i está entre la ele y la jota. __________
5. La ge está a la izquierda de la efe. __________
6. La jota está debajo de la i. __________
7. La be está cerca de la a. __________
8. La e está a la derecha de la efe. __________
9. La ge está al lado de la efe. __________
10. La ele está encima de la i. __________

NOMBRE ______________________ FECHA ______________

Actividad 3: El pasado. Complete the following sentences by selecting a logical verb and writing the appropriate preterit form.

1. Ayer yo ______________ con el Sr. Martínez. (hablar, costar)
2. Anoche nosotros no ______________ cerveza. (beber, comer)
3. Esta mañana Pepe ______________ al médico. (empezar, ir)
4. ¿Qué ______________ Ramón ayer? (hacer, vivir)
5. Anoche Marcos y Luis ______________ cinco kilómetros. (llevar, correr)
6. El verano pasado yo ______________ a Buenos Aires. (despertarse, ir)
7. Yo ______________ un buen restaurante, pero al final ______________ en una cafetería. (buscar, nadar) (correr, comer)
8. Guillermo, ¿______________ anoche con Mariana? (bailar, entender)
9. ¿______________ Ud. mi carta? (vivir, recibir)
10. Tú ______________ la composición, ¿no? (escuchar, escribir)
11. Ayer yo ______________ 25 pesos por una camisa. (pagar, salir)
12. Ellos ______________ una tortilla de patatas. (hacer, beber)
13. Después del accidente, el niño ______________. (llorar, conocer)
14. Anoche yo ______________ a estudiar a las siete. (asistir, empezar)
15. ¿A qué hora ______________ la película? (pensar, terminar)

Actividad 4: ¿Qué hicieron? Answer the following questions about you and your friends in complete sentences.

1. ¿Adónde fueron Uds. el sábado pasado? ______________________________
____
2. ¿Recibió mi carta tu madre? ______________________________
____
3. ¿A qué hora volvieron Uds. anoche? ______________________________
____
4. ¿Visitaste a tus padres el verano pasado? ______________________________
____
5. ¿Pagaste tú la última vez que saliste con un/a chico/a? ______________________________
____
6. ¿Tomaste el autobús esta mañana? ______________________________
____
7. ¿Quién compró Coca-Cola y papas fritas para la fiesta? ______________________________
____

Continued on next page →

8. ¿Aprendieron Uds. mucho ayer en clase? ______________________

____

9. ¿Escribieron Uds. la composición para la clase de español? ______________________

____

10. ¿Quién llamó? ______________________

____

Actividad 5: ¿Infinitivo o no? Complete the following sentences with the appropriate form of the indicated verbs (present, preterit, infinitive) and add the preposition **a** if necessary.

1. Ayer nosotros ______________ y ______________. (cantar, bailar)
2. Ayer Margarita ______________ la clase de biología. (asistir)
3. Los músicos van a ______________ tocar a las ocho. (empezar)
4. Necesito ______________; tengo hambre. (comer)
5. Todos los días yo ______________ cuatro horas. (estudiar)
6. Debes ______________ más. (estudiar)
7. Me gusta ______________ en el invierno. (esquiar)
8. Ayer yo ______________ a la piscina, pero no ______________. (ir, nadar)

Actividad 6: Espacios en blanco. Fill in the following blanks with the appropriate word. Use only one word per blank.

1. ¿Este dinero es para ______________? ¡Gracias!
2. No puedo vivir ______________ ti.
3. Después de ______________ en el restaurante, fuimos al cine.
4. Entre ______________ y ______________ vamos a escribir la composición.
5. Fui a clase antes de ______________ con mi profesor.
6. Javier no asiste ______________ muchas clases; por eso va a sacar malas notas.
7. Ahora comienzo ______________ entender tu pregunta.
8. ¿Quieres ir ______________ al cine el viernes?
9. Antonio Banderas se casó ______________ Melanie Griffith.
10. Estoy aburrida. ¿Por qué no salimos ______________ aquí?

PRÁCTICA COMUNICATIVA I

Actividad 7: ¿Dónde está? Using the accompanying drawing and different prepositions of location, write six sentences that describe where things are in Ricardo's bedroom.

➤ *El estéreo está al lado de la silla.*

1. ______________________________
2. ______________________________
3. ______________________________
4. ______________________________
5. ______________________________
6. ______________________________

NOMBRE ______________________________ FECHA ______________

Actividad 8: ¿Qué ocurrió? Last night you went out to a restaurant and a club with some friends, including Carmen, Ramón's ex-girlfriend. Since Ramón couldn't go, he wants to know all the details of the evening. Read all of Ramón's questions first, then complete your part of the conversation.

RAMÓN ¿Carmen salió contigo anoche?

TÚ ______________________________

RAMÓN ¿Quiénes más fueron?

TÚ ______________________________

RAMÓN ¿Adónde fueron y qué hicieron?

TÚ ______________________________

RAMÓN ¿Habló Carmen mucho con Andrés?

TÚ ______________________________

RAMÓN ¿Qué más hizo con él?

TÚ ______________________________

RAMÓN Bueno, ¿y tú qué?

TÚ ______________________________

Actividad 9: Un día horrible. Complete this conversation between two friends. First, read the entire conversation. Then, fill in the missing words by selecting verbs from the list and writing them in the appropriate forms. Note: you may use verbs more than once.

comer	ir	perder	ser
dejar	llegar	recibir	ver
encontrar	pagar	sacar	volver
hacer			

—Ayer ______________ un día increíble.

—¿Qué ______________ Uds.?

—______________ a ver una película. Después ______________ algo en un restaurante.

—¿Y?

—Yo ______________ el dinero en el cine. Por eso María ______________ su reloj con un camarero. ¡Un Rolex! Y ______________ al cine. Por fin, yo ______________ el dinero.

—¡Huy! Gracias a Dios.

—No termina la historia.

—______________ al restaurante y no ______________ al camarero.

—¿Qué ______________?

—Por fin, el camarero ______________ y María ______________ su reloj. Yo ______________ el dinero y ______________.

Actividad 10: ¿Cuándo fue la última vez que...? Explain when was the last time that you did the following things. The first one has been done as an example.

1. ir al médico	ayer
2. visitar a tus padres	anteayer
3. hablar por teléfono con tus abuelos	hace dos/tres días
4. comer en un restaurante	la semana pasada
5. levantarse tarde	hace dos/tres semanas
6. ir al dentista	el mes pasado
7. hacer un viaje	hace dos/tres meses
8. volver a tu escuela secundaria	el año pasado
9. comprar un CD	hace dos años
10. ir a un concierto	

1. *Hace tres meses que fui al médico.*
2. ______________________
3. ______________________
4. ______________________
5. ______________________
6. ______________________
7. ______________________
8. ______________________
9. ______________________
10. ______________________

Actividad 11: Una carta. Write a letter to a friend telling him/her what you did last weekend and with whom, as well as what you are going to do next week.

______________, ______ de ________
(ciudad) (día) (mes)

Querido/a ______________:

¿Qué tal? ¿Cómo está tu familia? Por aquí todo bien. El viernes pasado ______________

____

____

____

El sábado pasado ______________________

____

____

Continued on next page →

El domingo pasado nosotros ____

____

____

La semana que viene yo ____

____

____

Un abrazo,

____

(tu firma)

Actividad 12: La telenovela. One of your friends is in South America and can't see her favorite soap opera. Complete the following summary for her of what happened during this week's episodes. First, read the entire summary. Then, complete the story by writing one or more words in each of the spaces.

Maruja dejó a su esposo Felipe, y se va a casar ______________________ Javier, el mecánico de la señora rica (entre ______________________ y ______________________, ella está loca porque Javier no es simpático). Entonces, Felipe ______________________ de ir a Alcohólicos Anónimos y______________________ a beber otra vez. Él cree que no puede vivir ______________________ ella. Felipe compró un regalo muy caro y en la tarjeta escribió, "Para ______________________, con todo mi amor para siempre, tu Felipe". Después de ______________________ el regalo, ella habló con Javier por teléfono y él ______________________.

Pero más tarde ella fue a ______________________, ______________________ la puerta y encontró a Javier con ______________________. Ella empezó a llorar y corrió ______________________ la casa de Felipe. Y así terminó el programa del viernes.

PRÁCTICA MECÁNICA II

Actividad 13: La familia. Complete the following sentences.

1. La hermana de mi madre es mi ______________________.
2. El padre de mi padre es mi ______________________.
3. Los hijos de mis padres son mis ______________________.
4. La hija de mi tío es mi ______________________.
5. Mi ______________________ es la hija de mi abuelo y la esposa de mi padre.
6. La esposa del hermano de mi madre es mi ______________________.
7. Mi ______________________ es el hijo de mis abuelos y el padre de mi primo.
8. Los hijos del hijo de mi madre son mis ______________________.
9. Mis hermanos son los ______________________ de mis abuelos.
10. No es mi hermana pero es la nieta de mis abuelos; es mi ______________________.

NOMBRE ______________________ FECHA ______________

Actividad 14: Complementos indirectos. Complete the following sentences with the appropriate indirect-object pronouns.

1. ¿__________ escribiste una carta a tu hermano?
2. Ayer __________ diste (a mí) el libro de cálculo.
3. A ti __________ gusta esquiar.
4. Ayer __________ mandé el regalo a ellos.
5. ¿__________ diste (a nosotros) el cassette?

Actividad 15: Preguntas y respuestas. Answer the following questions in complete sentences.

1. ¿Te dio dinero tu padre el fin de semana pasado? __________
2. ¿Le ofrecieron el trabajo a Carlos? __________
3. ¿Le dieron a Ud. el informe Pablo y Fernando? __________
4. ¿Me vas a escribir? __________
5. ¿Les explicaron a Uds. la verdad? __________
6. ¿Me estás hablando? __________

Actividad 16: Negativos. Rewrite the following sentences in the negative. Use **nada, nadie,** or **nunca.**

1. Siempre estudio. __________
2. Hago muchas cosas. __________
3. Él sale con su novia. __________
4. Voy al parque todos los días. __________
5. Compró mucho. __________

Actividad 17: La negación. Using complete sentences, answer the following questions in the negative. Use **nada, nadie,** or **nunca.**

1. ¿Esquías siempre? __________
2. ¿Bailaste con alguien anoche? __________
3. ¿Quién fue a la fiesta? __________
4. ¿Qué le regalaste a tu madre para su cumpleaños? __________
5. ¿Siempre usas el metro? __________
6. ¿Tiene Ud. dinero? __________

NOMBRE ____________________ FECHA ____________

PRÁCTICA COMUNICATIVA II

Actividad 18: El transporte. Complete the following travel guide description about the modes of transportation in Barcelona.

Al aeropuerto de Barcelona llegan ____________________ de vuelos (*flights*) nacionales e internacionales. Como el aeropuerto está a diez kilómetros de la ciudad, se puede tomar un ____________________, pero hay un servicio de ____________________ a la ciudad que cuesta menos. Como Barcelona está en la costa, también llegan ____________________ de Italia y de otras partes del Mediterráneo. Existen dos estaciones de ____________________; a muchas personas les gusta este medio rápido de transporte porque pueden dormir durante el viaje en una cama. Dentro de la ciudad el transporte público es muy bueno y cuesta poco: hay ____________________, ____________________ y, por supuesto, los ____________________, que cuestan más. El ____________________ es el modo más rápido porque no importan los problemas de tráfico. Muchas personas prefieren viajar en ____________________, pero es difícil encontrar dónde dejarlo, especialmente en la parte vieja de la ciudad. Como en todas las ciudades grandes, hay pocos lugares para aparcar.

Actividad 19: Mi familia.

Parte A. List five of your relatives. For each of these relatives, indicate his/her name, relationship to you, age, occupation, marital status (single, married, or divorced), any children he/she may have, and whether he/she is a favorite relative. Follow the format shown in the example.

➤ *Betty: abuela—74 años—jubilada* (retired)*—divorciada—4 hijos—mi abuela favorita*
Clarence: abuelo—69 años—pintor—casado (con Helen)—2 hijos
Helen: abuela—71 años—escritora—casada (con Clarence)—2 hijos
Robert: hermano—31 años—piloto—soltero—mi hermano favorito
Phoebe: madre—52 años—profesora—viuda (widowed)*—4 hijos*

1. ____

2. ____

3. ____

4. ____

5. ____

NOMBRE ______________________ FECHA ______________

Parte B. Use information from **Parte A** to write a short composition about a member of your family.

Actividad 20: ¿Hiciste todo? Your roommate is sick and asked you to do a few things. He/She still has a few more requests. Answer his/her questions, using indirect-object pronouns.

COMPAÑERO/A ¿Le mandaste a mi tía la carta que te di?

TÚ ______________________

COMPAÑERO/A ¿Me compraste el champú y la pasta de dientes, y cuánto te costaron?

TÚ ______________________

COMPAÑERO/A ¿Le diste la composición al profesor de historia?

TÚ ______________________

COMPAÑERO/A ¿Le dejaste la nota al profesor de literatura?

TÚ ______________________

COMPAÑERO/A ¿Nos dio tarea la profesora de cálculo?

TÚ ______________________

COMPAÑERO/A ¿Me buscaste el libro en la biblioteca?

TÚ ______________________

COMPAÑERO/A ¿Les vas a decir a Adrián y a Pilar que no puedo ir a esquiar mañana?

TÚ ______________________

COMPAÑERO/A ¿Esta noche me puedes comprar papel para la computadora?

TÚ ______________________

NOMBRE ______________________ FECHA ______________

Actividad 21: Niño triste. Complete the following paragraph with affirmative or negative words. Use **algo, alguien, siempre, nada, nadie,** and **nunca.**

Es el primer día de clases y Paul está triste, requetetriste porque está en un país nuevo. No tiene amigos, y no juega con ______________ en el parque. No estudia ______________ porque no entiende ______________. ______________ habla inglés y ______________ comprende sus problemas. No tiene ______________ que hacer y quiere volver a su país. La madre de Paul no está preocupada porque ella sabe que Paul va a aprender a decir ______________ en el idioma pronto y que ______________ va a empezar a jugar con su hijo. Los niños ______________ hacen amigos y se adaptan a diferentes situaciones en poco tiempo.

Estrategia de lectura: Skimming and Scanning

Skimming is a skill used for getting the gist of written materials. For example, you skim the contents of a newspaper, reading only the headlines and glancing at the photos to see which articles might interest you. Once you find an article of interest, you may then skim or scan it. Skimming it means merely reading quickly through to get the general message. Scanning means looking for specific details to answer questions that you already have in mind.

Actividad 22: Lectura rápida. Skim the article on pages 94–95 to find out what the main topic is:

a. geography and peoples of South America

b. peoples of South America

c. geography of South America

Actividad 23: Lectura enfocada. Scan the following article to find the answers to these questions.

1. ¿Dónde está el Atacama y qué es? ______________

2. ¿Dónde están las montañas más altas de América? ______________

3. ¿Dónde encontró Darwin animales casi prehistóricos? ______________

4. Son tristes o alegres las leyendas? ______________

Las cataratas del Iguazú

Suramérica: Una maravilla

Suramérica es una zona de gran diversidad natural. La tierra que encontraron los conquistadores al final del siglo XV no es la misma que hoy día, pero precisamente esa diversidad natural fue lo que les causó muchos problemas a los españoles. No fue fácil explorar las tierras vírgenes del río Amazonas, el desierto de Atacama en Chile y los Andes cubiertos de nieve. Pero, a veces, la geografía les ofreció soluciones obvias a sus problemas. Por ejemplo, al llegar a lo que hoy en día es la frontera entre Argentina y Chile, los españoles vieron las montañas más altas de todo el continente y al cruzarlas, **llegaron** al Océano Pacífico. Además, el delta del Río de la Plata, entre Uruguay y Argentina, les ofreció lugares ideales para construir las ciudades de Buenos Aires, La Plata y Montevideo con acceso al interior por un río y al continente europeo por el Océano Atlántico: Un sitio perfecto para los comerciantes.

En 1492, los españoles llegaron a América, un continente ya conocido por los indígenas y aprendieron de ellos muchas cosas. La llama en la cordillera andina y la canoa en los ríos Orinoco, Amazonas y Paraná fueron medios de transporte mucho mejores que los caballos[1] y las caravelas[2] de los conquistadores. Pronto los españoles aprendieron a moverse por esas tierras, explorando diferentes lugares y conociendo la vida y costumbres de los habitantes. Los indígenas **les** contaron leyendas regionales. Como muchas otras leyendas, **éstas** explican el origen de lugares geográficos y casi siempre figuran en ellas seres humanos y dioses. Por ejemplo, las leyendas dicen que los dioses crearon las cataratas del Iguazú y los Cuernos del Paine cuando **se enfadaron**. En el caso del Iguazú, un dios se enfadó con dos amantes y, en el otro, con dos guerreros. Estas leyendas pasaron oralmente de generación en generación y hoy día forman parte del folclore suramericano.

---

[1] horses [2] ships, caravels

En el siglo XXI la diversidad natural que forma Suramérica todavía nos ofrece mucha belleza y recursos naturales. Las Cataratas del Iguazú son majestuosas y le dan electricidad a la zona. Los Cuernos del Paine forman parte de un parque nacional que es un lugar magnífico para hacer ecoturismo. Las islas Galápagos con sus animales casi prehistóricos **le** dieron a Darwin la oportunidad de investigar su teoria y son un tesoro de la naturaleza. Suramérica es rica en minerales como el cobre[3] de Chile, el petroleo de Venezuela, el estaño[4] de Bolivia y el carbón de Colombia. La misma tierra que nos **dio** la papa, todavía es rica en vegetación y exporta flores, bananas y café entre otros productos.

Los españoles llegaron con la idea de conquistar, explorar y llevar mucho oro[5] a España, pero no pensaron en la importancia de las riquezas naturales del Nuevo Mundo. Su llegada empezó un nuevo capítulo en la historia de Suramérica. Ahora, en el siglo XXI, estamos empezando a escribir otro capítulo, pero debemos tener cuidado para no destruir la belleza y las riquezas naturales que forman esa tierra tan maravillosa.

[3] copper [4] tin [5] gold

Actividad 24: Los detalles. Answer the following questions based on the reading.

1. ¿Cuál es el sujeto del verbo **llegaron** en el párrafo 1? ______________
2. ¿Por qué es un lugar ideal el Río de la Plata para construir ciudades? ______________
3. ¿Qué animal usaron los indígenas para transportar cosas en la zona andina? ______________
4. ¿A quiénes se refiere **les** en el párrafo 2? ______________
5. ¿A qué se refiere **éstas** en el párrafo 2? ______________
6. ¿Cuál es el sujeto del verbo **se enfadaron** en el párrafo 2? ______________
7. ¿Cuál es un sinónimo para **se enfadaron**? ______________
8. ¿A quién se refiere **le** en el párrafo 3? ______________
9. ¿Cuál es el sujeto de **dio** en el párrafo 3? ______________
10. ¿Hoy día que productos exporta Suramérica? ______________
11. ¿Por qué tenemos que tener cuidado en el siglo XXI? ______________

NOMBRE ______________________________ FECHA ______________

Capítulo 7

PRÁCTICA MECÁNICA I

Actividad 1: Hablando por teléfono. Match the sentences in Column A with the logical responses from Column B.

A

1. ______ ¿Aló?
2. ______ ¿De parte de quién?
3. ______ ¿Hablo con el 233-44-54?
4. ______ Operadora internacional, buenos días.
5. ______ Quisiera hacer una llamada de persona a persona.
6. ______ Quisiera hacer una llamada a cobro revertido.
7. ______ Información, buenos días.
8. ______ No estamos ahora mismo. Puede dejar un mensaje después del tono.

B

a. Tiene Ud. un número equivocado.
b. ¿Para hablar con quién?
c. Buenos días, ¿está Tomás?
d. ¿Cómo se llama Ud.?
e. Quisiera el número del cine Rex, en la calle Luna.
f. Quisiera hacer una llamada a Panamá.
g. No me gusta hablar con máquinas. Te veo esta tarde.
h. ¿Para pagar Ud.?
i. De parte de Félix.

Actividad 2: En el hotel. Complete the following sentences with the logical words.

1. Una habitación para una persona es ______________________________.
2. Una habitación para dos personas es ______________________________.
3. La persona que limpia *(cleans)* el hotel es ______________________________.
4. La persona que trabaja en recepción es ______________________________.
5. Una habitación con desayuno y una comida es ______________________________.
6. Una habitación con todas las comidas es ______________________________.

Actividad 3: Los verbos en el pasado. Complete the following sentences with the appropriate preterit form of the indicated verbs.

1. ¿Dónde ______________ tú las cartas? (poner)
2. Ayer yo no ______________ ver a mi amigo. (poder)
3. ¿A qué hora ______________ ayer el concierto? (comenzar)
4. La semana pasada la policía ______________ la verdad. (saber)
5. Nosotros ______________ la cerveza. (traer)
6. ¿Por qué no ______________ los padres de Ramón? (venir)
7. La profesora ______________ las preguntas dos veces. (repetir)
8. Yo no ______________ tiempo. (tener)
9. Martín ______________ la carta que Paco le ______________ a Carmen. (leer, escribir)
10. Yo le ______________ a José el número de teléfono de Beatriz. (pedir)
11. Yo ______________ ir, pero no ______________. (querer, poder)
12. La compañía ______________ unas oficinas nuevas en la calle Lope de Rueda. (construir)
13. Ellos no nos ______________ la verdad ayer. (decir)
14. ¿______________ tú que ______________ el padre de Raúl? (oír, morirse)
15. Anoche Gonzalo ______________ en su carro. (dormir)

Actividad 4: ¿Presente o pretérito? Answer the following questions in complete sentences, using either the present or the preterit.

1. ¿Cuánto tiempo hace que estudias español?

____

____

2. ¿Cuánto tiempo hace que comiste?

____

____

3. ¿Cuánto tiempo hace que viven Uds. aquí?

____

____

4. ¿Cuánto tiempo hace que nos estás esperando?

____

____

5. ¿Cuánto tiempo hace que asistes a esta universidad?

____

____

PRÁCTICA COMUNICATIVA I

Actividad 5: En el hotel. Complete the following conversation between a guest and a hotel receptionist. First, read the entire conversation. Then, go back and complete it appropriately.

RECEPCIONISTA	Buenos días. ¿__________ puedo servirle?
HUÉSPED	Necesito una ______________________.
RECEPCIONISTA	¿Con una o dos camas?
HUÉSPED	Dos, por favor.
RECEPCIONISTA	¿______________________?
HUÉSPED	Con baño.
RECEPCIONISTA	¿______________________?
HUÉSPED	Con media pensión.
RECEPCIONISTA	Bien, una habitación doble con baño y media pensión.
HUÉSPED	¿______________________?
RECEPCIONISTA	95 euros. ¿______________________?
HUÉSPED	Vamos a estar tres noches.
RECEPCIONISTA	Bien. Su habitación es la 24.

Actividad 6: La vida universitaria. In complete sentences, answer the following survey questions from a student newspaper.

1. ¿Cuántas horas durmió Ud. anoche? ______________________

   ____
2. ¿Cuándo fue la última vez que mintió? ______________________

   ____
3. ¿Estudió Ud. mucho o poco para su último examen? ______________________

   ____
4. ¿Qué nota sacó en su último examen? ______________________

   ____
5. ¿Cuánto tiempo hace que fue Ud. a una fiesta de cumpleaños? ______________________

   ____
6. La última vez que salió de la universidad por un fin de semana, ¿llevó Ud. los libros? __________

   ____
7. ¿Cuánto tiempo hace que leyó una novela para divertirse? ______________________

   ____
8. ¿Comió Ud. bien o comió mal (papas fritas, Coca-Cola, etc.) anoche? ______________________

   ____

Actividad 7: Las obligaciones. In Column A of the accompanying chart, list three things you had to do and did do yesterday **(tuve que).** In Column B, list three things you had to do but refused to do **(no quise).** In Column C, list three things you have to do tomorrow **(tengo que).** Use complete sentences.

A	B	C

Actividad 8: ¿Cuánto tiempo hace que...? Look at this portion of Mario Huidobro's résumé. Complete the questions with the appropriate forms of the verbs **trabajar, tocar, vender,** or **terminar.** Remember: use **hace** + *time period* + *present* to refer to actions that started in the past and continue to the present; use **hace** + *time period* + *preterit* to refer to an action that no longer goes on.

Guadalajara, de 1992 a 1996: estudiante universitario y reportero para el *Diario*
Querétaro, de 1996 al presente: pianista profesional
Querétaro, de 1996 al presente: vendedor de computadoras para IBM

1. ¿Cuánto tiempo hace que Mario ______________ como reportero?

   ____

2. ¿Cuánto tiempo hace que Mario ______________ el piano profesionalmente?

   ____

3. ¿Cuánto tiempo hace que Mario ______________ sus estudios universitarios?

   ____

4. ¿Cuánto tiempo hace que Mario ______________ computadoras para IBM?

   ____

NOMBRE ______________________ FECHA ______________

PRÁCTICA MECÁNICA II

Actividad 9: De viaje. Complete the following sentences with the word being defined.

1. La hora en que llega el vuelo es ______________________.
2. Si un avión llega tarde, llega con ______________________.
3. Si vas de Nueva York a Tegucigalpa y vuelves a Nueva York es un viaje de ______________________.
4. La hora en que sale el vuelo es ______________________.
5. Una persona que viaja es un ______________________.
6. Si vas de Nueva York a Tegucigalpa pero el avión para en Miami, el vuelo hace ______________________.
7. Si el vuelo no para en Miami (como en la pregunta anterior), es un vuelo ______________________.
8. La silla en un avión se llama ______________________.
9. Iberia, Lan Chile y Avianca son ______________________.
10. El equipaje que puedes llevar contigo en el avión es el ______________________.
11. El asiento que está entre el asiento de la ventanilla y el del pasillo es ______________________.
12. La tarjeta que presentas para subir al avión es la tarjeta de ______________________.

Actividad 10: Negativos. Complete the following sentences with **algún, alguno, alguna, algunos, algunas, ningún, ninguno,** or **ninguna.**

1. No tengo ______________________ clase interesante.
2. —¿Cuántos estudiantes vinieron anoche?
   —No vino ______________________.
3. ¿Tienes ______________________ libro de economía?
4. Necesitamos ______________________ discos de salsa para la fiesta.
   ¿Discos de salsa? Sí, creo que tengo ______________________.
5. —¿Tienes una moneda para el teléfono?
   —No, no tengo ______________________.
6. —¿Conoces ______________________ restaurante bueno cerca de aquí?
   —No hay ______________________ bueno, pero hay un restaurante muy barato.

NOMBRE ______________________ FECHA ______________

Actividad 11: *Lo, la, los, las.* Rewrite the following sentences, replacing the direct object with the appropriate direct-object pronoun.

1. No veo a Juan.
____
2. No tenemos los libros.
____
3. Elisa está comprando comida.
____
4. No conoció a tu padre.
____
5. Juan y Nuria no trajeron a sus primos.
____
6. Vamos a comprar papas fritas.
____

Actividad 12: De otra manera. Rewrite the following sentences in a different manner without changing their meaning. Make all necessary changes.

1. Tengo que comprarlos.
____
2. Te estoy invitando a la fiesta.
____
3. Lo estamos escribiendo.
____
4. Van a vernos mañana.
____

Actividad 13: Pronombres de complemento directo. Answer the following questions in complete sentences, using direct-object pronouns.

1. ¿Me quieres? ______________________
2. ¿Vas a traer las cintas? ______________________
3. ¿Nos estás invitando? ______________________
4. ¿Llevas la grabadora? ______________________
5. ¿Compraste la pasta de dientes? ______________________

NOMBRE ________________________________ FECHA ________________

PRÁCTICA COMUNICATIVA II

Actividad 14: Información. Give or ask for flight information based on the accompanying arrival and departure boards from the international airport in Caracas. Use complete sentences.

Llegadas Internacionales

Línea aérea	Número de vuelo	Procedencia	Hora de llegada	Comentarios
Iberia	952	Lima	09:50	a tiempo
VIASA	354	Santo Domingo	10:29	11:05
LAN Chile	988	Santiago/Miami	12:45	a tiempo
LACSA	904	México/N.Y.	14:00	14:35

Salidas Internacionales

Línea aérea	Número de vuelo	Procedencia	Hora de llegada	Comentarios	Puerta
TWA	750	San Juan	10:55	11:15	2
Avianca	615	Bogotá	11:40	a tiempo	3
VIASA	357	Miami/N.Y.	14:20	a tiempo	7
Aeroméxico	511	México	16:05	16:05	9

1. —Información.

   —¿____?

   —Llega a las 12:45.

   —¿____?

   —No, llega a tiempo.

2. —Información.

   —Quisiera saber si hay retraso con el vuelo de VIASA a Miami.

   —____

   —¿A qué hora sale y de qué puerta?

   —____

   —Por favor, una pregunta más. ¿Cuál es el número del vuelo?

   —____

   —Gracias.

   —____

NOMBRE ______________________ FECHA ______________

Actividad 15: El itinerario. You work at a travel agency. Refer to the accompanying itinerary to answer the questions from the agency's clients. Use complete sentences.

ITINERARIO DE VUELOS

DESDE CARACAS	Nº de Vuelo	Hora	Día
Caracas/Maracaibo	620	7:00	miércoles/sábado
Caracas/Porlamar	600	21:00	viernes/domingo
Caracas/Barcelona/Pto. La Cruz	610	16:55	viernes
Caracas/Barcelona/Pto. La Cruz	614	21:00	viernes
HACIA CARACAS	**Nº de Vuelo**	**Hora**	**Día**
Maracaibo/Caracas	621	19:00	miércoles/sábado
Porlamar/Caracas	601	22:25	viernes/domingo
Barcelona/Caracas	611	18:20	viernes
Barcelona/Caracas	615	22:25	viernes

1. —Quiero ir de Caracas a Barcelona el sábado. ¿Es posible?

   —____

2. —¿Puedo ir de Maracaibo a Caracas el lunes que viene?

   —____

3. ¿Qué días y a qué horas puedo viajar de Porlamar a Caracas?

   —____

   ____

Actividad 16: La respuesta apropiada. Construct a logical dialogue by selecting the correct options.

CLIENTE Quiero ver estas blusas pero en azul.

VENDEDORA a. ❒ Aquí los tienes. b. ❒ No las tenemos en azul. c. ❒ No la tengo.

CLIENTE a. ❒ Entonces, en otro color. b. ❒ Pues, deseo verlo en rosado. c. ❒ Bueno, si no hay en otro color, quiero azul.

VENDEDORA a. ❒ Las tengo en color rosado. b. ❒ Voy a ver si los tengo en amarillo. c. ❒ Sí, hay mucha.

CLIENTE a. ❒ Éste es muy elegante. Lo llevo. b. ❒ No me gusta éste. Lo siento. c. ❒ Ésta es muy bonita. La voy a llevar.

VENDEDORA a. ❒ ¿La va a pagar? b. ❒ ¿Cómo va a pagarla? c. ❒ ¿Cómo va a pagarlas?

CLIENTE a. ❒ Las pago con la tarjeta de crédito. b. ❒ La pago con la tarjeta Visa. c. ❒ No, no voy a pagarla.

Actividad 17: Las definiciones. Write definitions for the following objects without naming the objects themselves. To do this, you will need to use direct-object pronouns, as shown in the example. Remember that the word *it* is never expressed as a subject in Spanish.

➤ libros *Los compramos para las clases. Los usamos cuando estudiamos. Tienen mucha información. Son de papel. Los leo todas las noches. Me gustan mucho.*

1. computadora ______________________________

____

____

2. pantalones ______________________________

____

____

Actividad 18: Número equivocado. Complete the following conversations that Camila has as she tries to reach her friend Imelda by telephone.

1. SEÑORA ¿Aló?
   CAMILA ¿______________ Imelda?
   SEÑORA No, ______________________________.
   CAMILA ¿No es el 4-49-00-35?
   SEÑORA Sí, pero ______________________________.
2. OPERADORA Información.
   CAMILA ______________ Imelda García Arias.
   OPERADORA El número es 8-34-88-75.
   CAMILA ______________________________.
3. SEÑOR ¿______________?
   CAMILA ¿______________________________?
   SEÑOR Sí, ¿______________________________?
   CAMILA ______________ Camila.
   SEÑOR Un momento. Ahora viene.

NOMBRE ______________________ FECHA ______________

Actividad 19: Los descuentos. Complete the following items based on the accompanying information that AT&T provides for its Spanish-speaking customers.

EL PLAN *REACH OUT* AMÉRICA

■■ Horas incluidas en el plan *Reach Out* América con el descuento.

La tarifa por una hora de uso cubre las llamadas marcadas directamente de estado a estado con la Larga Distancia de AT&T, todo el fin de semana desde el viernes a las 10 p.m. hasta las 5 p.m. del domingo, y de domingo a viernes desde las 10 p.m. hasta las 8 a.m. Aunque las llamadas hechas durante el horario de la tarde (domingo a viernes de 5 p.m. a 10 p.m.) no están incluidas en la tarifa por hora del plan, usted recibirá un descuento adicional del 15% sobre la tarifa *ya reducida*, en todas las llamadas hechas con AT&T durante dicho horario.

■ Horas incluidas en el plan *Reach Out* América sin el descuento.

Si usted llama generalmente por las noches o los fines de semana, puede suscribirse al plan "Reach Out" América, por sólo $8.00 al mes. Esta tarifa por una hora de uso cubre las llamadas marcadas directamente de estado a estado con la Larga Distancia de AT&T, todo el fin de semana desde las 10 p.m. del viernes hasta las 5 p.m. del domingo, y de domingo a viernes desde las 10 p.m. hasta las 8 a.m. Este precio incluye todas las ventajas del plan, menos el descuento adicional del 15% en sus llamadas hechas durante el horario de la tarde.

1. Imagina que tienes el plan "Reach Out" América con el descuento. Quieres hacer unas llamadas de tu estado a otro estado durante las siguientes horas. Marca **a** si puedes usar el plan durante esa hora, **b** si no puedes usar el plan pero recibes un descuento del quince por ciento y **c** si no puedes usar el plan y no recibes un descuento.

   ➤ __a__ lunes, 7:30 ______ sábado, 10:30

   ______ martes, 14:30 ______ domingo, 18:00

   ______ miércoles, 23:00 ______ jueves, 17:30

2. ¿Cuánto cuesta hablar por una hora con el plan "Reach Out" América durante el horario cubierto por el plan? ______________________________

   ____

3. ¿Con el plan "Reach Out" América puedes llamar a través del/de la operador/a o hay que marcar directamente? ______________________________

   ____

Actividad 20: La lista de compras. Use affirmative and negative words, such as **ningún, algún, ninguna,** and so on, to complete the following note to Pilar from her roommate.

Pilar:

Por favor, sólo hay dos Coca-Colas; ¿puedes comprar más? Busqué y no encontré ______________ toalla. Si tienes tiempo, favor de lavarlas. Voy a ir al supermercado esta tarde para comprar ______________ cosas; si quieres algo en especial, voy a estar en la oficina y no hay ______________ problema, puedes llamarme allí. Otra cosa, fui a poner un disco compacto de Mecano en el estéreo y no encontré ______________. Sé que tenemos ______________ discos compactos de ellos; ¿dónde están?

Camila

P.D. Van a venir ______________ amigos esta noche para estudiar.

Actividad 21: Una conversación. Read this conversation between two friends who haven't seen each other in a long time. After reading it, go back and fill in each missing word with a logical verb from the list in the appropriate tense.

dar	estar	mentir	trabajar
decir	explicar	pedir	ver
escribir	ir	ser	

MARTA Hace ocho años que te ______________ por última vez. ¿Cómo estás?

ANTONIO Bien. ¿Todavía ______________ en el banco?

MARTA No, te ______________ una carta hace dos años y te ______________ todo.

ANTONIO Ah sí, tú les ______________ un cambio de oficina a tus jefes.

MARTA Exacto. Entonces me ______________ que sí, pero nunca me ______________ una oficina nueva.

ANTONIO Así que ellos te ______________.

MARTA Sí, y yo ______________ a trabajar en una compañía de electrónica.

ANTONIO ¿______________ contenta ahora?

MARTA Muy contenta. El trabajo ______________ maravilloso.

Estrategia de lectura: Headings and Supporting Ideas

To better understand a reading, headers and subcategories can help you get an idea of its general organization.

Actividad 22: El redactor. Imagine that you work for a newspaper and were given the following text to edit. You are presented with the main theme of the article **"España: Una historia variada,"** but you would like to add headings to better help your readers relate to the article. As you read, fill in the blanks between the paragraphs with an appropriate heading for each section.

El acueducto romano, Segovia

La mezquita, Córdoba

España: Una historia variada

El estudio de las diferentes civilizaciones que vivieron en España nos ayuda a entender a los españoles; también nos ayuda a comprender a los habitantes de todos los países hispanoamericanos porque estos países recibieron, de algún modo, influencias de la "madre patria".

I. ______________________________

Una de las culturas que más influyó en España fue la cultura romana. Durante seis siglos, II a.C.–V d.C.,[1] España fue la provincia más importante del Imperio Romano. Los romanos introdujeron la base del sistema educativo actual: escuela primaria, secundaria y escuelas profesionales. Su influencia fue muy importante además en la lengua y la religión: más o menos el 70% del idioma español proviene de su lengua, el latín, y los romanos también llevaron a España la religión cristiana. Los romanos construyeron anfiteatros y puentes, como el puente de Salamanca, que todavía se usa. Construyeron además acueductos como el acueducto de Segovia, que se hizo hace dos mil años y se usó hasta mediados de los años setenta del siglo XX.

II. ______________________________

Otra influencia importante en España fue la de los moros, árabes del norte de África, que vivieron principalmente en el sur de España por unos ocho siglos (711–1492). Ellos llevaron a España el concepto del cero, el álgebra y su idioma, el árabe, que también influyó en el español. Esta influencia se ve en palabras como **alcohol, álgebra** y **algodón.** Los moros fundaron ciudades esplendorosas como Granada y Córdoba. En esta última, instalaron la primera escuela de científicos donde se hizo cirugía cerebral. Además de hacer contribuciones científicas, los moros participaron en la Escuela de Traductores de Toledo. Allí cristianos, moros y judíos —otro grupo que contribuyó a la riqueza cultural de la España medieval— colaboraron para traducir textos científicos e históricos del árabe y del latín al castellano. Toledo entonces era la ciudad que mejor reflejaba la coexistencia pacífica de moros, cristianos y judíos.

III. ______________________________

En 1492 los Reyes Católicos (Fernando de Aragón e Isabel de Castilla) lograron expulsar[2] a los moros de España y unificaron el país política y religiosamente. Al terminar la guerra con los moros, los reyes pudieron utilizar el dinero de España para financiar los viajes de los conquistadores al Nuevo Mundo, empezando con el viaje de Cristóbal Colón. Los viajes de Colón iniciaron una época de exploración y dominación española en el Nuevo Mundo y, al extender su poder por América, los españoles transmitieron el idioma español, su cultura y la religión cristiana.

[1] **a.C.** = *antes de Cristo;* **d.C.** = *después de Cristo* [2] **lograron...** *managed to expel*

NOMBRE ______________________________ FECHA ______________

Actividad 23: Completa la historia. After reading the article, complete the following sentences using the information from the reading. There may be more than one possible response.

1. Para los países hispanoamericanos, la "madre patria" es ______________________
2. Algo importante que introdujeron los romanos fue ______________________
3. Los moros vivieron en España por casi ______________ años.
4. Una de las ciudades fundadas por los moros fue ______________________
5. Los moros, judíos y cristianos colaboraron ______________________
6. Los Reyes Católicos ______________________
7. Los conquistadores ______________________

NOMBRE ______________________ FECHA ______________

Capítulo 7 Repaso

THE DETAILS

Look at the following sentences and note how the use of an article (**el/un, la/una**) or lack of one can change the meaning.

Voy a comprar **la chaqueta** que vimos ayer.	The speaker has a specific one in mind.
Voy a comprar **una chaqueta** para el invierno.	I have none in mind; I'll go to some stores and just look for one.
Voy a comer en **el restaurante** Casa Pepe mañana.	The speaker has a specific one in mind—Casa Pepe.
Voy a comer en **el restaurante** mañana.	Implying the specific one the speaker has in mind.
Voy a comer en **un restaurante** chino mañana.	The speaker will eat in a Chinese restaurant, but does not specify which.
Yo como en **restaurantes** con frecuencia.	Implying that the speaker goes to many different restaurants.

Look at how the use of **el/los** can change the meaning in these sentences.

Trabajo **el** lunes. *On Monday*

Trabajo **los** lunes. *On Mondays*

Note the use of these prepositions in Spanish:

Estudio **en** la universidad de Georgetown.

Para mí, la clase **de** literatura moderna es muy difícil.

Normalmente estudio **por** la tarde.

Tengo que terminar un trabajo **para** el viernes.

Remember all the uses of **a**:

- the personal **a**

  Conozco **a** mi profesor de biología muy bien.

- with **gustar**

  A Juan y **a** Verónica les gusta la clase de biología.

- **a** + *place*

  asistir a + *place/event,* **ir a** + *place/event*

  Voy a la universidad temprano todos los días.

  Asisto a mi clase de español todos los días.

- verbs that take **a** before infinitives

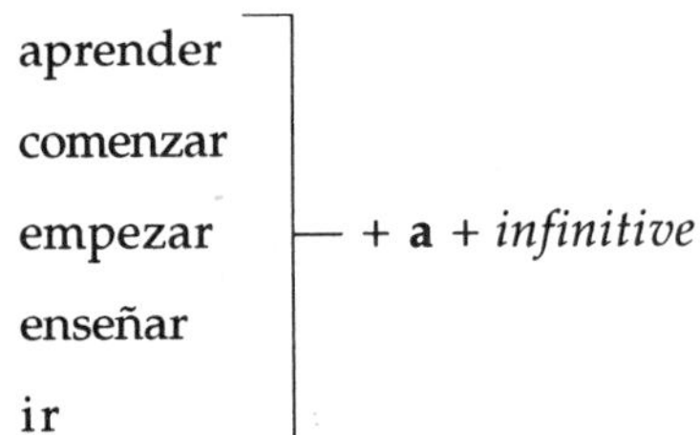

  Poco a poco **aprendo a escribir** español.

  Empiezo a entender las conversaciones del programa de laboratorio.

  El profesor nos **enseña a pronunciar** las palabras correctamente.

Actividad: Conversaciones. Complete the following conversations with the correct articles or prepositions. Only one word per blank.

1. —Mi padre está ________ ________ hospital.

   —¿Cuándo va ________ salir?

   —________ miércoles, si Dios quiere.

2. —¡Carlitos! ¿Cuándo vas ________ aprender ________ comer bien?

   —Mamá, mamá, Ramón me está molestando.

3. —No quiero asistir ________ la reunión.

   —Yo tampoco. ¿Por qué no vamos ________ ________ restaurante ________ el centro?

   —Buena idea. Yo conozco ________ restaurante muy bueno.

4. —Por fin empiezo ________ entenderte.

   —¿Aprendiste ________ leer mis pensamientos?

   —No dije eso.

5. —¿Dónde estudias?

—________ la Universidad Autónoma.

—¿Cuándo empezaste?

—Empecé ________ estudiar allí hace tres años.

—¿Qué estudias?

—Arte.

—¿________ tus padres les gusta ________ idea?

—Claro, ¡son artistas!

6. —Oye, voy ________ tener el carro ________ Felipe este fin de semana.

—¿Adónde quieres ir?

—Me gustaría ir ________ ________ capital. ¿Podemos ir?

—¿Por qué no? Voy ________ ver ________ Pilar mañana ________ la noche.

—¿Y?

—Y su hermano comenzó ________ trabajar en la capital ________ mes pasado. Podemos dormir ________ el apartamento ________ él. Creo que está ________ ________ centro y que es muy grande.

—Buena idea.

7. ¿Compraste ________ saco que vimos ________ otro día?

—Sí, me costó ________ ojo de la cara.

—Ahora necesitas corbata.

—Sí, ________ corbata ________ seda roja.

8. —¿________ cuándo es la composición?

—Es ________ ________ lunes.

Capítulo 8

PRÁCTICA MECÁNICA I

Actividad 1: La primera actividad. Complete each sentence with the appropriate ordinal number.

1. Ellos viven en el ______________ piso. (2)
2. Ricardo llegó en ______________ lugar. (3)
3. María fue la ______________ persona en recibir su dinero. (5)
4. Ana terminó ______________. (7)
5. Perú ganó el ______________ premio. (4)
6. Carlos llegó ______________. (3)
7. Tengo que estudiar ______________; después puedo salir. (1)
8. Compraron un apartamento en el ______________ piso y pueden ver toda la ciudad. (9)
9. Guillermo fue el ______________ hijo de su familia que terminó la universidad. (1)
10. Ésta es la ______________ oración. (10)

Actividad 2: La casa. Associate the following activities with the rooms of a house. Remember to include the definite articles in your answers.

1. preparar la comida ______________
2. ver la televisión ______________
3. dormir ______________
4. comer ______________
5. ducharse ______________
6. vestirse ______________

Actividad 3: El apartamento. Miguel is looking for an apartment. Finish the following sentences with the appropriate subjunctive form of the indicated verbs.

1. Busco un apartamento que ______________ cerca del trabajo. (estar)
2. No me gusta subir escaleras; entonces necesito un apartamento que ______________ ascensor (*elevator*). (tener)
3. Tengo que estudiar; por eso, busco un apartamento que ______________ tranquilo. (ser)
4. Tengo muchas plantas. Quiero un apartamento que ______________ balcón. (tener)
5. No tengo mucho dinero; por eso, busco un apartamento que ______________ poco. (costar)

Actividad 4: ¿Subjuntivo o indicativo? Complete the following sentences with the appropriate indicative or subjunctive form of the indicated verbs.

1. Mi novio conoce a una secretaria que ______________ noventa palabras por minuto. (escribir)
2. Quiero un novio que ______________ inteligente. (ser)
3. Mi jefe necesita un recepcionista que ______________ hablar italiano. (saber)
4. Voy a estar en un hotel que ______________ cuatro piscinas. (tener)
5. Necesitamos un carro que ______________ nuevo. (ser)
6. Quiero un esposo que ______________ bien. (bailar)
7. No veo a nadie que nos ______________ ayudar. (poder)
8. Necesito una clase que ______________ a la una. (empezar)
9. Tengo una profesora que no ______________ exámenes. (dar)
10. Tenemos una revista que ______________ el accidente. (explicar)
11. Busco un trabajo que ______________ bien. (pagar)
12. Necesito un vendedor que ______________ en Caracas. (vivir)
13. No conozco a nadie que ______________ un Mercedes Benz. (tener)
14. En la librería tienen un libro de arte que yo ______________ a comprar. (ir)
15. No hay ningún carro aquí que me ______________. (gustar)

NOMBRE ______________________ FECHA ______________

PRÁCTICA COMUNICATIVA I

Actividad 5: ¿En qué piso? Look at the mailboxes of this apartment building and answer the following questions as if you were the building's **portero.** Use complete sentences.

101 Martín	301 Pascual	501 Robles
201 Lerma	401 Cano	601 Fuentes

1. ¿En qué piso vive la familia Robles? ______________________
2. ¿En qué piso vive Pepe Cano? ______________________
3. ¿Sabe Ud. en qué piso viven los señores Martín? ______________________
4. La Srta. Pascual vive en el sexto piso, ¿no? ______________________

Actividad 6: El apartamento perfecto. Next year you will be looking for an apartment. Describe the perfect apartment for yourself. Be specific: how many rooms, what they will be like, how much the apartment will cost, where it will be, etc.

Voy a buscar un apartamento que ______________________

Actividad 7: Habitación libre. You are looking for a roommate. Write an ad describing the perfect person.

Busco un/a compañero/a que ______________________

Actividad 8: Una clase fácil. You have a very difficult semester ahead of you, but you need three more credits. You must find the perfect class: one that will be interesting but will make few demands on your time. Your roommate always manages to find the "easy" classes, so write a note to him/her describing the class you are looking for.

Necesito una clase fácil con un profesor que ______________________

____

____

____

____

Actividad 9: Los anuncios personales. One of your friends is very lonely and has been thinking of writing a personal ad. Because you are funny and can write well, he asked you to write it for him. First, describe your friend (indicative), and then describe the kind of woman he is looking for (subjunctive).

____

____

____

____

____

PRÁCTICA MECÁNICA II

Actividad 10: La casa. State in what rooms you would find the following furniture, appliances, and fixtures. Remember to include the definite article in your answers.

1. sofá ______________
2. ducha ______________
3. horno ______________
4. cama ______________
5. estante ______________
6. mesa y seis sillas ______________
7. lavabo ______________
8. nevera ______________
9. televisor ______________
10. cómoda ______________

Actividad 11: La influencia. Jaime has just decided to move to California to get a job. He is getting advice from his friends, who don't let him get a word in edgeways. Complete the conversation with either the infinitive or the appropriate subjunctive form of the indicated verbs.

ANA Te aconsejo que ______________________ a Sacramento. (ir)

MARTA Quiero que nos ______________________ una vez al mes. (llamar)

ANA Es importante que ______________________ un carro nuevo antes del viaje. (comprar)

MARTA Es mejor que ______________________ por avión. (viajar)

ANA Necesitas buscar un trabajo que ______________________ interesante. (ser)

MARTA Te prohibimos que ______________________ a fumar otra vez. (comenzar)

ANA Te pido que me ______________________. (escribir)

MARTA Es bueno no ______________________ la primera oferta de trabajo. (aceptar)

ANA Es importante que ______________________ información sobre apartamentos antes de ir. (tener)

MARTA Es importantísimo que ______________________. (divertirse)

JAIME Bien, bien… ¿y si decido ir a Colorado?

Actividad 12: *¿Ya o todavía?* Some time has passed, and Jaime has made a few decisions and done a few things regarding his move to California. Complete the following sentences about Jaime using **ya** or **todavía.**

1. Jaime ______________________ sabe adónde va a ir: a San Diego.
2. Jaime ______________________ alquiló un apartamento en San Diego. Lo hizo la semana pasada.
3. No tiene trabajo ______________________.
4. ______________________ no tiene que comprar carro, porque su madre le va a dar su carro viejo.
5. ______________________ tiene que mandarles cartas a las compañías en San Diego para encontrar trabajo.

NOMBRE ______________________ FECHA ______________

PRÁCTICA COMUNICATIVA II

Actividad 13: Necesitamos... Gonzalo has just rented a semifurnished apartment. Look at the accompanying drawing and complete the note to his future roommate about what furniture and appliances they will need to get.

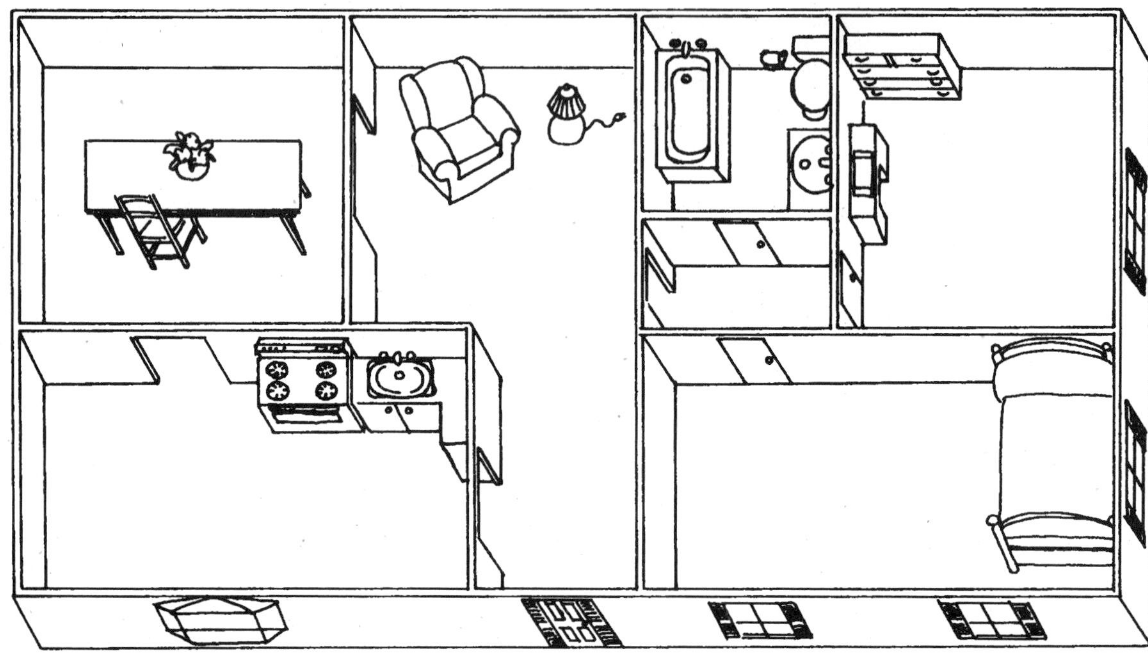

Paco –

En la sala sólo hay ______________________________;
entonces necesitamos ______________________________
______________________. En el comedor ______________________
______________________.

Un dormitorio tiene ______________________________ y
el otro ______________________________. Por
eso, necesitamos ______________________________.

Tenemos un problema enorme en la cocina: tenemos ______________________
______________________, pero ______________________
______________________.

Podemos hablar más esta noche.

Chau, Gonzalo

NOMBRE ______________________ FECHA ______________

Actividad 14: Ayuda. You are talking with two students from Bolivia who are new to your town. Tell them to look for the following things when searching for an apartment.

What type of apartment to look for

1. Deben buscar un apartamento que ______________________

____

How much the rent usually is

2. Un alquiler normal ______________________

____

How much security deposit to expect

3. Pueden pagar ______________________

____

Good areas of the city to live in

4. Les aconsejo que ______________________

____

Actividad 15: La grabadora. Answer the following letter written to a consumer-protection agency by completing the agency's response.

Puerto Cabezas, 17 de abril de 2004

Estimados señores:

La semana pasada compré una grabadora. Funcionó por tres días y ahora no funciona. Busqué y no encontré ninguna garantía. Volví a la tienda para devolverla y recibir mi dinero, pero no me lo quisieron dar. Ahora tengo un problema: gasté 1.500 córdobas por una grabadora que no funciona. ¿Qué puedo hacer?

Gracias por su atención,

Raimundo Lerma Zamora

Raimundo Lerma Zamora

Managua, 20 de abril de 2004

Estimado Sr. Lerma:

Le aconsejamos que ______________________,

pero es importante que ______________________

______________________. Si todavía tiene problemas, es mejor que

____

______________________.

Atentamente,

Susana Valencia Blanco

Susana Valencia Blanco
Defensa del consumidor

Actividad 16: *Ya/todavía.* Look at the following list and state what things you have already done and what things you still have to do this week.

➤ invitar a Juan a la fiesta *Ya lo invité.*
o: *Todavía tengo que invitarlo.*

1. estudiar para el examen ______________________
2. comprar pasta de dientes ______________________
3. escribirle una carta a mi abuelo ______________________
4. hablar por teléfono con mis padres ______________________
5. ir al laboratorio de español ______________________
6. aprender las formas del subjuntivo ______________________
7. sacar dinero del banco ______________________

Actividad 17: Tu hermano menor. Your younger brother is having trouble with drugs, and your parents ask you for some advice. Complete the following list of sentences to help them out. Remember: You are giving advice to your parents, so use the Uds. forms of the verbs.

1. Es mejor que Uds. ______________________
2. Les aconsejo que Uds. ______________________
3. Es bueno que Uds. no ______________________
4. Les pido que Uds. ______________________
5. Es importante que Uds. ______________________

Actividad 18: Estudiante confuso. Read this letter from a frustrated English student to a group of students who have already taken the course. Then, complete the letter of advice that they give him. After finishing the activity, reread the advice and compare it to what you do.

> Queridos ex estudiantes de inglés elemental:
>
> Tengo un pequeño problema. Me gusta mucho el inglés y estudio muchas horas la noche antes de los exámenes. Memorizo el vocabulario, leo las explicaciones gramaticales y hago toda la tarea en el cuaderno de ejercicios. En los primeros exámenes saqué buenas notas, pero en los últimos tres mis notas fueron fatales. ¿Qué me aconsejan?
>
> Estudiante confuso

Querido estudiante confuso:

Primero, es bueno que te ______________ (gustar) estudiar el inglés porque es importante tener una actitud positiva. Tu problema es que esperas hasta el último momento para estudiar. Te aconsejamos que ______________ (estudiar) un poco todos los días. Es mejor que ______________ (empezar) a estudiar el vocabulario el primer día de cada capítulo y que lo ______________ (volver) a estudiar por diez o quince minutos cada día. También debes ______________ (usar) el programa de Internet. A nosotros nos gusta mucho porque es rápido y da la respuesta correcta en un segundo. Es importante ______________ (comenzar) con las actividades de vocabulario y gramática y ______________ (terminar) con las actividades de lectura (conversaciones y párrafos). También tienes que ______________ (escribir) la tarea todos los días y no esperar hasta el último día.

Cuando estudias a último hora, recuerdas todo para el examen, pero después de dos días no sabes mucho. Por eso, te aconsejamos que ______________ (estudiar) un poco todos los días; así vas a recibir una nota buena en la clase y vas a poder hablar inglés bien. Esperamos que ______________ (sacar) buena nota en la clase.

Un abrazo y buena suerte,

Ex estudiantes de inglés elemental

P.D. Es muy importante que ______________ (hablar) mucho en clase todos los días.

Estrategia de lectura: Using the Dictionary

When you don't know what a word means, follow this procedure:

1. Skip it if it isn't important.
2. Discern meaning from context.
3. Check and see if it is mentioned again in the reading.
4. Look it up in the dictionary.

Remember: The dictionary should be your last resort or you may become very frustrated trying to look up every single word you do not understand at first glance. See your textbook for information about how to use a dictionary.

Actividad 19: Cognados. As you read this article about open air markets, underline all cognates that you encounter.

Los mercados en el mundo hispano

Si viajas a un país hispano, un lugar interesante para visitar es el mercado al aire libre. Hay muchas clases de mercados: mercados de artesanía, de antigüedades, de comida y también de cosas en general. Algunos de estos mercados son especialmente para turistas y otros son para la gente del lugar. Vas a encontrar mercados que están abiertos todos los días y otros que sólo abren días específicos.

En general, se pueden conseguir buenos precios en los mercados y, a veces, se puede inclusive regatear, pero tienes que tener cuidado con el regateo. En algunos lugares el regateo es común: el comerciante espera que el cliente no acepte el primer precio que se le dé, y que haga una contraoferta o pida un precio más bajo. Por otro lado, hay mercados donde no se regatea y si lo haces puedes insultar al comerciante. Para no meter la pata es una buena idea ver qué hace la gente del lugar. Si ellos no regatean, pues entonces es mejor no hacerlo.

Los mercados de artesanía y de comidas más conocidos de Hispanoamérica están en México, Guatemala y Perú. Allí prevalecieron las culturas azteca, maya e incaica y hoy día sus descendientes venden al público la artesanía que aprendieron a hacer de sus antepasados.

En México, Guatemala y Perú están, por ejemplo, los mercados de Oaxaca, Chichicastenango y Huancayo respectivamente, donde la gente local vende telas típicas, hamacas, cerámica, especias y comidas. Para saber si los precios que tienen son buenos o no, y para comparar precios, es buena idea ir a las tiendas artesanales del gobierno, donde tienen productos similares.

En la ciudad de México y en Buenos Aires puedes encontrar mercados con antigüedades como la Lagunilla y el mercado de San Telmo, respectivamente. Allí es posible regatear. Los días más interesantes para ir son los sábados y domingos, cuando hay mucha gente.

Para comprar de todo, existen mercados como el Rastro en Madrid, que está abierto todos los domingos. Este mercado es enorme y está dividido en diferentes zonas donde se venden cosas como antigüedades, ropa y artesanía moderna, y hay además una zona para comprar animales domésticos. En ese mercado normalmente no se regatea.

Si estás en un país hispano y quieres saber si hay mercados como los que se mencionan aquí, puedes averiguar en la oficina de turismo local o simplemente preguntarle a alguien del lugar.

NOMBRE ______________________ FECHA ______________

Actividad 20: Usa el diccionario. Guess the meaning of the following words as used in the text you just read. Then confirm your predictions by consulting the accompanying dictionary definitions.

	Guess	Dictionary Definition
1. línea 2: **artesanía**	______	______
2. línea 6: **conseguir**	______	______
3. línea 11: **meter la pata**	______	______
4. línea 14: **prevalecieron**	______	______
5. línea 17: **telas**	______	______

ar·te·sa·ní·a f. *(habilidad)* craftsmanship; *(producto)* crafts.
con·se·guir §64 tr. *(obtener)* to obtain; *(llegar a hacer)* to attain; *(lograr)* to manage.
pa·ta f. ZOOL. *(pie)* paw, foot; *(pierna)* leg; COLL. *(pierna humana)* leg; *(base)* leg <*las patas de la mesa* the legs of the table>; ORNITH. female duck ◆ **a cuatro patas** on all fours • **a p.** COLL. on foot • **estirar la p.** COLL. to kick the bucket • **meter la p.** COLL. to put one's foot in it • **p. de gallo** crowfoot.
pre·va·le·cer §17 intr. *(sobresalir)* to prevail; BOT. to take root.
te·la f. *(paño)* fabric; *(membrana)* membrane; *(nata)* film; *(de araña)* web; ANAT. film; BOT. skin; ARTS *(lienzo)* canvas; *(pintura)* painting ◆ **poner en t. de juicio** to call into question • **t. adhesiva** adhesive tape • **t. aislante** electrical tape • **t. metálica** wire netting.
te·lar m. TEX. loom; *(de puerta)* frame; BKB. sewing press ◆ **en el t.** in the making.

Actividad 21: Preguntas. After reading the article, state what advice the author gives tourists about the following topics:

1. el regateo

____

2. cómo saber si los precios son buenos o malos

____

3. cuándo ir a la Lagunilla y San Telmo

____

4. si se puede regatear en el Rastro de Madrid

____

NOMBRE ______________________ FECHA ______________

Capítulo 9

PRÁCTICA MECÁNICA I

Actividad 1: Los pasatiempos. Match the words and phrases in Column A with the related pastime from Column B.

	A		B
1.	______ cuidar plantas	a.	hacer crucigramas
2.	______ el "póker"	b.	tejer
3.	______ hacer una blusa	c.	jardinería
4.	______ mecánico	d.	jugar a las cartas
5.	______ estufa, nevera, comida	e.	pintar
6.	______ tres horizontal	f.	jugar con juegos electrónicos
7.	______ hacer un suéter	g.	coleccionar monedas
8.	______ Pablo Picasso	h.	cocinar
9.	______ Play Station, Nintendo	i.	coser
10.	______ dinero	j.	arreglar carros

Actividad 2: La mesa y la cocina. Look at the following drawing and label the items. Remember to include the definite article in your answers.

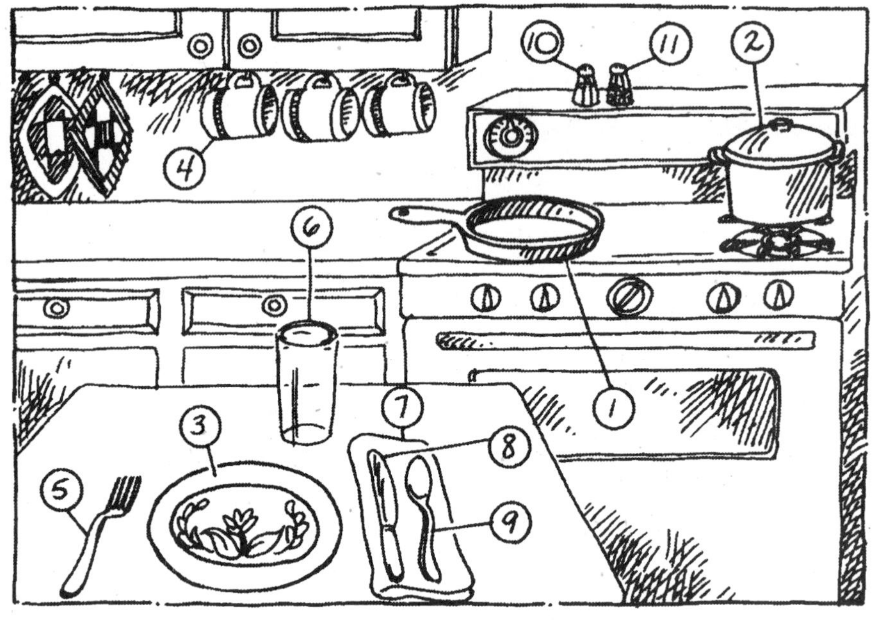

1. ______________________
2. ______________________
3. ______________________
4. ______________________
5. ______________________
6. ______________________
7. ______________________
8. ______________________
9. ______________________
10. ______________________
11. ______________________

Actividad 3: Por las dudas. Complete the following sentences with the appropriate indicative or subjunctive form of the indicated verbs.

1. Dudo que Laura ______________________ mañana. (venir)
2. Es posible que él ______________________ los crucigramas contigo. (hacer)
3. Es evidente que nosotros ______________________ un problema. (tener)
4. No es verdad que mi madre ______________________ mucho. (coser)
5. ¿Crees que Paco ______________________ mucho a las cartas? (jugar)
6. No creo que Raúl ______________________ arreglar el carro. (saber)
7. Es cierto que yo ______________________ hacerlo. (poder)
8. El médico cree que tú ______________________ comer menos. (deber)
9. Estamos seguros de que el profesor ______________________ buenas notas. (dar)
10. Es probable que ______________________ la carta hoy. (llegar)

Continued on next page →

11. Es verdad que Uds. ______________ mucho. (pescar)
12. Quizás mis hermanos ______________ venir esta noche. (querer)
13. Es obvio que la clase ______________ a ser difícil. (ir)
14. Es cierto que tú ______________ poesías preciosas. (escribir)
15. No crees que Jorge ______________ aquí en Madrid, ¿verdad? (estar)

Actividad 4: ¿Cómo? Write sentences based on the following groups of words. Make any necessary additions or changes.

➤ yo / correr / rápido / clase *Yo corro rápidamente a clase.*

1. general / ellas / estudiar / biblioteca ______________
2. mi / hermanos / hablar / constante / por / teléfono ______________
3. yo / dudar / que / él / venir / inmediato ______________
4. ellos / pescar / continuo ______________
5. nosotros / poder / encontrar / trabajo / Caracas / fácil ______________

Actividad 5: La hora y la edad. Answer the following questions in complete sentences.

➤ ¿A qué hora te duchaste? (7:30) *Eran las siete y media cuando me duché.*

1. ¿A qué hora te levantaste? (8:00) ______________
2. ¿A qué hora empezaste el examen? (1:10) ______________
3. ¿Cuántos años tenía tu padre cuando se casó? (25) ______________
4. ¿A qué hora llegaste anoche? (11:00) ______________
5. ¿Cuántos años tenías cuando terminaste la escuela secundaria? (17) ______________

NOMBRE ______________________ FECHA ______________

PRÁCTICA COMUNICATIVA I

Actividad 6: Los pasatiempos. Fill out the following survey to describe what you do in your spare time. Then, fill out the survey again for one of your parents or a friend. Write your initials and the initials of the other person in the appropriate column.

Me/Le gusta:	mucho	poco	nada
1. cuidar plantas	______	______	______
2. pescar	______	______	______
3. hacer crucigramas	______	______	______
4. pintar	______	______	______
5. coser	______	______	______
6. tejer	______	______	______
7. coleccionar estampillas	______	______	______
8. arreglar carros	______	______	______
9. jugar a las cartas	______	______	______
10. jugar al billar	______	______	______

Actividad 7: Un fin de semana. After doing *Actividad 6*, write a note to the person from *Actividad 6*. You are planning to spend a weekend together. Suggest activities you could do together that you would both like.

➤ *Como a nosotros nos gusta arreglar carros, es posible que trabajemos en mi garaje. También, como siempre pintas, me puedes pintar...*

____

____

____

____

____

____

____

Actividad 8: Tal vez... Read the following miniconversations and answer the questions in complete sentences. Use **tal vez** or **quizás** in your responses. Use clues found in the conversation to help you determine the topic and thus the possible location and/or audience. In the example below, the fact that someone asks for a price is an indication that this conversation may take place in a store.

➤ —¿Puedo ver uno de ésos?
—Claro que sí.
—Es muy bonito. ¿Cuánto cuesta?
—Sólo 295 euros.
¿Dónde están? *Tal vez estén en una tienda.*
Quizás estén en una tienda.

1. —Necesito una carta más.
—¿Sólo una? Vas a perder.
—Yo siempre gano.
¿Qué están haciendo? ______________________

2. —Bienvenidos al programa. Hoy vamos a preparar una ensalada. Primero lavo y corto la lechuga, después lavo bien los tomates y también los corto, pero no muy pequeños...
¿Dónde está esta persona? ______________________
¿A quiénes crees que les esté hablando? ______________________

3. —¿Cómo que no me queda dinero?
—No señor, no hay nada.
—Pero, debo tener algo.
¿Dónde están? ______________________

Actividad 9: Tu impresión. Read the following note that you have just received from a friend; then complete your answer to him.

Hola:

Creo que tengo problemas con mi esposa, pero tal vez sea mi imaginación. Hace dos meses empezó un trabajo nuevo como arquitecta. Al principio todo iba bien, pero comenzó a trabajar con un arquitecto joven y últimamente está trabajando muchas horas (anoche no regresó a casa hasta las diez y media). Dice que le gusta mucho el trabajo y sé que, para ella, es muy importante trabajar. Dice que la semana que viene, ese arquitecto y ella tienen que ir a otra ciudad por dos días para asistir a una conferencia. Ella me dice que no pasa nada, pero yo tengo mis dudas. Anteayer, en vez de tomar el autobús, él la trajo a casa.

Es posible que no sea nada, pero no estoy seguro. ¿Qué crees tú?

Ernesto

Continued on next page →

NOMBRE ______________________ FECHA ______________

Querido Ernesto:

Es evidente que ______________________________________. Es posible que ______________________________________

______________________. También dudo que ______________________

______________________________. Pero es cierto que ____________

______________________________________. Te aconsejo que ______________________________ porque estoy seguro que ______________________________________.

Te deseo mucha suerte.

Un abrazo,

____

Actividad 10: ¿Qué hora era? State what time it was when the following actions took place.

➤ *Eran las ocho y diez cuando la mujer se despertó.*

wb_lau_09_02a-f (new)

1. ____

2. ____

3. ____

4. ____

5. ____

Actividad 11: ¿Cuántos años tenías? Answer these questions about you and your family.

1. ¿Cuántos años tenías cuando terminaste la escuela primaria? ______________________
2. ¿Cuántos años tenía tu madre cuando tú naciste *(were born)*? ______________________
3. ¿Cuántos años tenías cuando empezaste la universidad? ______________________
4. ¿Cuántos años tenías cuando Bill Clinton ganó las elecciones en 1996? ______________________

PRÁCTICA MECÁNICA II

Actividad 12: La comida. Write the letters of the items in Column B that you associate with each verb in Column A. Give all the possible answers for each item.

A		B
1. ______________	freír	a. aceite y vinagre
2. ______________	cortar	b. jamón
3. ______________	añadir	c. cuchillo, tenedor, cuchara
4. ______________	darle la vuelta	d. sal y pimienta
5. ______________	poner la mesa	e. tomate
6. ______________	revolver	f. pan
		g. lechuga
		h. huevos
		i. cebolla
		j. fruta
		k. servilleta
		l. queso

NOMBRE ______________________________ FECHA ______________

Actividad 13: Una receta. Complete the following recipe with the correct forms of the indicated verbs. Use the passive **se**.

Una tortilla española

Primero, _______ ____________________ cuatro patatas grandes en trozos *cortar*
pequeños. Segundo, _______ ____________________ una *cortar*
cebolla. Después, _______ ____________________ aceite en una sartén *poner*
a fuego alto. _______ ____________________ las patatas y la cebolla *añadir*
al aceite caliente. Mientras las patatas y la cebolla están friendo,
_______ ____________________ cuatro huevos en un recipiente. *revolver*
_______ ____________________ sal a los huevos. Después, *añadir*
_______ ____________________ las patatas y la cebolla con los huevos y *mezclar*
_______ ____________________ todos los ingredientes en la sartén. Después de un *poner*
minuto, _______ _______ ____________________ la vuelta. Al final, *darle*
_______ ____________________ una tortilla deliciosa con un grupo de amigos. *comer*

Actividad 14: *¿Por* o *para*? Complete the following sentences with **por** or **para**.

1. Le di mi radio ______________ su chaqueta.
2. Anoche caminamos ______________ la playa.
3. ______________ mí, el trabajo es muy aburrido.
4. Mañana Jaime sale ______________ Punta del Este.
5. Hoy voy a trabajar ______________ Victoria y mañana ella va a trabajar ______________ mí.
6. Eran las tres cuando me llamaste ______________ teléfono.
7. Mis padres van en tren de Valencia a Madrid y van a pasar ______________ Albacete.
8. ______________ Álvaro, las tortillas de su abuela son deliciosas.

Actividad 15: ¡Qué emoción! Complete the following sentences with either the infinitive or the appropriate indicative or subjunctive form of the indicated verbs.

1. A Mercedes le sorprende que tú no ____________________ más. (leer)
2. Es una pena que ____________________ bombas atómicas. (haber)
3. Espero ____________________ dinero del banco esta tarde. (sacar)
4. Mi padre espera que la universidad ____________________ a mi hermano. (aceptar)
5. Me alegro de que tú ____________________ aquí. (estar)
6. Sentimos no ____________________ venir mañana. (poder)
7. Es fantástico que a Guillermo le ____________________ arreglar carros. (gustar)
8. Miguel espera que su compañero le ____________________ una buena tortilla. (preparar)
9. Es una pena no ____________________ tiempo. (tener)
10. Rogelio se sorprendió de ____________________ a Roberto en su clase. (ver)

PRÁCTICA COMUNICATIVA II

Actividad 16: Rompecabezas. Do the following newspaper puzzle. By finding the correct word for each definition, you will be able to complete a popular Spanish saying that means *he's blushing.*

1. Es verde y es la base de la ensalada. ___ ___ ___ ___ ___ ___ ___ (1: 2nd letter)
2. Cuando la corto, lloro. ___ ___ ___ ___ ___ ___ ___ (8: 1st letter; 6: 4th letter)
3. Lo uso en la cocina y en mi carro. ___ ___ ___ ___ ___ ___ (4: 1st letter)
4. Pongo esto encima de los espaguetis. ___ ___ ___ ___ ___ (2: 4th letter)
5. Una banana es parte de este grupo. ___ ___ ___ ___ ___ ___ (3: 4th letter)
6. Son blancos y el centro es amarillo; se pueden freír. ___ ___ ___ ___ ___ ___ (10: 2nd letter)
7. Es una ensalada pongo aceite y esto. ___ ___ ___ ___ ___ ___ ___ (11: 3rd letter)
8. Oscar Mayer vende mucho de esto para sándwiches. ___ ___ ___ ___ ___ (7: 1st letter)
9. Para comer uso una cuchara, un cuchillo y esto. ___ ___ ___ ___ ___ ___ ___ (5: 7th letter)
10. Es la compañera de la sal; es negra. ___ ___ ___ ___ ___ ___ ___ ___ (9: 3rd letter)

El dicho secreto: ___ ___ ___ ___   ___ ___ ___ ___   ___ ___ ___ ___   ___ ___   ___ ___ ___ ___ ___ ___

1 2 3 4   5 6 7 6   8 6 9 6   10 11   3 6 9 4 3 1

Actividad 17: Una receta. Your friend is a disaster in the kitchen. She's so bad that you had to write her a recipe for a salad. Complete the recipe with the appropriate words.

Primero se lava y _________ ______________________ la lechuga. Después _________ ______________________ y _________ ______________________ el tomate. _________ ______________________ la lechuga en el plato y _________ ______________________ el tomate encima de la lechuga. También puedes ______________________ una cebolla si quieres y ponerla encima de la lechuga. Como te gusta mucho el queso, te aconsejo que ______________________ un poco encima de todo. Ahora, _________ ______________________ aceite y vinagre (pero poco vinagre), después _________ ______________________ sal (y pimienta si quieres). Después _________ ______________________ todo y se come.

Actividad 18: Las mentes inquisitivas quieren saber. Read the following headlines that appeared in different types of newspapers, some respectable and some sensational. React to them using these phrases: **Me sorprendo de que..., No creo que..., Me alegro de que..., (No) Es posible que..., Creo que...,** etc.

1. Viajes a Marte en el año 2015. ______________________
2. Cumple 125 años y todavía trabaja. ______________________
3. Mujer de 72 años tiene bebé. ______________________
4. Nueva droga del Amazonas. ¿La cura del cáncer? ______________________
5. Costa Rica tiene más profesores que policías y no tiene militares. ______________________
6. Cada año España tiene más turistas que habitantes. ______________________

Estrategia de lectura: Topic Sentences and Supporting Evidence

As you read, you need to focus your attention in order to understand the text. One way to do this is to locate the topic sentence (**oración principal**) in each paragraph. Once you have identified these, you can look for supporting information (**ideas de apoyo**).

Actividad 19: Oración principal e ideas de apoyo. As you read the following article, write the topic sentences of the paragraphs indicated and jot down in note form the supporting evidence given.

Párrafo 2: ______________________

Ideas de apoyo:

____

____

____

Párrafo 3: ______________________

Ideas de apoyo:

____

____

____

NOMBRE ______________________ FECHA ____________

Párrafo 4: ______________________

____

Ideas de apoyo:

____

____

____

____

Párrafo 5: ______________________

____

Ideas de apoyo:

____

____

____

____

____

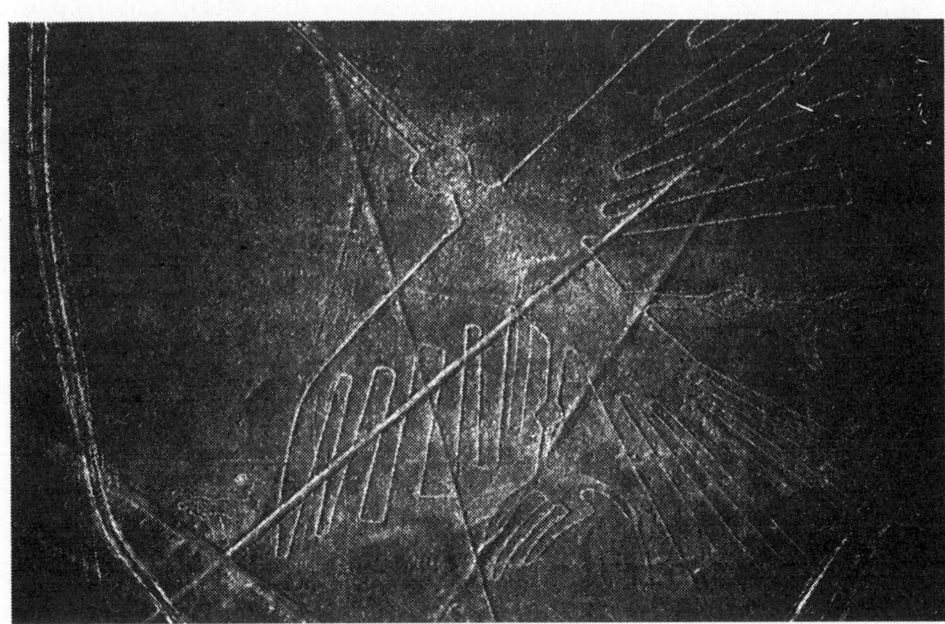

Las líneas de Nasca

Curiosidades y costumbres del mundo hispano

En algunos países hispanos se encuentran enigmas difíciles de comprender. Hay enigmas arqueológicos intrigantes que se están investigando, pero quizás nunca se encuentre una explicación para ellos. Por otro lado, hay fenómenos religiosos curiosos que tienen su origen en civilizaciones pasadas.

Uno de los fenómenos arqueológicos inexplicables son los dibujos de Nasca, Perú. Allí, en la tierra, hay dibujos gigantescos de animales y flores que sólo pueden verse en su totalidad desde el aire. También hay unas líneas muy derechas. Algunos dicen que tal vez sean pistas de aterrizaje[1] que se hicieron en la época prehistórica para visitantes extraterrestres.

Otro enigma que contradice toda lógica está en la Isla de Pascua, Chile. Allí, al lado del mar, hay unas cabezas enormes de piedra volcánica. Hay mucha controversia sobre el origen de estos monolitos, pero se cree que se construyeron unos cuatrocientos años antes de Cristo. Estas piedras pesan más de veinte toneladas[2] cada una y, hoy en día, todavía es inexplicable cómo una pequeña población pudo moverlas tantos kilómetros, desde el volcán hasta la costa. Hay gente que afirma que es un fenómeno sobrenatural.

En el mundo hispano no sólo hay fenómenos arqueológicos intrigantes; existen también algunas costumbres religiosas que muestran aspectos únicos de la cultura. Una de estas costumbres es el uso de la hoja de coca por los indígenas de Bolivia y Perú. Ellos le ofrecen la coca a la diosa Pachamama para que ella les dé buena suerte; también mascan[3] la coca para combatir el hambre y el cansancio que causa la altitud. La hoja de coca se usa además en esa zona para predecir el futuro y para diagnosticar enfermedades.

Un fenómeno religioso que coexiste con el catolicismo es la santería, común en varios países del Caribe. Es de origen africano y consiste en la identificación de dioses africanos con santos cristianos. Cuando los españoles trajeron a los esclavos a América, los forzaron a adoptar el cristianismo, pero ellos no abandonaron totalmente su propia religión y el resultado fue una mezcla de las dos religiones. La santería que se practica hoy en día varía de país en país. En Cuba, por ejemplo, los **orishas** (dioses) corresponden a los santos cristianos: Babalú es el nombre de San Lázaro y es el protector de los enfermos; Changó, el dios del rayo[4], es Santa Bárbara. Hay símbolos especiales asociados con cada orisha y rituales para honrarlos.

Estos fenómenos arqueológicos y estas costumbres religiosas nos muestran varios aspectos de la cultura hispana. Conocer las costumbres propias de otras culturas nos ayuda a comprenderlas.

[1]**pistas...** *landing strips* [2]**toneladas** = toneladas métricas. Una tonelada métrica = 2204 libras.
[3]*they chew* [4]*lightning*

Actividad 20: Preguntas. Answer these questions in complete sentences based on the reading.

1. ¿Crees que las líneas de Nazca sean de extraterrestres? ______________________

2. ¿Cuál es el fenómeno inexplicable de la Isla de Pascua? ______________________

3. ¿Para qué usan la coca los indígenas de Perú y Bolivia? ______________________

4. ¿Cuál es el origen de la santería? ______________________

5. ¿Conoces otros fenómenos inexplicables en otras partes del mundo? ¿Cuál or cuáles? ______________________

NOMBRE ____________________ FECHA ____________

Capítulo 9 Repaso

Por **and** para

In Chapters 5 and 9 you studied different uses of the words **por** and **para**. Study these examples and then complete the conversations that follow.

—¿**Para** qué estudias?	—Estudio **para** ser médico/abogado/etc.
—¿**Para** qué compañía trabajas?	—Trabajo **para** J. Crew.
—En J. Crew, ¿la ropa es cara?	—Sí y no, depende. Es posible pagar $30 o $100 **por** un suéter.
—¿**Para** qué trabajas?	—Trabajo **para** tener dinero, **para** poder salir con mis amigos y **para** pagar mis estudios.
—¿Cuándo trabajas?	—Trabajo **por** la tarde los lunes, los martes y los jueves.
—En tu opinión, ¿es bueno estudiar y trabajar?	—**Para** otras personas, no sé, pero **para mí**, sí. En la universidad aprendo mucho, pero en el trabajo también aprendo.
—Pero si estudias, ¿hay días que no puedes ir a trabajar?	—Claro, pero tengo un amigo en el trabajo. Si él no puede trabajar, yo trabajo **por** él, y si yo no puedo, él trabaja **por** mí.
—¿Cuántos años más vas a estar en la universidad?	—Voy a estar aquí **por** dos años más.
—¿Y después de terminar?	—Pienso viajar **por** Suramérica.
—¿Cuándo te vas **para** tu pueblo **para** visitar a tus padres?	—Me voy **para** mi pueblo pronto.
—¿Cuándo es tu próxima visita?	—Voy **para** Navidad.

Actividad: Conversaciones. Complete the following conversations using **por** and **para**.

Dos estudiantes de francés hablan:

—¿Entiendes la tarea que nos dio la profesora hoy en la clase de francés?

—____________________(1) mí, la lección ____________________(2) mañana es fácil, pero hay otras cosas que son problemáticas.

—____________________(3) los estudiantes de inglés, los verbos son fáciles.

—Los verbos en francés son difíciles ____________________(4) mí.

Dos aficionados al fútbol hablan sobre un nuevo jugador:

—Ahora Jorge juega al fútbol ____________________(5) los Huracanes.

—Juega sólo ____________________(6) tener dinero y ____________________(7) ser famoso. No me gusta su actitud.

—A mí tampoco. Si Jorge está enfermo, Lorenzo juega ____________________(8) él. ¿Sabías eso?

—Lorenzo es mejor jugador y él juega ____________________(9) divertirse.

Dos personas hablan sobre el hermano de uno de ellos:

—¿Conoces a mi hermano Hernando?

—No, ¿cómo es?

—____________________(10) mis padres, es el hijo perfecto.

—¿Y eso?

—____________________(11) Hernando, la educación universitaria es muy importante. Él estudia ____________________(12) ser profesor de niños pequeños. Tiene clases ____________________(13) la mañana, trabaja ____________________(14) la tarde ____________________(15) una compañía internacional y estudia ____________________(16) la noche. Los lunes, los miércoles y los sábados corre ____________________(17) el parque ____________________(18) hacer ejercicio. Los domingos Hernando sale de la ciudad y se va ____________________(19) el pueblo ____________________(20) visitar a nuestros padres. Normalmente los visita ____________________(21) un par de horas. Después, al volver a casa pasa ____________________(22) la casa de nuestra abuela ____________________(23) ver si está bien.

—Ya veo. ¿El señor perfecto tiene novia?

—Claro. Ella vive en otra ciudad, entonces él siempre le manda regalos pequeños por correo. Él le manda mensajes todos los días ____________________(24) correo electrónico.

—Tienes razón, su vida es perfecta.

—No, perdón. ____________________(25) mí, ésa no es una vida perfecta. No puede ir a caminar ____________________(26) la calle todas las noches con su novia, no puede verla, sólo puede

Continued on next page →

hablar con ella ______________________(27) teléfono o mandarle cartas

______________________(28) correo electrónico.

—Tu hermano piensa en su futuro y tú piensas en el presente.

—Sí, es verdad. Hablando del presente, ¿por qué no nos vamos ______________________(29) el club?

—Bueno, pero primero podemos pasar ______________________(30) un cajero automático; necesito sacar dinero.

—Bien.

Capítulo 10

PRÁCTICA MECÁNICA I

Actividad 1: El correo. Escribe las palabras que corresponden a las siguientes cosas. Incluye el artículo definido en tus respuestas.

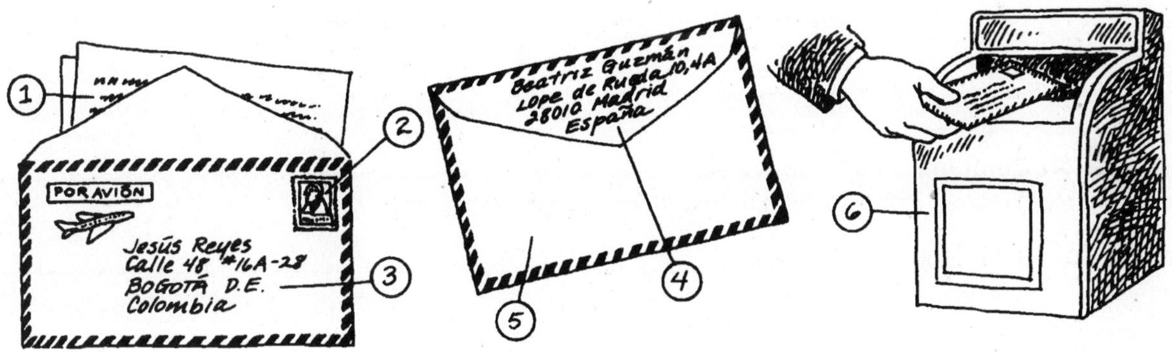

1. ______________________
2. ______________________
3. ______________________
4. ______________________
5. ______________________
6. ______________________

Actividad 2: La red. Combina las cosas de la Columna A con las de la Columna B.

	A		B
1.	______ @	a.	http://www.latinolink.com
2.	______ /	b.	dos puntos
3.	______ :	c.	yahoo
4.	______ enlace	d.	arroba
5.	______ dirección de correo electrónico	e.	miguel8@hotmail.com
6.	______ buscador	f.	barra

Actividad 3: Más verbos. Completa las oraciones con la forma apropiada de los verbos indicados. (Algunos funcionan como **gustar**, otros no.)

1. A mí ____________________ que estás loca. (parecer)
2. A Bernardo y a Amalia ____________________ las películas viejas. (fascinar)
3. ¿A ti ____________________ tiempo para terminar? (faltar)
4. El Sr. Castañeda nunca ____________________ trabajar porque es millonario. (necesitar)
5. Ahora, después de caminar tanto hoy, a Gustavo ____________________ los zapatos. (molestar)
6. Ayer a Julio ____________________ el concierto. (fascinar)
7. ¿Por qué no me ____________________ cuando te pedí ayuda? (ayudar)
8. A Amparo siempre ____________________ dinero. (faltar)

Actividad 4: Combina. Reescribe las siguientes oraciones usando los pronombres de complemento directo e indirecto *(direct- and indirect-object pronouns).*

1. Te voy a escribir una composición. ____________________
2. Le regalé dos discos compactos de rock. ____________________
3. Mi madre les pidió una tortilla. ____________________
4. ¿Quieres que te mande la información por correo electrónico? ____________________
5. Estoy preparándote un café. ____________________

Actividad 5: De otra manera. Reescribe las siguientes oraciones de otra manera sin cambiar el significado. Presta atención a los acentos.

➤ ¿Me lo vas a preparar? *¿Vas a preparármelo?*

1. Te lo voy a comprar. ______________________
2. Se lo estoy cosiendo. ______________________
3. Me los tienes que lavar. ______________________
4. Nos lo está leyendo. ______________________
5. ¿Se lo puedes mandar? ______________________
6. Te las va a preparar. ______________________

PRÁCTICA COMUNICATIVA I

Actividad 6: El paquete.

Parte A. Estás en México y tienes que mandarle un paquete muy importante a tu jefe, Diego Velazco Ramírez. El paquete contiene unos contratos y lo vas a mandar al Hotel Meliá Castilla, Capitán Haya 43, 28020 Madrid, España. Es necesario que el paquete llegue mañana o pasado mañana. Completa la conversación que tienes con el empleado del correo.

EMPLEADO ¿Qué desea?

TÚ ______________________

EMPLEADO ¿Adónde va el paquete?

TÚ ______________________

EMPLEADO ¿Contiene comida o alcohol?

TÚ ______________________

EMPLEADO ¿Cómo lo quiere mandar? ¿Por avión? ¿Urgente?

TÚ ______________________

¿______________________?

EMPLEADO Mañana o pasado mañana.

TÚ ______________________

¿______________________?

EMPLEADO 40.000 pesos. Favor de completar el formulario.

NOMBRE ______________________ FECHA ____________

Parte B. Ahora, llena el formulario de aduanas. Puedes inventar la dirección del remitente.

ADUANA DE MÉXICO

Destinatario: ______________________

____

____

Remitente: ______________________

____

____

Contenido del paquete: ______________________

____

Actividad 7: La universidad. Acabas de recibir un cuestionario de la universidad. Contesta las siguientes preguntas usando oraciones completas.

1. ¿Cuáles son tres cosas que le fascinan de esta universidad?

____

____

____

2. ¿Cuáles son tres cosas que le molestan?

____

____

____

3. ¿Le parecen excelentes, buenas, regulares o malas las clases?

____

4. ¿Le parece que hay suficientes computadoras en la universidad para poder mandar y recibir correo electrónico? ______________________

5. ¿Le falta algo que le pueda ofrecer la universidad?

____

Algún comentario personal:

____

____

Actividad 8: El esposo histérico. Tu amigo Víctor está esperando la llegada de su esposa y tú lo estás ayudando. Ella viene después de trabajar en otro país por seis meses. Víctor está muy nervioso y quiere que todo esté perfecto. Completa esta conversación entre Víctor y tú. Usa los pronombres de complemento directo e indirecto cuando sea posible.

VÍCTOR Gracias por tu ayuda. ¿Me compraste el vino blanco?

TÚ Sí, ______________________.

VÍCTOR ¿Pusiste el vino en la nevera?

TÚ ______________________.

VÍCTOR ¿Me limpiaste la cocina?

TÚ Sí, esta mañana ______________________.

VÍCTOR ¿Qué crees? ¿Debo ponerme corbata?

TÚ ______________________.

VÍCTOR ¡Ay! Tengo los zapatos sucios (*dirty*).

TÚ ¡Tranquilo, hombre! Yo voy a ______________________.
¿Por qué no te sientas y miras la televisión? Tu mujer no llega hasta las tres. Te voy a preparar un té.

PRÁCTICA MECÁNICA II

Actividad 9: Los deportes. Asocia las palabras de la Columna A con las palabras de la Columna B. Escribe todas las posibilidades correctas.

A		B
1. ____________	cascos	a. béisbol
2. ____________	uniformes	b. basquetbol
3. ____________	pelotas	c. fútbol
4. ____________	bates	d. fútbol americano
5. ____________	raquetas	e. tenis
6. ____________	guantes	f. bolos
7. ____________	palos	g. golf
8. ____________	estadio	h. boxeo
9. ____________	balón	

Actividad 10: ¿Qué hacíamos? Completa las oraciones con la forma apropiada del imperfecto de los verbos indicados.

1. Todos los días, yo ______________ a la escuela. (ir)
2. Mi familia siempre ______________ a la una y media. (comer)
3. Todos los martes y jueves después de trabajar, ellos ______________ al fútbol. (jugar)
4. Cuando yo ______________ pequeño, mi madre ______________ en un hospital. (ser, trabajar)
5. Cuando mis abuelos ______________ veinte años, no ______________ videos. (tener, haber)
6. Pablo Picasso ______________ todos los días. (pintar)
7. Lucille Ball ______________ muy cómica. (ser)
8. De pequeño, mi hermano nos ______________ muchas cosas. (preguntar)

Actividad 11: Imperfecto. Completa las oraciones con la forma apropiada del imperfecto de los verbos indicados. Recuerda que se usa el imperfecto para acciones habituales o repetidas y para describir en el pasado.

1. Nuestra casa ______________ grande y ______________ cinco dormitorios. (ser, tener)
2. Todos los viernes nosotros ______________ al cine. (ir)
3. Todos los días, mis amigos y yo ______________ a las cartas y yo siempre ______________ dinero. (jugar, perder)
4. De pequeño, Pablo ______________ mucho y ahora es médico. (estudiar)
5. Francisco Franco ______________ bajo, un poco gordo y ______________ bigote. (ser, tener)
6. En la escuela secundaria, nosotros ______________ a las doce, y después de la escuela ______________ a comer pizza. (almorzar, ir)
7. Mi madre siempre nos ______________ a ver películas de Disney. (llevar)
8. Todos los días mi ex esposo me ______________ poesías que ______________ horribles. (escribir, ser)
9. Cuando yo ______________ ocho años, ______________ en una casa grande con mis abuelos. A ellos les ______________ los animales y, por eso, ______________ dos perros y un gato. (tener, vivir, gustar, tener)
10. Mi primera novia ______________ muy inteligente, pero no le ______________ nada la política y a mí me ______________ mucho. (ser, gustar, interesar)

PRÁCTICA COMUNICATIVA II

Actividad 12: Un anuncio. Lee este anuncio y contesta las preguntas.

1. Marca las actividades que se pueden hacer en Guiesca.
   - ❒ levantar pesas
   - ❒ nadar
   - ❒ hacer ejercicio
   - ❒ jugar al squash
2. ¿Crees que Guiesca busque personas que tengan experiencia? ¿Por qué sí o no?

   ____

3. ¿Crees que sea un gimnasio para hombres? ¿mujeres? ¿hombres y mujeres?

   ____

   ¿Por qué crees eso? ______________________________

   ____

NOMBRE ______________________ FECHA ______________

Actividad 13: Mi vida en Santiago. Completa esta descripción de lo que hacía Mario mientras vivía en Santiago de Chile.

Todos los días yo ______________ (levantarse) temprano para ir a trabajar. ______________ (Caminar) al trabajo porque ______________ (vivir) muy cerca. ______________ (Trabajar) en una escuela de inglés y ______________ (enseñar) cuatro clases al día, un total de veinticuatro horas por semana. Mis estudiantes ______________ (ser) profesionales que ______________ (necesitar) el inglés para su trabajo. Todos ______________ (ser) muy inteligentes e ______________ (ir) a clase muy bien preparados. Me ______________ (gustar) mis estudiantes y muchas veces ellos y yo ______________ (salir) después de las clases. ______________ (Comer) en los restaurantes o ______________ (ir) al cine. Santiago ______________ (ser) fantástico y quiero volver algún día.

Actividad 14: Un campeonato final sin final.

Parte A. Escoge los verbos apropiados de la lista para completar el siguiente artículo sobre un partido de tenis. Escribe la forma del verbo en el imperfecto si hay una **i** y la forma del verbo en el pretérito si hay una **p**.

decir	esperar	ganar	hacer	ser
empezar	estar	haber	poder	tener

Ayer ______________ (i) mucha gente en el estadio de Wimbledon. ______________ (i) mucho calor y sol. Entre el público ______________ (i) Guillermo Vilas, Arantxa Sánchez Vicario, Marcelo Ríos, Tom Hanks, Julia Roberts, Pedro Almodóvar y otra gente famosa. Todo el mundo ______________ (i) ver el campeonato entre los dos españoles Juan Carlos Ferrero y Carlos Moya. ______________ (i) las dos y media cuando ______________ (p) el partido; todo el mundo ______________ (i) en silencio; nadie ______________ (i) nada esperando ansiosamente la primera pelota. Después de hora y media de juego en el calor intenso, Juan Carlos Ferrero ______________ (p) un accidente y no ______________ (p) continuar. Así que Carlos Moya ______________ (p) el campeonato.

Parte B. Lee el párrafo otra vez y contesta esta preguntas.

1. Is the imperfect or the preterit used to give past description? ______________
2. Is the imperfect or the preterit used to narrate what occurred? ______________

NOMBRE ______________________ FECHA ______________

Actividad 15: El robo. Ayer viste un robo en la calle y tuviste que ir a hacerle una declaración a la policía. Mira los dibujos y completa la conversación con el policía usando oraciones completas.

POLICÍA ¿Qué hora era cuando vio Ud. el robo?

TÚ ______________________________

POLICÍA ¿Dónde estaba Ud. y dónde estaba la víctima?

TÚ ______________________________

POLICÍA ¿Qué hizo específicamente el criminal?

TÚ ______________________________

____

POLICÍA ¿Cómo era físicamente el criminal?

TÚ ______________________________

____

POLICÍA ¿Bigote o barba? La víctima nos dijo que tenía barba.

TÚ ______________________________

POLICÍA ¿Y la descripción del carro?

TÚ ______________________________

____

POLICÍA ¿Quién manejaba? ¿Lo vio Ud. bien? ¿Sabe cómo era?

TÚ ______________________________

POLICÍA Muchas gracias por ayudarnos.

Actividad 16: Los niños de hoy. Diana y Marisel están comparando lo que ellas hacían cuando tenían trece años con lo que hacen los niños de esta edad en los Estados Unidos.

DIANA Cuando yo tenía trece años, ____

____

MARISEL Yo iba al cine, salía con grupos de amigos y viajaba con mis padres.

DIANA También ____

y ____.

MARISEL Pero hoy, los niños parecen adultos.

DIANA Sí, es verdad, hoy los niños de la escuela donde enseño en los Estados Unidos ________

____.

MARISEL ¡Es una lástima!

DIANA Pero eso no es todo; también ____

____.

MARISEL Son como pequeños adultos; casi no tienen infancia.

Actividad 17: ¡Cómo cambiamos! Paulina asistió a la universidad contigo. La viste ayer y no puedes creer cómo está; parece una persona totalmente diferente. Mira estas dos fotos de Paulina y escríbele una carta a tu amigo Hernando. Describe cómo era y qué hacía Paulina (imperfecto), y cómo es hoy y qué hace (presente).

Antes

Ahora

Panamá, 10 de enero

Querido Hernando:

No lo vas a creer; acabo de ver a Paulina Mateos. ¿La recuerdas? Recuerdas que era ____

____

____

____.

Continúa en la página siguiente →

Pues ahora ______

______

______

______

______

______.

Un abrazo,

______

Estrategia de lectura: Finding References

Understanding the relationship between words and sentences can help improve your understanding of a text. A text is usually full of references that are used to avoid redundancies. Common reference words are possessive adjectives, demonstrative adjectives and pronouns, and subject, indirect-, and direct-object pronouns. Furthermore, as you have seen, subject pronouns are generally omitted where the context allows it.

You will have a chance to practice identifying references while you read the next selection.

Actividad 18: Mira y contesta. Contesta estas preguntas sin consultar a nadie.

1. Mira el mapa en la contratapa (*inside cover*) de tu libro de texto y escribe qué países forman Centroamérica. ______
   ______
2. ¿Sabes qué país construyó el Canal de Panamá? ¿Sabes qué país lo administra? ______
   ______
3. ¿Qué aprendiste sobre Costa Rica en este capítulo? ______
   ______
4. ¿Qué sabes sobre la situación política de Centroamérica? ______
   ______

Actividad 19: Referencias. Al leer el texto, di a qué se refieren las siguientes frases o palabras.

1. línea 4: **esa región** ______
2. línea 11: **lo** ______
3. línea 17: **su** ______
4. línea 22: **sus** ______
5. línea 27: **Allí** ______
6. línea 30: **ellos** ______
7. línea 32: **Éstas** ______

NOMBRE ______________________ FECHA ______________

Centroamérica: Mosaico geográfico y cultural

Los siete países que forman Centroamérica unen dos gigantes, Norteamérica y Suramérica, y separan el Océano Atlántico del Océano Pacífico. Seis de ellos son países hispanos; el otro, Belice, es una antigua colonia británica.

Centroamérica es un mosaico de tierras y de pueblos.[1] En **esa región** se encuentran playas blancas, selvas tropicales, montañas de clima fresco, sabanas fértiles y gigantescos volcanes. Su población incluye indígenas con lenguas y costumbres precolombinas, descendientes de europeos, negros, mestizos, mulatos y también asiáticos.

El país más austral[2] de Centroamérica es Panamá, que tiene la mayor población negra de los países hispanos de la región. El recurso económico más importante de ese país es el Canal de Panamá que construyeron los Estados Unidos. El gobierno estadounidense **lo** administró hasta el año 2000, cuando pasó a manos de Panamá. Este canal es de gran importancia comercial porque, al conectar el Océano Pacífico con el Océano Atlántico, es la ruta ideal para los barcos que van no sólo de Nueva York a California sino también de Asia a Europa.

En Costa Rica, la mayoría de la población es de origen europeo y el porcentaje del analfabetismo es bajo (10%). No tiene ejército[3] y, además, no tiene grandes conflictos políticos internos. En 1987, el presidente Óscar Arias recibió el Premio Nobel de la Paz por **su** iniciativa en buscar un fin a las guerras de Centroamérica.

Nicaragua, Honduras y El Salvador, por otro lado, son países de grandes conflictos políticos internos, pero a la vez de grandes riquezas naturales. Nicaragua es un país de volcanes y lagos donde sólo se cultiva el 10% de la tierra. Honduras es un país montañoso; su población vive principalmente en el campo y **sus** exportaciones principales son el banano, el café y la madera. El Salvador, a pesar de ser el país más pequeño de la zona, es el tercer exportador de café del mundo, después de Brasil y Colombia. El Salvador es además un país muy densamente poblado. La población de Nicaragua, Honduras y El Salvador tiene un alto porcentaje de mestizos (70%–90%).

Al norte de El Salvador está Guatemala. **Allí** se encuentran ruinas de una de las civilizaciones indígenas más avanzadas, la civilización maya. Más de un 50% de los guatemaltecos son descendientes directos de los mayas y hablan una variedad de lenguas indígenas; **ellos** forman la población indígena de sangre pura más grande de Centroamérica.

A pesar de las grandes diferencias que existen entre los países centroamericanos, también hay muchas semejanzas. **Éstas** forman la base de lo que es Centroamérica, pero, realmente, es la diversidad la que le da riqueza a la zona.

[1] *peoples* [2] **más...** *southernmost* [3] *army*

Actividad 20: Preguntas. Después de leer el texto, contesta las siguientes preguntas con oraciones completas.

1. ¿Cuál es la importancia del Canal de Panamá? ______________________
2. ¿En qué se diferencia Costa Rica de los otros países centroamericanos? ______________________
3. ¿Qué peculiaridad caracteriza a Nicaragua, Honduras y El Salvador? ______________________
4. ¿Cuál es una característica particular de Guatemala? ______________________

Capítulo 11

PRÁCTICA MECÁNICA I

Actividad 1: La medicina. Pon estas letras en orden para formar palabras relacionadas con la medicina. Escribe acentos cuando sea necesario.

1. prnaaisi ______________
2. gernsa ______________
3. adveejn ______________
4. nyniieocc ______________
5. clseoiraof ______________
6. irrdaea ______________
7. ssaneau ______________
8. digraofaari ______________
9. efbire ______________
10. roiplda ______________

Actividad 2: La salud. Asocia las cosas de la Columna A con las palabras relacionadas con la medicina en la Columna B.

	A		B
1.	______ X	a.	vendaje
2.	______ Contac	b.	fractura
3.	______ Ace	c.	radiografías
4.	______ Robitussin	d.	diarrea
5.	______ 103°F, 39°C	e.	dolor de cabeza
6.	______ Pepto-Bismol	f.	cápsulas
7.	______ aspirina	g.	jarabe
		h.	fiebre

NOMBRE ______________________ FECHA ______________

Actividad 3: ¿Imperfecto o pretérito? Completa las oraciones con la forma correcta de los verbos indicados en el pretérito o el imperfecto.

1. Ella ______________ documentos mientras él ______________ los contratos. (traducir, completar)
2. Ayer yo ______________ a un gimnasio nuevo por primera vez. Allí la gente ______________ gimnasia aeróbica, ______________ y ______________ pesas. (ir, hacer, nadar, levantar)
3. De pequeña todos los veranos yo ______________ un mes en la playa con mi familia. A mí me ______________. (pasar, encantar)
4. El año pasado Manuel y Carmen ______________ con turistas en Cancún durante cuatro meses. ______________ en un hotel muy elegante. (trabajar, Vivir)
5. Todo el sábado pasado ______________ náuseas y fiebre y por eso no fui a trabajar. (tener)
6. Javier ______________ a 150 kilómetros por hora cuando lo ______________ la policía. (manejar, ver)
7. Cuando Roberto me ______________, yo ______________ y por eso no ______________ el teléfono. (llamar, ducharse, contestar)
8. El año pasado cuando nosotros ______________ por Argentina, ______________ a un concierto de Les Luthiers. (viajar, ir)

PRÁCTICA COMUNICATIVA I

Actividad 4: Los síntomas. Termina estas conversaciones entre los pacientes y sus médicos.

1. PACIENTE A — Hace tres días ______________________________

   ____

   ____

   MÉDICO — Es posible que Ud. tenga una úlcera.

2. PACIENTE B — Mi hijo tosía, ______________________________

   ____

   Ahora está bien pero no quiere comer.

   DOCTORA — Creo que sólo fue gripe, pero debe obligarlo a comer algo.

3. PACIENTE C — Todas la mañanas ______________________________

   ____

   Ahora estoy un poco mejor, pero no sé qué me pasa.

   MÉDICO — Vamos a ver. ¿Cree que pueda estar embarazada?

Actividad 5: Los remedios. Termina esta conversación que tiene lugar en la farmacia.

CLIENTE Tengo un dolor de cabeza terrible.

FARMACÉUTICA ¿Por qué no ______________________?

CLIENTE ¿Tiene Bayer?

FARMACÉUTICA Claro que sí. ¿Algo más?

CLIENTE Sí, mi hijo tiene un catarro muy fuerte y fiebre.

FARMACÉUTICA Entonces, él tiene que ______________________.

CLIENTE ¡Ay! No le gustan las cápsulas. ¿No tiene pastillas de Tylenol?

FARMACÉUTICA ______________________.

CLIENTE También tiene tos.

FARMACÉUTICA Bien, pues debe comprarle ______________________

______________________.

CLIENTE Y mi marido se cortó la mano.

FARMACÉUTICA Entonces, ______________________. ¿Algo más?

CLIENTE Creo que es todo.

FARMACÉUTICA Ya entiendo por qué le duele la cabeza.

Actividad 6: Tu salud. Lee el siguiente artículo del periódico y contesta las preguntas.

TU SALUD *Por Antonio Calvo Roy*

■ Hipertensión

De tiempo en tiempo hay que recordarlo. En nuestro país el 20 por ciento de la población, cinco millones de personas, sufren de hipertensión, pero sólo el 10 por ciento lo sabe y toma las medidas oportunas. Hágase medir la tensión de vez en cuando, no olvide que tener la tensión alta es como llevar una espada de Damocles sobre la cabeza, y, por cierto, con muchos filos, entre ellos el peligro de infarto.

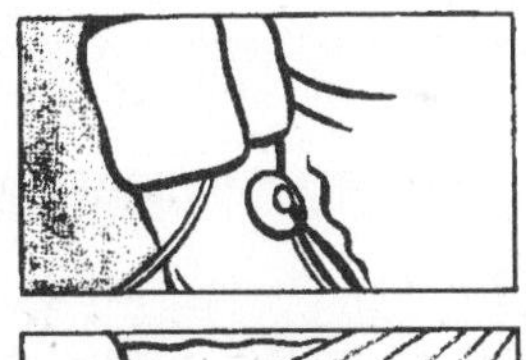

■ ¡Olé la siesta!

La siesta pasa por ser una de las grandes contribuciones hispanas a la calidad de vida mundial. En verano la costumbre se extiende como una benéfica bendición propiciada por el calor. Su sueño puede estar partido, seis horas nocturnas y dos vespertinas, no es perjudicial para su salud. Muy al contrario, pasar las horas de máximo calor entre dulces sueños puede reportarle beneficios.

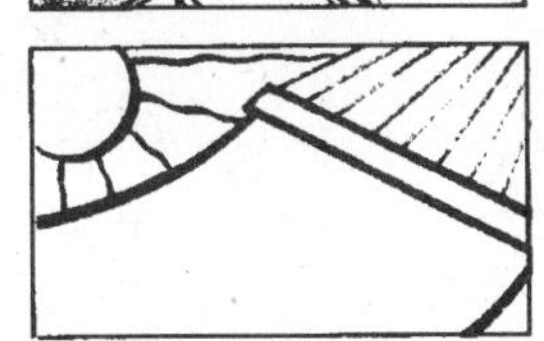

1. ¿Qué porcentaje de la población tiene hipertensión?
   a. el 50% b. el 20% c. el 75% d. el 100%
2. ¿Qué debes hacer para saber si tienes hipertensión?
   a. ver al médico b. medir la tensión c. saber los síntomas
   d. dejar de beber y fumar
3. La palabra **vespertino/a** no está en el vocabulario de Uds. ¿Qué significa?
   a. por la noche b. por la mañana c. por la tarde
4. Una persona normal debe dormir ocho horas cada noche. ¿Es bueno o malo para la salud dormir seis horas por la noche y dos horas por la tarde cuando hace calor?
   a. es bueno b. es malo c. se está investigando

NOMBRE ______________________________ FECHA ______________

Actividad 7: ¿Qué le pasaba? Termina esta parte de una carta que recibió Isabel de su tía que vive en Chile. Usa la forma correcta de los verbos que aparecen a la izquierda en el pretérito o el imperfecto.

levantarse
pasar
estar
poder
entrar
saber
creer
ir
estar

Es increíble el cambio que veo en tu primo Nando después de que se casó. Tú sabes que él nunca (1) ____________ en la cocina, y el viernes pasado yo (2) ____________ por la casa de él para dejarle algo y mientras su esposa Olga miraba la televisión, tu primo (3) ____________ preparando la cena. No (4) ____________ creerlo. Cuando él (5) ____________ preparando la ensalada, yo (6) ____________ que él (7) ____________ a ponerle demasiado vinagre; entonces (8) ____________ del sofá para ayudarlo, pero resulta que tu primo (9) ____________ exactamente cómo hacer una ensalada y al final, ¡qué ensalada más deliciosa!

empezar
poner
ser
saber
pensar
decir

Olga me (10) ____________ que el otro día mientras ella (11) ____________ la ropa en la lavadora, Nando (12) ____________ a ayudarla. Yo siempre (13) ____________ que tu primo (14) ____________ muy machista (sé que todavía es en ciertos sentidos), pero últimamente está cambiando. Cada día se parece más a su padre. Él tampoco (15) ____________ cocinar antes de casarse.

Por cierto, ayer tu tío me preparó una cena exquisita, con una ensalada fabulosa.

NOMBRE ______________________________ FECHA ____________________

Actividad 8: El informe del detective. Eres un detective y pasaste la mañana siguiendo al esposo de tu cliente. En oraciones completas, escribe el informe que le vas a dar a ella. Di qué hizo el esposo durante la mañana.

trabajar

salir

mientras tomar café / llegar

entrar

mientras probarse vestido / comprar perfume

volver

____

____

____

____

____

____

Actividad 9: La verdad. Termina esta conversación entre el esposo de la actividad anterior y su esposa.

ELLA ¿Qué hiciste hoy?

ÉL Nada; ____.

ELLA ¿Toda la mañana ____?

ÉL Sí, excepto ____________________________ para comprarte esto.

ELLA ¡Un vestido y perfume!

ÉL Claro, hoy hace diez años que te ______________________________.

ELLA Es que… es que…

ÉL Quieres decirme algo?

ELLA Es que yo creía que tú ____

____.

ÉL No, ella era ____.

Pero, ¿cómo supiste que fui con ella a la tienda?

Actividad 10: ¿Qué estaban haciendo? Todas las personas del dibujo oyeron una explosión y miraron a la calle para ver qué pasó. Di qué estaban haciendo estas personas cuando oyeron la explosión.

➤ El joven *El joven estaba haciendo un crucigrama cuando oyó la explosión.*

1. El mecánico ______________________
2. La señora en la ventana ______________________
3. Los dos señores en el banco ______________________
4. El niño ______________________
5. El hombre viejo en el balcón ______________________
6. La joven en el balcón ______________________

PRÁCTICA MECÁNICA II

Actividad 11: El carro. Identifica las diferentes partes del carro. Incluye el artículo definido en tus respuestas.

El interior

1. ______________________
2. ______________________
3. ______________________
4. ______________________
5. ______________________
6. ______________________
7. ______________________

El exterior

1. ______________________
2. ______________________
3. ______________________
4. ______________________
5. ______________________
6. ______________________
7. ______________________

Actividad 12: ¿Pretérito o imperfecto? Escribe la forma correcta de los verbos indicados en el pretérito o el imperfecto.

1. El otro día mi novio ______________ a mi padre. (conocer)
2. Nosotros ______________ a ir al cine, pero llegamos tarde. (ir)
3. Mi hijo ______________ que visitar a su padre, pero no ______________ porque él ______________ un accidente con el carro. (tener, ir, tener)
4. Ayer yo ______________ la verdad, pero no le ______________ nada a nadie. (saber, decir)
5. Ella no ______________ su número de teléfono, por eso no ______________. (saber, llamar)
6. Nosotros ______________ que ir al banco ayer. El director del banco nos ______________ con nuestro problema. (tener, ayudar)
7. Los niños ______________ a ir a la piscina, pero ______________ a llover. (ir, empezar)
8. El profesor ______________ a devolver los exámenes hoy, pero los ______________. (ir, perder)
9. Yo ______________ en Salamanca por tres años, por eso cuando ______________ a esa ciudad, yo no ______________ mapa porque ______________ la ciudad muy bien. (vivir, volver, necesitar, conocer)
10. Margarita ______________ a Hollywood para pasar las vacaciones, pero no ______________ a nadie famoso. (ir, conocer)

Actividad 13: Descripciones. Completa estas oraciones con la forma correcta del participio pasivo de los verbos indicados.

1. Llegamos tarde y la tienda estaba ______________. (cerrar)
2. El niño que perdió su perro está ______________ allí. (sentar)
3. La ropa sucia está en la lavadora y la ropa ______________ está en tu dormitorio. (lavar)
4. María, ¿por qué estás ______________? (preocupar)
5. Mi tío vende carros ______________. (usar)
6. El carro está ______________ y ______________. (arreglar, lavar)
7. Los niños están ______________ y ______________. (bañar, vestir)
8. *Don Quijote de la Mancha* está ______________ a casi todos los idiomas. (traducir)

PRÁCTICA COMUNICATIVA II

Actividad 14: Problemas, problemas y más problemas. Termina esta carta que escribió Lorenzo Martín a una compañía de alquiler de carros después de una experiencia terrible que tuvo con un carro alquilado.

Caracas, 15 de febrero de 2003

Estimados señores:

Alquilé un carro automático en su compañía hace tres semanas y tuve muchísimos problemas. Primero, estaba bajando las montañas cuando no funcionaron los ____________________. Por suerte no tuve un accidente. Paré en una gasolinera y me los arreglaron. Más tarde empezó a llover, pero no podía ver nada porque los ____________________ no funcionaban. Después, cuando llegué al hotel, no podía sacar las maletas del ____________________ porque la llave que Uds. me dieron no era la llave que necesitaba; pero por fin un policía me lo abrió. Esa noche salí y no podía ver bien porque una de las ____________________ no encendía. Para colmo, al día siguiente hacía muchísimo calor y el ____________________ no echaba aire frío, sólo aire caliente.

Hace muchos años que alquilo automóviles de su compañía sin ningún problema; pero después de esta experiencia, creo que voy a tener que ir a otra agencia de alquiler de carros.

Atentamente,

Lorenzo Martín

Actividad 15: Las excusas. Lee estas miniconversaciones; luego complétalas usando **iba, fui, tenía** o **tuve.**

1. —Había muchas personas en la fiesta.

   —Entonces, ¿te divertiste?

   —Sí y no. Y tú, ¿Dónde estabas? Prometiste venir.

   —____________________ a ir, pero ____________________ que ayudar a mi madre, que estaba enferma.

2. —____________________ que ir al dentista ayer.

   —¿Fuiste o no?

   —No fui porque el dentista estaba enfermo.

Continúa en la página siguiente →

3. —¿Me compraste el champú?

   —______________ a comprártelo, pero no ______________ a la tienda porque ______________ un pequeño accidente con el carro.

   —¡No me digas! ¿Estás bien?

   —______________ que ir al hospital.

   —¡Por Dios! ¿Y qué te dijo el médico?

   —No mucho. Estoy bien, sólo tengo que tomar aspirinas.

Actividad 16: El correo electrónico. Termina este mensaje que Paco le mandó a Alicia, una pianista profesional. Usa las formas correctas de los participios pasivos (*past participles*) de los siguientes verbos: **alquilar, preparar, reservar, vender.**

Ya está todo listo para tu viaje: La habitación está ______________ en el Hotel Santa Cruz. El carro está ______________ en Hertz. Todas las entradas están ______________. Todo está ______________ para tu concierto del jueves. ¡Mucha suerte!

Actividad 17: ¿Qué hiciste? Usando oraciones completas, contesta las siguientes preguntas sobre el último concierto que viste.

1. ¿A quién viste? ______________
2. ¿Con quién fuiste? ______________
3. ¿A qué hora empezó? ______________
4. ¿Cuándo terminó? ______________
5. ¿Dónde se sentaron Uds.? ______________
6. ¿Pudiste ver y oír bien? ______________
7. ¿Cuánto te costó la entrada? ______________
8. ¿Qué canciones tocaron? ______________
9. ¿Cuál de las canciones fue tu favorita? ______________

   ____

Actividad 18: ¿Cómo era? En oraciones completas, contesta estas preguntas sobre el mismo concierto.

1. ¿Había mucha gente? ______________
2. ¿Cuántos músicos había? ______________
3. ¿Qué ropa llevaban los músicos? ______________

   ____
4. ¿Cómo era el escenario (*set*)? ______________

   ____

Continúa en la página siguiente →

5. ¿Cómo reaccionaba el público mientras escuchaba las canciones? ______________

6. ¿Usaron efectos especiales (láser, video, etc.)? Si contestas que sí: ¿Qué hacían los músicos mientras Uds. veían los efectos especiales? ______________

7. ¿Valió la pena ir al concierto o no? ¿Por qué sí o no? ______________

Actividad 19: La carta. Hay que usar el imperfecto y el pretérito para describir bien algo que ocurrió. Usa la información de la *Actividad 17* y la *Actividad 18* para escribirle a un/a amigo/a una carta sobre el concierto. Describe qué hiciste, qué ocurrió y cómo era el concierto. Añade más detalles (*details*) si quieres.

______________, ______ de ______________
(ciudad) (día) (mes)

______________:

Un abrazo,

____

Estrategia de lectura: Activating Background Knowledge

You have already learned that by activating background knowledge prior to reading a text, you can better understand its content. In the following activity, you will have an opportunity not only to activate your background knowledge to become a better reader, but also to develop a greater sense of cultural understanding. By examining your knowledge of your own culture, you can better understand another one.

NOMBRE ______________________________ FECHA ______________

Actividad 20: Aquí. Antes de leer una carta que habla de la educación en países hispanos, contesta estas preguntas sobre el sistema universitario de los Estados Unidos. Después lee la carta.

1. Para entrar en una universidad en los Estados Unidos, normalmente hay que tomar un examen de ingreso. ¿Cómo se llama uno de los exámenes de ingreso?

   ____

2. ¿Es normal que un estudiante empiece sus estudios universitarios sin saber su especialización?

   ❐ Sí ❐ No

3. ¿Se pueden estudiar asignaturas en diferentes facultades (*departments or schools*)?

   ❐ Sí ❐ No

4. ¿Es común que un estudiante salga de su pueblo o de su ciudad para asistir a la universidad?

   ❐ Sí ❐ No

5. ¿Cuesta mucho o poco la educación universitaria en los Estados Unidos?

   ❐ Mucho ❐ Poco

Madrid, 6 de octubre

Querido Craig:

Recibí tu carta hace unos días, pero no tuve tiempo para contestarte antes porque estaba ocupadísima con mis clases de literatura en la universidad. Por fin comencé mis vacaciones y ahora tengo tiempo para escribirte unas líneas. ¿Cómo estás? ¿Cómo va tu clase de español? ¿Mucho trabajo?

En tu carta me pides información sobre el sistema educativo hispano para usar en tu clase de español. Bueno, a nivel universitario los estudiantes deben pasar primero un examen para entrar en la universidad, pero desde el momento en que entran comienzan a especializarse. Por ejemplo, si quieres estudiar psicología, entras en esa facultad (lo que nosotros llamamos *department*) y estudias asignaturas de ese campo desde el primer día, no como en los Estados Unidos, donde cursas asignaturas de varios campos. Aquí los estudiantes tienen una preparación más global en la secundaria. Por lo que me contaron unos amigos, el sistema de educación superior es parecido al de España en casi toda Hispanoamérica.

En general, la gente va a la universidad en el lugar donde vive y no se muda a otra parte del país. Aunque muchas ciudades grandes tienen ciudades universitarias, en otras las diferentes facultades están en distintas partes de la ciudad. Esto no es ningún problema porque en general sólo necesitas ir a una facultad. ¡Y el tamaño de algunas de estas universidades! ¡Una sola facultad puede tener alrededor de veinte mil estudiantes! Increíble, ¿no? Algunas universidades importantes son la Central en Venezuela, la Universidad de Costa Rica, la Complutense de Madrid, y, por supuesto, la UNAM en México con casi 300.000 estudiantes.

¿Qué más te puedo contar? ¡Ah, sí! La educación pública generalmente es gratis o cuesta poco; mejor dicho, los ciudadanos pagan impuestos que ayudan a mantener las universidades. En lugares como Cuba, por ejemplo, los estudiantes universitarios trabajan en el campo para devolver ese dinero al gobierno. También hay universidades donde sí tienes que pagar, pero es algo mínimo; yo, por ejemplo, pago cien dólares por año. Naturalmente, también existen las universidades privadas donde los estudiantes pagan la matrícula, y a veces es cara.

Bueno, no se me ocurre qué más decirte sobre el sistema educativo universitario. Pero si tienes alguna pregunta puedes mandarme un e-mail; por fin tengo acceso a una computadora. ¿No te gustaría venir a estudiar aquí? Para mí éstas son circunstancias ideales: estoy aprendiendo cantidades del idioma, de la cultura y de la gente; además, la comida española es deliciosa. Siempre pienso en ti cuando como paella. Tienes que venir a probarla.

Espero entonces noticias tuyas.

Un abrazo,

Diana

NOMBRE ______________________ FECHA ______________

Actividad 21: Allá. En la primera columna tienes unos datos sobre el sistema universitario de los Estados Unidos. Escribe información correspondiente en la segunda columna sobre las universidades del mundo hispano según la carta.

Estados Unidos	El mundo hispano
1. Para entrar a la universidad, hay que tomar un examen de ingreso (SAT, ACT).	1. ______________________
2. Los estudiantes pueden pasar los primeros años de universidad sin saber su especialización.	2. ______________________
3. Los estudiantes pueden estudiar asignaturas en diferentes facultades.	3. ______________________
4. Muchos estudiantes no estudian en su pueblo o su ciudad; muchos estudian en otro estado.	4. ______________________
5. La educación universitaria cuesta un ojo de la cara.	5. ______________________

Capítulo 11 Repaso

Saber **and** conocer

In Chapter 4 you studied when to use **saber** and **conocer.**

You use **saber** to say what someone *knows how to do* and to state something that someone *knows by heart* (usually factual information).

> Ella **sabe** esquiar muy bien.
>
> Él **sabe** la dirección de mi casa y el número de teléfono.

You use **conocer** when saying that someone *knows a person* or *is familiar with a place or a thing.*

> Yo **conozco** a Jesús Covarrubias; es de Puerto Varas, Chile.
>
> **Conozco** Puerto Varas; es un pueblo muy bonito.

When **saber** and **conocer** are used in the preterit they have a different meaning when translated into English. This is because the use of the preterit implies the beginning of an action. Study these examples and their explanations.

> Cuando Verónica me contó todo, por fin **supe** la verdad.
>
> *When Veronica told me everything, at last I found out the truth. (The start of knowing something is to find it out.)*
>
> **Conocí** a Hernán en una fiesta en casa de mis amigos.
>
> *I met Hernán at a party at my friends' house. (The start of knowing someone is to meet him/her.)*

NOMBRE ______________________________ FECHA ______________

Actividad: Conversaciones. Completa las siguientes conversaciones con la forma apropiada del presente, pretérito o imperfecto de **saber** o **conocer**.

1. —Por favor, señor, ¿______________________ Ud. dónde está la calle O'Higgins?

   —Lo siento, no ______________________ muy bien esta ciudad. ______________________ que está cerca de aquí, pero no ______________________ exactamente dónde.

2. —Juan ______________________ que Jorge iba a ir a Cochabamba este fin de semana con Paulina, pero no nos dijo nada.

   —Es verdad. ¿Cuándo lo ______________________ tú?

   —Cuando me lo dijo Paulina. ¿Y tú?

   —Lo ______________________ cuando Ricardo me lo dijo.

   —¿Ricardo? Yo no ______________________ a ningún Ricardo. ¿De quién hablas?

   —Trabaja en la agencia de viajes de la calle Libertador.

   —Ah, sí... Ricky. Lo ______________________ en un viaje que hice a Caracas.

3. —Oye Carmen, ¿______________________ qué número de autobús debo tomar para ir a la calle Ibiza?

   —Lo siento, no ______________________ la calle Ibiza.

   —Está cerca del Parque del Retiro.

   —______________________ que el 62 pasa por allí.

   —Gracias.

4. —¿Dónde ______________________ tu padre a tu madre?

   —La ______________________ en un accidente de coche.

   —¡¿De veras?!

   —Él dice que los frenos no funcionaron y por eso chocó contra el carro de mi madre.

   —Bueno, todos nosotros ______________________ que tu padre no maneja bien... siempre tiene por lo menos un accidente al año.

Capítulo 12

PRÁCTICA MECÁNICA I

Actividad 1: La palabra que no pertenece. Marca la palabra que no pertenece (*doesn't belong*) al grupo.

1. clarinete, batería, flauta, trompeta
2. guisantes, judías verdes, cordero, espárragos
3. pavo, bistec, chuleta, filete
4. violín, saxofón, guitarra, violonchelo
5. ternera, ajo, cordero, cerdo
6. flauta, clarinete, saxofón, trombón
7. lentejas, coliflor, frijoles, guisantes
8. fruta, helado, zanahorias, flan

Actividad 2: Los platos. Organiza estas listas de la siguiente manera: primer plato, segundo plato y postre.

1. flan, melón con jamón, churrasco
   Primer plato ____________________
   Segundo plato ____________________
   Postre ____________________
2. medio pollo, espárragos con mayonesa, fruta
   Primer plato ____________________
   Segundo plato ____________________
   Postre ____________________

Continúa en la página siguiente →

3. helado, judías verdes, bistec

   Primer plato ______________________

   Segundo plato ______________________

   Postre ______________________

Actividad 3: Negaciones. Contesta estas preguntas de forma negativa. Usa palabras como **nadie, nunca, ni... ni, ninguno,** etc.

1. ¿Bailaste con alguien? ______________________
2. ¿Revisó el mecánico el aceite y la batería? ______________________

   ____
3. ¿Cuántos estudiantes vinieron anoche? ______________________
4. ¿Vas a la biblioteca con frecuencia? ______________________
5. ¿Pudiste comprar la carne y los espárragos? ______________________

   ____
6. ¿Vinieron José y Manuela? ______________________

Actividad 4: ¿Pretérito o imperfecto? Completa las oraciones con la forma apropiada del pretérito o del imperfecto de los verbos indicados.

1. Anteayer yo ______________ a tu profesor. (ver)
2. Durante el verano pasado, a veces yo ______________ en la piscina de los vecinos. (nadar)
3. Cuando ______________ en Madrid, con frecuencia nosotros ______________ a comer en el restaurante chino Kung Fu que ______________ en la calle Duque de Sesto. (vivir, ir, estar)
4. Todos los días mi jefe ______________ de los problemas que ______________ con sus hijos. (quejarse, tener)
5. Marcos y yo ______________ jugando al tenis cuando de repente ______________ a llover. (estar, empezar)
6. El año pasado Fernando ______________ a otra universidad por un semestre y ______________ aquí en octubre. (asistir, venir)
7. A menudo los vecinos me ______________ con su música. (molestar)
8. De vez en cuando mi novio me ______________ pequeños regalos, pero el sábado pasado me ______________ un estéreo. (mandar, dar)
9. Juan, un compañero de trabajo, me ______________ en la oficina a menudo y quería salir conmigo, pero anoche yo ______________ que estaba casado. (hablar, saber)
10. Mi hijo siempre ______________ bien, pero el mes pasado ______________ a tener problemas y a no dormir. (dormir, empezar)

Actividad 5: Descripciones. Completa estas oraciones con el participio pasivo de los verbos indicados.

1. El parabrisas estaba ______________ y tuvimos que ir a un taller. (romper)
2. La comida está ______________. (servir)
3. Sabíamos que la señora estaba ______________ porque no respiraba. (morir)
4. Los niños tienen las manos ______________ y la mesa está ______________; ya podemos comer. (lavar, poner)
5. Las tiendas están ______________ los domingos, excepto en el centro comercial, donde están ______________ de las doce a las cinco. (cerrar, abrir)
6. El contrato estaba ______________ pero nadie quería firmarlo. (escribir)

PRÁCTICA COMUNICATIVA I

Actividad 6: Las bodas de plata. El viernes que viene son las bodas de plata (aniversario de veinticinco años) de tus padres y vas a tener una fiesta para ellos en un restaurante. El restaurante te dio estas descripciones de conjuntos musicales. Completa la carta al restaurante diciéndole cuál de los conjuntos quieres.

Los tucutucu

Tocan música clásica: 2 violines, un violonchelo y flauta.

Maruja Beltrán

Pianista y cantante versátil: música clásica, jazz o música moderna. Si quiere, el público puede cantar con ella.

Redonditos de ricota

Música de los años 40 y 50: clarinete, trompeta, trombón, saxofón, batería. Perfecto para bailar.

Las viudas del rock-and-roll

Música moderna: guitarra eléctrica, bajo, batería. Especialistas en rock de hoy y de los años 60.

Estimado Sr. Jiménez:

Para la fiesta de mis padres prefiero ______________________________ porque a mis padres les gusta/n ______________________________. También creo que es una buena idea porque voy a invitar a ______________________________ ______________ y a muchos de ellos les fascina/n ______________________.

Actividad 7: El encuentro. Muchas personas tienen la misma rutina todos los días y cuando cambian de rutina es cuando pasan cosas interesantes. Termina este párrafo y cuenta cómo se conocieron los Sres. Durán.

Con frecuencia el Sr. Durán ______________ y muchas veces ______________. Estas actividades eran parte de su rutina diaria. También ______________, ______________ y ______________. Pero el 3 de marzo fue diferente; no ______________. Fue a la playa y allí vio a la Srta. Guzmán. Pensaba que era una mujer muy ______________ y quería conocerla. Mientras ella ______________, él ______________. De repente, ______________________________. Así se conocieron y llevan diez años de casados.

NOMBRE ______________________ FECHA ______________

Actividad 8: La comida. El restaurante quiere que decidas cuál va a ser el menú para la fiesta de tus padres. Ellos sugieren que pidas dos comidas de primer plato, dos comidas de segundo y algo de postre; así la gente puede elegir. También debes pensar en un menú especial para tus tíos que son vegetarianos. Puedes gastar hasta 25 euros por persona. Mira el menú y completa el papel que te mandaron del restaurante.

Mi Buenos Aires Querido

Casa del Churrasco
Castellana 240, Madrid

Primer plato	***euro***
Sopa de verduras	5
Espárragos con mayonesa	6
Melón con jamón	7,20
Tomate relleno	6
Ensalada rusa	4,80
Provoleta (queso provolone con orégano)	5

Segundo plato	
Churrasco	15
Bistec de ternera con puré de papas	14
Medio pollo al ajo con papas fritas	12
Ravioles	9
Lasaña	9
Pan	1

Ensaladas	***euro***
Mixta	5
Zanahoria y huevo	5
Waldorf	6

Bebidas	
Agua con o sin gas	3
Media botella	2
Gaseosas	2
Té	2,50
Café	2,50
Vino tinto, blanco	4

Postres	
Helado de vainilla, chocolate	5,20
Flan con dulce de leche	5,20
Torta de chocolate	5,80
Frutas de estación	5,50

Menú del día	
Ensalada mixta, medio pollo al ajo con papas, postre, café y pan	18

Primer plato 1. ______________________

2. ______________________

Segundo plato 1. ______________________

2. ______________________

Postre ______________________

Champán ❒ Sí ❒ No

Vino, agua, pan y café incluidos en el precio para grupos de veinticinco o más.

Señor Jiménez:

También necesitamos un menú especial para vegetarianos, que va a incluir lo siguiente:

Primer plato ______________________

Segundo plato ______________________

Postre ______________________

Actividad 9: Un sobreviviente. Hubo un problema mecánico con el avión. Uno de los motores explotó y causó un accidente terrible. Murieron algunas personas en el accidente, pero sobrevivió (*survived*) la mayoría. Completa la descripción que le dio a la policía uno de los sobrevivientes. Usa el siguiente proceso: primero, lee el párrafo. Luego, léelo otra vez, selecciona los verbos correspondientes de la lista y escribe las formas apropiadas del pretérito o el imperfecto. Finalmente, lee el párrafo otra vez para revisarlo. ¡Ojo! Usa cada verbo solamente una vez.

decir, encontrar, estar, haber, ir, llegar, parecer, tener, volar

Yo ____________________ a ir de Santiago a Lima, pero obviamente no ____________________ a Lima. En el aeropuerto todo ____________________ normal. Durante muchos años yo ____________________ con frecuencia (dos días por semana) de Santiago a Lima por mi trabajo y hoy me ____________________ un día normal. Una vez, hace un año, recuerdo que ____________________ que bajar del avión porque ____________________ que ____________________ una bomba, pero al final los expertos no ____________________ nada.

decir, hacer, pasar, preocupar, salir, ser, subir, tener, volver

Hoy los pasajeros ____________________ por el control de maletas y ____________________ al avión. El avión ____________________ de Santiago sin problemas. Acababan de darnos las bebidas cuando de repente el piloto nos ____________________ que ____________________ que volver a Santiago, pero no nos ____________________ el anuncio porque durante muchos otros viajes, a menudo el avión ____________________ a Santiago porque ____________________ mal tiempo en Lima. Pero hoy no ____________________ así.

gritar, llorar, oír, tener

De repente ____________________ la explosión. La gente ____________________ y ____________________. No recuerdo el momento del impacto. Sólo sé que ____________________ muchísima suerte.

Actividad 10: Las apariencias. Describe esta situación un poco rara que ocurrió anoche en la casa de Juan cuando él y su novia, Marta, les dijeron a los padres de ella que querían casarse. En tu descripción usa participios pasivos (*past participles*) como adjetivos. Usa las siguientes palabras en la descripción: **platos/lavar; lavaplatos/abrir; plato/romper; pequeño animal/morirse; carne/ preparar; nota/escribir; ojos/cubrir; mesa/poner; ensalada/servir.**

➤ ¡Qué desastre! Los platos estaban en el fregadero y no *estaban lavados.*

PRÁCTICA MECÁNICA II

Actividad 11: La variedad geográfica. Asocia las palabras de la Columna A con los términos geográficos de la Columna B.

A		B
1. ______	Misisipí	a. islas
2. ______	Caracas	b. volcán
3. ______	Etna	c. colina
4. ______	las Galápagos	d. playa
5. ______	los Pirineos	e. río
6. ______	Jack y Jill	f. océano
7. ______	Atlántico	g. ciudad
8. ______	Malibú	h. lagos
9. ______	Michigan, Superior y Titicaca	i. montañas

Actividad 12: Comparaciones. Escribe oraciones comparando estas personas o cosas. ¡Ojo! Algunas usan superlativos y otras usan comparativos.

➤ Calista Flockhart / Rosie O'Donnell / Oprah / delgado
Calista Flockhart es la más delgada de las tres.

1. Michael Jordan / Shaquille O'Neal / bueno ______________________
____
2. México / Guatemala / El Salvador / grande ______________________
____
3. mis hermanos / tus hermanos / joven ______________________
____
4. carro / costar / más / diez mil dólares ______________________
____
5. George W. Bush / Bill Clinton / George Bush / joven ______________________
____
6. Danny DeVito / Tom Hanks / bajo ______________________
____

Actividad 13: Exageraciones. Escribe estas oraciones de otra manera sin cambiar su significado. Usa **-ísimo** y escribe acentos cuando sea necesario.

1. Clara Inés es muy guapa. ______________________
2. Pablo es muy alto. ______________________
3. El examen fue muy fácil. ______________________

Continúa en la página siguiente →

4. Ella tiene el pelo muy largo. ________________
5. El programa fue muy malo. ________________
6. La nieve fresca es muy blanca. ________________

PRÁCTICA COMUNICATIVA II

Actividad 14: La geografía. Completa este crucigrama.

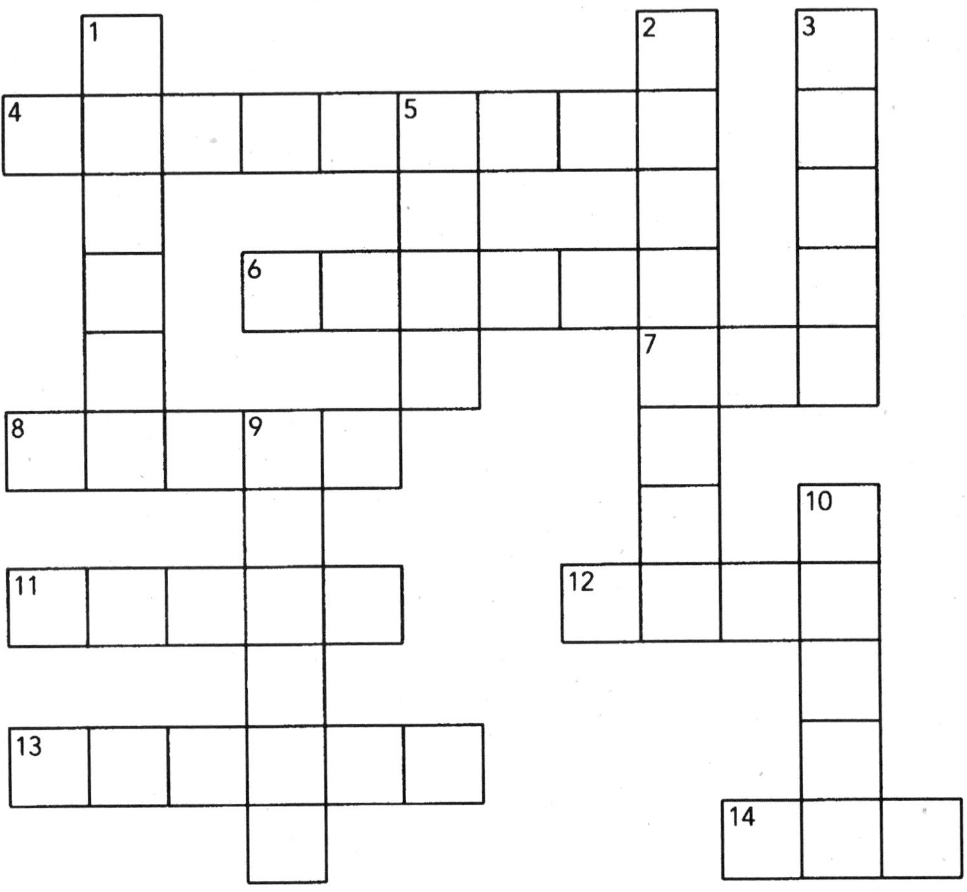

Horizontales

4. Es una carretera para carros de alta velocidad.
6. Es más pequeña que una montaña.
7. El Amazonas o el Orinoco.
8. Donde vive Tarzán.
11. Un lugar entre dos montañas: Napa es un ______.
12. Titicaca es el ______ navegable más alto del mundo.
13. El Atlántico o el Pacífico.
14. El Mediterráneo.

Verticales

1. Los romanos construyeron muchos, pero uno muy famoso y moderno conecta Manhattan y Brooklyn.
2. Iguazú o el Salto Ángel.
3. No es la ciudad.
5. Puerto Rico, Cuba o Mallorca.
9. De esto sale lava cuando hace erupción.
10. Viajando por la ______ este de España, vimos el Mediterráneo.

NOMBRE ______________________ FECHA ______________

Actividad 15: ¿Cuánto sabes? Marca estas oraciones **C** (cierta) o **F** (falsa). Corrige las oraciones falsas.

1. ______ El Aconcagua es la montaña más alta del mundo.

   ____

2. ______ Hay más de veinticinco países de habla española en el mundo.

   ____

   ____

3. ______ San Agustín, en la Florida, es la ciudad más vieja de los Estados Unidos.

   ____

   ____

4. ______ El Salto Ángel, en Venezuela, es la catarata más alta del mundo.

   ____

   ____

5. ______ La papa es más importante en Centroamérica y en México que en Suramérica.

   ____

   ____

6. ______ Pablo Casals fue el mejor guitarrista del mundo.

   ____

Actividad 16: Alquiler de carros. Lee este anuncio de Hertz y contesta las preguntas usando oraciones completas.

Latinoamérica A Su Alcance[MR] con Hertz.

Descubra el colorido de un mundo de culturas.

Argentina. Brasil. Chile. Venezuela. Perú. Panamá. Y otros siete destinos en Latinoamérica. En cada uno encontrará un mundo de culturas. Países donde verá ruinas arqueológicas casi junto a modernas ciudades. Además de magníficas playas, paisajes montañosos, selvas y miles de maravillas naturales.

Desde Centroamérica hasta la Patagonia, Hertz le espera con un flamante auto, limpio y cómodo, con tarifas garantizadas en dólares (US$). Hertz le proporcionará el placer de descubrir las bellezas de este Nuevo Mundo, mientras disfruta del servicio y la experiencia de la compañía de alquiler de autos más importante en Latinoamérica.

1. ¿En cuántos países latinoamericanos tiene oficinas Hertz? ______________________________

   ____

2. Latinoamérica es un lugar de contrastes. ¿Con qué contrasta Hertz las ruinas arqueológicas? ______

   ____

3. Hertz habla de variedad geográfica. ¿Qué cosas menciona el anuncio? ______________________________

   ____

Continúa en la página siguiente →

4. ¿Dónde crees que esté la Patagonia? ¿Cerca o lejos de Centroamérica? ______________

5. ¿Hertz te puede garantizar un precio antes de salir de los Estados Unidos o depende del país y a cuánto esté el dólar? ______________

Actividad 17: El ejercicio y la salud. Compara los siguientes gimnasios. Usa el comparativo o el superlativo.

	Cuerposano	**Musculín**	**Barriguita**
Número de clases aeróbicas	14/semana	7/semana	21/semana
Precio	$1.700/año	$2.500/año	$1.875/año
Piscina	50 metros	25 metros	40 metros
Número de miembros	1500 Hombres y mujeres	1400 Para toda la familia	1350 Sólo mujeres
Extras	Bar con jugos y sándwiches	Máquinas de Coca-Cola, boutique	Bar, cafetería y restaurante

1. clases aeróbicas: Cuerposano / Musculín

2. precio: Cuerposano /Musculín / Barriguita

3. piscina: Cuerposano / Musculín / Barriguita

4. número de miembros: Musculín / Barriguita

5. En tu opinión, ¿cuál es el mejor gimnasio? ¿Por qué?

NOMBRE ______________________ FECHA ______________

Actividad 18: La familia Villa. Mira el dibujo de la familia Villa y lee las pistas (*clues*). Después identifica el nombre de la persona en cada dibujo, su edad y qué hace. ¡Ojo! Debes escribir tus respuestas con lápiz.

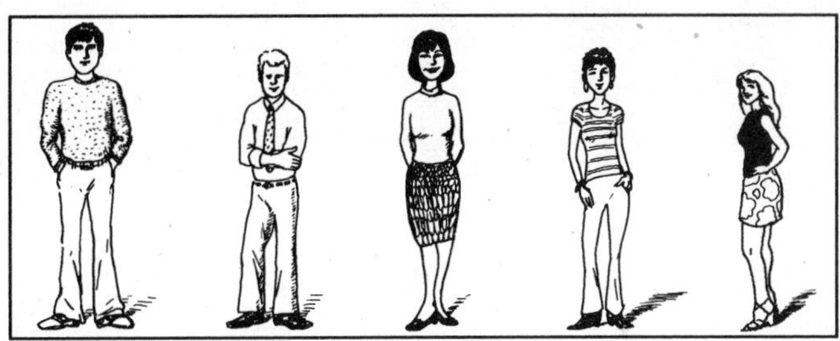

Pistas

Felisa es la más alta de las hermanas.

El estudiante tiene un año más que el dentista y un año menos que la secretaria.

La secretaria tiene el pelo más largo de todos.

David es más alto que el dentista.

El menor de la familia tiene veinticinco años y se llama Felipe.

La persona que tiene dos años más que Felisa es doctora.

El estudiante no trabaja.

La mayor de todos los hermanos tiene treinta y cuatro años y es la más delgada.

La hermana más alta de las tres es arquitecta.

Maribel es mayor que Ana; Ana tiene sólo veintisiete años.

	Nombre	**Edad**	**Ocupación**
1.	______	______	______
2.	______	______	______
3.	______	______	______
4.	______	______	______
5.	______	______	______

Actividad 19: ¿Cómo es tu familia? Escribe una pequeña descripción de tu familia usando comparativos y superlativos. Usa adjetivos como **interesante, inteligente, trabajador/a, mayor, menor,** etc.

____

____

____

____

____

Estrategia de lectura: Reading an Interview Article

When reading an interview article you should go through the following steps to give you some background information ahead of time:

- Read the headline and subheadline.
- Look at accompanying photographs, drawings, graphs, or tables.
- Scan the text for the interviewer's questions.

Actividad 20: Lee y adivina. Lee el título, el subtítulo y las preguntas; luego mira los dibujos. Ahora, contesta esta pregunta.

¿Cuál es la idea principal del artículo?

a. la música de España

b. la historia de la música hispana

c. la historia de la música hispanoamericana

EL MUNDO DE LA MÚSICA HISPANA

Entrevista con el cantante boliviano Pablo Cuerda[1]

POR LAURA RÓGORA

Entré en la sala de su casa y allí me esperaba sentado con su guitarra, compañera inseparable. Charlamos un poco sobre su gira musical por Europa y luego comencé así.

—¿Me puedes contar un poco sobre las influencias que hubo en la música hispana?

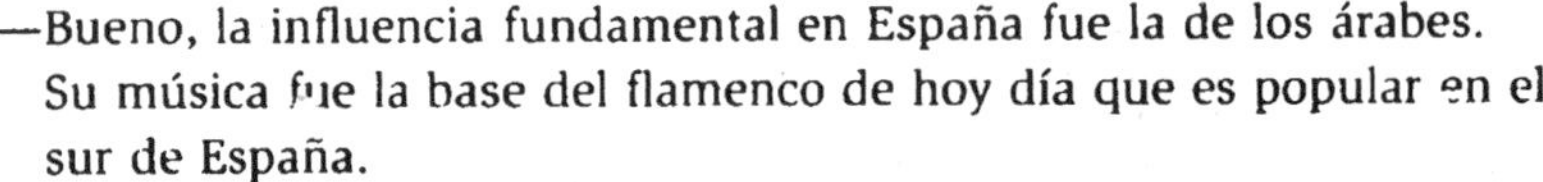

—Bueno, la influencia fundamental en España fue la de los árabes. Su música fue la base del flamenco de hoy día que es popular en el sur de España.

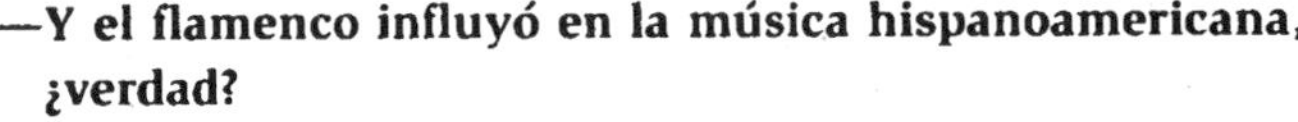

—Y el flamenco influyó en la música hispanoamericana, ¿verdad?

—Exactamente. El instrumento principal del flamenco es la guitarra y los españoles la trajeron al Nuevo Mundo.

—¿Y los indígenas adoptaron este instrumento?

—Bueno, es decir, lo adaptaron porque crearon instrumentos más pequeños como el cuatro y el charango, que está hecho del caparazón del armadillo. Y, naturalmente, la música indígena es la base de gran parte de la música moderna hispanoamericana.

[1] *Pablo Cuerda is a fictitious character.*

—Muy interesante. ¿Y qué otra influencia importante existe?

—Pues, la más importante para la zona caribeña fueron los ritmos africanos de los esclavos, que fueron la inspiración para la cumbia colombiana, el joropo de Venezuela, el merengue dominicano, el jazz y los blues norteamericanos y también para la salsa.

—La salsa. ¡Qué ritmo!

—Por supuesto, ¿y sabes que Cuba, Puerto Rico y Nueva York se disputan su origen? Pero en realidad fue en Nueva York donde se hizo famosa la salsa.

—¿Hay otros movimientos musicales?

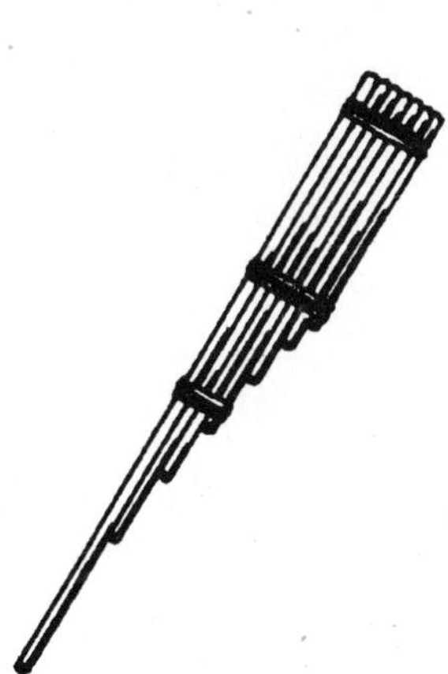

—Era justo lo que iba a decir. Un movimiento es el de la "Nueva Trova Cubana" con Silvio Rodríguez y Pablo Milanés, quienes cantan canciones de temas políticos, sociales y sentimentales. El otro movimiento importante es la "Nueva Canción" que nació en Chile en la década de los sesenta. Este tipo de música se conoció en el resto del mundo cuando Simon y Garfunkel incluyeron en un álbum "El cóndor pasa", una canción del conjunto Los Incas, quienes pertenecen a este movimiento.

—Pero, ¿qué es la Nueva Canción?

—Es un estilo de música que tiene como elementos esenciales el uso de los ritmos e instrumentos tradicionales de los indígenas de los Andes. Las canciones son de protesta, o sea, de tema político, y critican la situación socioeconómica de los países hispanos. Este estilo de música se conoce ahora en todo el mundo.

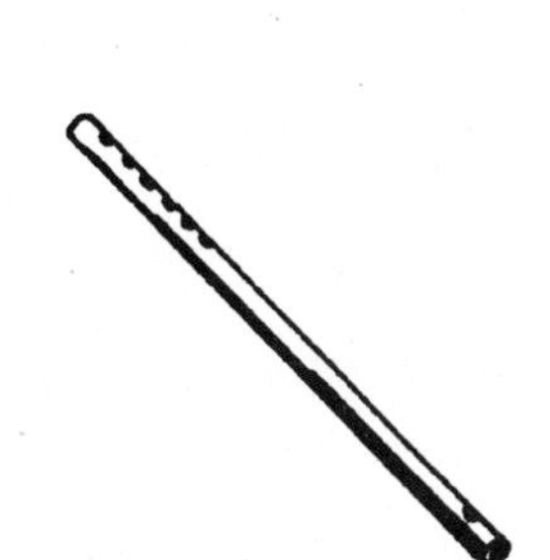

—...Y esto nos lleva a mi última pregunta. ¿Qué escucha la gente joven hoy día?

—La gente joven escucha de todo: la Nueva Canción, rock nacional y extranjero, la Nueva Trova... Los jóvenes escuchan también salsa y merengue y los bailan muchísimo. Permíteme ahora tocarte una canción de Juan Luis Guerra, un innovador de la música hispanoamericana de los años 90.

Y así terminó nuestra entrevista: con un ritmo y una melodía maravillosos.

Actividad 21: Completa las ideas. Después de leer el texto, escribe una o dos oraciones sobre cada una de las siguientes ideas relacionadas con el texto.

1. la guitarra ______________________
2. los esclavos africanos ______________________
3. la salsa ______________________
4. "El cóndor pasa" ______________________
5. La Nueva Trova ______________________
6. La Nueva Canción ______________________

NOMBRE ______________________________ FECHA ____________________

Capítulo 13

PRÁCTICA MECÁNICA I

Actividad 1: Definiciones. Lee las definiciones y escribe la palabra correcta. Después, contesta la pregunta que está al final usando las letras indicadas.

1. Llevar a los pasajeros del aeropuerto al hotel y del hotel al aeropuerto. ___ ___ ___ ___ ___ ___ ___ ___ (7, 6)
2. Le damos esto a un camarero o a un taxista. ___ ___ ___ ___ ___ ___ ___ (3)
3. El plan del viaje. ___ ___ ___ ___ ___ ___ ___ ___ ___ ___ (1)
4. El opuesto de obligatorio. ___ ___ ___ ___ ___ ___ ___ ___ (8)
5. Los papeles que necesitas para entrar a un museo. ___ ___ ___ ___ ___ ___ ___ ___ (5, 9)
6. La persona que nos explica puntos de interés. ___ ___ ___ ___ (4)
7. La comida del mediodía. ___ ___ ___ ___ ___ ___ ___ ___ (2)

¿Qué es algo que nadie quiere pagar? ___ ___ ___ ___ ___ ___ ___ ___ ___ (1 2 3 4 5 6 7 8 9)

Actividad 2: ¿Lo has hecho? Completa las siguientes oraciones con la forma correcta del pretérito perfecto (*present perfect*) de los verbos indicados.

1. María nunca __________ ________________________ porque tiene miedo. (esquiar)
2. Gustavo, ¿__________ ________________________ gazpacho alguna vez? (tomar)
3. Yo nunca __________ ________________________ sangría porque le tengo alergia al vino. (beber)

Continúa en la página siguiente →

4. Nosotros no le ________ ____________________ a la abuela todavía. (escribir)
5. ¿________ ____________________ el Museo de Antropología los chicos? (ver)
6. ¿________ ____________________ Ud. por la aduana? (pasar)
7. Mi abuelo tiene ochenta y nueve años, maneja un carro y nunca ________ ____________________ un accidente. (tener)
8. Perdón, pero nosotros no lo ________ ____________________ todavía. (hacer)

Actividad 3: Espero que hayas entendido. Completa estas oraciones con el subjuntivo de los verbos indicados. Algunas usan formas de **haber,** otras no.

1. Son las tres y Felipe iba a llegar a las dos. Es posible que su avión no ____________________ a tiempo. (llegar)
2. Ojalá que los chicos ____________________ pronto. (venir)
3. Es posible que tus padres no ____________________ hoy. (volver)
4. Es probable que el concierto ____________________ mañana. (ser)
5. Es tarde; tal vez Pedro y Pablo ya ____________________. (salir)
6. Iban a pasar por aquí antes de salir, pero es posible que ____________________ problemas con el carro. (tener)
7. ¿Seguro que no tienes el pasaporte? Quizás lo ____________________ en el hotel. (dejar)
8. No están aquí y hace media hora que esperamos. Dudo que ____________________. (venir)
9. Esperamos que el presidente ____________________ algo mañana sobre los impuestos. (decir)
10. Necesito una persona que me ____________________. (entender)

Actividad 4: ¡Ay, ay, ay! Forma oraciones diciendo qué les pasó a estas personas. Sigue el modelo.

➤ a Juan / perder / pasaporte *A Juan se le perdió el pasaporte.*

1. a mí / olvidar / examen ____
____
2. a los niños / romper / ventana ____
____
3. a Ramón / perder / niños ____
____
4. a ti / caer / libros ____
____
5. a nosotros / olvidar / pagar ____
____

PRÁCTICA COMUNICATIVA I

Actividad 5: Tus preferencias.

Parte A. Quieres visitar Puerto Rico. Contesta las siguientes preguntas usando oraciones completas.

1. ¿Te gusta más tener un itinerario con los días planeados o tener mucho tiempo libre?

____

____

2. ¿Te gusta hacer muchas excursiones o prefieres alquilar un carro e ir con un grupo pequeño?

____

____

3. ¿Prefieres tener incluidas las comidas en el precio o te gusta probar los restaurantes locales?

____

____

Parte B. Usando tus respuestas, decide cuál de estos dos viajes te gustaría hacer y explica por qué.

Puerto Rico—Viaje I

7 días, 6 noches en San Juan
Traslados, hotel de lujo
Todas las comidas incluidas
Excursiones a Luquillo y El Yunque
Excursión opcional a Ponce
Impuestos y propinas incluidos

Puerto Rico—Viaje II

7 días, 6 noches en San Juan
Traslados, hotel de lujo
Comida be bienvenida y cena de despedida
Excursiones opcionales a toda la isla
Impuestos incluidos

____

____

____

____

Actividad 6: Las aventuras. Viste esta prueba (*test*) en una revista. Contesta estas preguntas usando oraciones completas para saber si tú o tus amigos son muy aventureros.

1. ¿Has saltado de un avión? ______________________

____

2. ¿Has dormido toda la noche en un carro? ______________________

____

3. ¿Te han despertado tus amigos a las cuatro de la mañana para salir contigo? ____________

____

4. ¿Han nadado tú y tus amigos sin traje de baño? ______________________

____

Continúa en la página siguiente →

5. ¿Te has enamorado de alguien a primera vista? ______________________

____

6. ¿Has llamado al trabajo alguna vez diciendo que estabas enfermo/a y has salido después con tus amigos? ______________________

____

7. ¿Has dejado un buen trabajo para hacer un viaje? ______________________

____

El resultado: Dos puntos por cada respuesta afirmativa y un punto por cada respuesta negativa.

1–6	Lee las instrucciones otra vez. No sabes matemáticas.
7–8	Llevas una vida muy tranquila y necesitas ser más arriesgado/a (*daring*).
9–10	Tu vida es normal (un poco aburrida, pero normal).
11–12	Eres bastante aventurero/a. Te gusta vivir bien.
13–14	Necesitas controlarte más, buscar un trabajo y ser una persona más responsable.

Actividad 7: Deseos y probabilidades. Lee estas situaciones y completa las oraciones usando formas de **haber.**

1. Ves un accidente de carros y unas botellas de vino; también hay una ambulancia.
   Es probable que ______________________.
2. Tu jefe quiere una secretaria bilingüe (español/inglés), sin niños, lista para viajar.
   Mi jefe busca una persona que ______________________.
3. Tu hijo te dijo que iba a tomar un avión a las tres o a las cinco. El avión de las tres tuvo un accidente. No te ha llamado todavía.
   Espero que ______________________.
4. Quieres recibir una carta de tu novio/a. Estás esperando al cartero y le dices a un amigo:
   Ojalá que me ______________________.
5. Tienes un boleto de lotería y estás escuchando las noticias de las ocho.
   Ojalá que ______________________.

NOMBRE ______________________________________ FECHA ____________________

Actividad 8: Un puesto vacante. Olivia y Sergio entrevistaron a dos candidatos diferentes para un puesto de trabajo y ahora están comparando sus impresiones. Primero, lee la conversación. Después de leerla, usa el pretérito perfecto (**he, has, ha...** + participio pasivo) o el pretérito perfecto del subjuntivo (**haya, hayas, haya...** + participio pasivo) de los verbos indicados para completar la conversación.

OLIVIA Vamos a ver... ¿Elisa Piñeda ____________________ en otro país? (vivir)

SERGIO Sí, vivió en Bélgica por tres años y allí trabajó para la Comunidad Europea. Y Francisco Tamames, ¿____________________ como supervisor antes? (trabajar)

OLIVIA Si, pero dudo que ____________________ muchas responsabilidades. (tener)

SERGIO Pero, ¿crees que ____________________ algo en ese trabajo? (aprender)

OLIVIA No sé, me dio la impresión que no, pero es muy inteligente y creo que puede aprender rápidamente. Y la Srta. Piñeda, ¿____________________ programación con Lotus alguna vez? (hacer)

SERGIO Sí, pero no mucho.

OLIVIA Tenemos que decidir pronto porque es posible que el Sr. Tamames ya ____________________ un puesto con otra compañía. (aceptar)

SERGIO Tienes razón, pero no me gusta tomar decisiones sin pensar bien. Creo que es mejor entrevistar a más personas y tener la decisión para el final de esta semana.

OLIVIA Buena idea. Estoy totalmente de acuerdo.

Actividad 9: ¡Qué desastre de familia! Termina esta parte de una carta que Martín le escribió a su primo. Lee todo primero, y después termina la carta con frases como **se me olvidó.** Usa verbos como **caer, olvidar, perder, quemar** y **romper.**

No me vas a creer, pero ayer fue un día fatal. Todo empezó a las 8:15 de la mañana. Iba a llevar a mi esposa al aeropuerto porque tenía que ir a Santo Domingo en viaje de negocios. Salí con mi hijo Ramoncito y mi esposa y cerré la puerta, pero ¡______ ______ ____________________ las llaves dentro de la casa! Abrí una ventana y Ramoncito entró, pero ______ ______ ____________________ la ventana (el niño está un poco más gordo que la última vez que lo viste). Finalmente, Ramoncito salió de la casa con las llaves en la mano. Tuvimos que parar para comprar gasolina. Le estábamos echando gasolina al carro, cuando de repente oímos una explosión. Ramoncito y yo corrimos rápidamente al otro lado de la calle y no nos pasó nada; pero ______ ______ ____________________ el carro. Mi esposa estaba en el baño y con la explosión, a ella ______ ______ ____________________ los anteojos en el inodoro. Ella salió corriendo del baño sin poder ver nada y con toda la confusión, ______ ______ ____________________ su bolso. Claro, los pasajes de avión estaban en el bolso, así que obviamente, ella perdió el vuelo. ¿Verdad que esto parece de novela? ¡Qué día!

PRÁCTICA MECÁNICA II

Actividad 10: ¿Qué está haciendo? Di qué está haciendo el hombre en cada dibujo. Usa **está + –ando/–iendo.**

➤ *El hombre está entrando al edificio.*

1. ______________________
2. ______________________
3. ______________________
4. ______________________
5. ______________________

Actividad 11: Las órdenes. Mira los dibujos de la *Actividad 10* y escribe una orden (*command*) para cada acción.

➤ *Entre Ud. al edificio.*

1. ______________________
2. ______________________
3. ______________________
4. ______________________
5. ______________________

Actividad 12: Las órdenes. Escribe las órdenes correspondientes. Usa los pronombres de complemento directo cuando sea posible.

1. Ud. debe salir de aquí. ______________________
2. Uds. no deben copiar en el examen. ______________________
3. Ud. tiene que ponerse el abrigo. ______________________
4. Ud. debe comerlo. ______________________
5. Uds. no deben comprarlos. ______________________
6. Ud. no debe buscar problemas. ______________________

Continúa en la página siguiente →

7. Uds. lo tienen que hacer ahora. ______________________
8. Ud. no debe dármelo. ______________________
9. Uds. no se lo deben decir. ______________________
10. Ud. tiene que volver a su casa. ______________________

Actividad 13: Comparaciones. Escribe comparaciones basadas en los dibujos.

1. 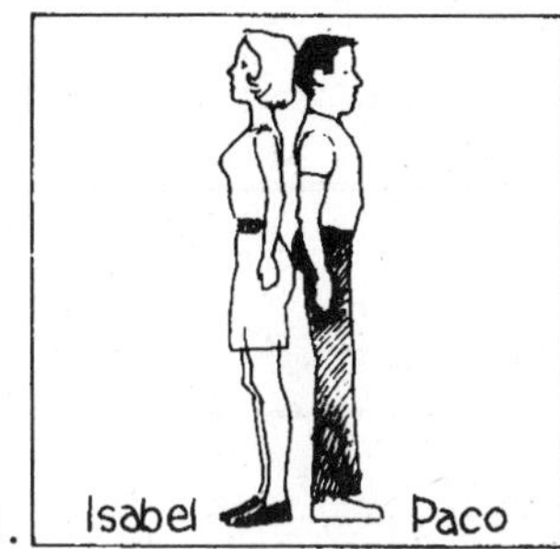

2. 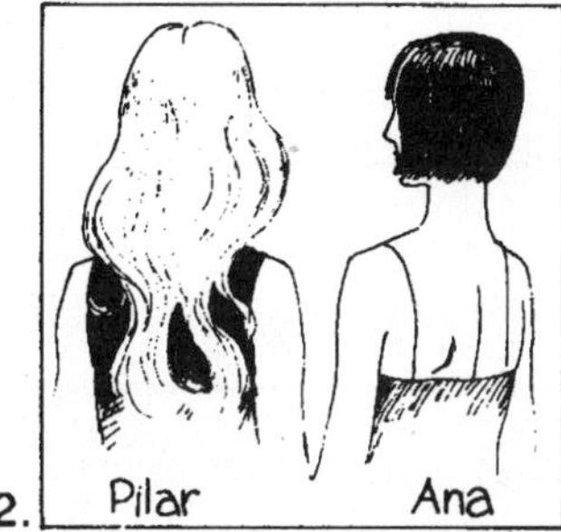

3. 

4. 

5. 

1. Isabel / Paco / alto ______________________
2. pelo / Pilar / Ana / largo ______________________
3. Paula / María / bonito ______________________
4. Pepe / Laura / cansado ______________________
5. ojos / Elisa / Juana / pequeño ______________________

PRÁCTICA COMUNICATIVA II

Actividad 14: Los regalos y las compras. Contesta estas preguntas para una compañía de publicidad que está haciendo un estudio del mercado. Usa oraciones completas.

1. ¿Alguien le ha regalado a Ud. un carro alguna vez? ______________________

   Si contesta que sí, ¿quién se lo regaló y por qué? ______________________

2. ¿Ha comprado Ud. un reloj en el último año? ______________________

3. ¿Le ha mandado Ud. flores a alguien durante el último año? ______________________

   Si contesta que sí, ¿a quiénes les mandó y por qué? ______________________

4. ¿Qué le gustaría a Ud. recibir como regalo este año? ______________________

Actividad 15: ¡Ojo! Mira estos dibujos y escribe órdenes apropiadas. Usa pronombres de complemento directo cuando sea posible.

1. 

2. 

3. 

4. 

1. ______________________
2. ______________________
3. ______________________
4. ______________________

NOMBRE ________________ FECHA ________________

Actividad 16: Órdenes. Escribe órdenes que los viajeros pueden escuchar cuando viajan. Usa pronombres de complemento directo cuando sea posible. Sigue el modelo.

➤ dejar / maletas / en el autobús *Déjenlas en el autobús.*

1. no perder / pasaporte ________________
2. pagar / pasajes ________________
3. no olvidar / entradas ________________
4. alquilar / carros / temprano ________________
5. llenar / declaraciones de aduana / inmediatamente ________________

Actividad 17: Los anuncios. Trabajas para una compañía de publicidad. Tienes que escribir frases que llamen la atención (*catchy phrases*). Usa **tan... como** en tus oraciones.

➤ el detergente Mimosil *El detergente Mimosil te deja la ropa tan blanca como la nieve.*

1. la película *Rambo VIII* ________________
2. el nuevo disco compacto de Madonna ________________
3. la pasta de dientes Sonrisa feliz ________________
4. la dieta Kitakilos ________________
5. el nuevo carro Mercedes Sport ________________

Estrategia de lectura: Linking Words

Linking words establish relationships between parts of a text and provide smooth transitions as you read. There is a list of common Spanish linking words in Chapter 13 of your textbook. You will practice working with such words in the following activities.

Actividad 18: Conecta. Al leer el texto, contesta estas preguntas sobre las palabras que conectan (*linking words*).

1. ¿Qué ideas contrasta **sino también** en la línea 2? ________________
2. ¿Qué grupos contrasta **a diferencia de** en la línea 6? ________________
3. ¿Qué añade **a la vez** en la línea 10? ________________

Continúa en la página siguiente →

NOMBRE ____________________ FECHA ____________

4. ¿Qué compara **por otro lado** en la línea 17? ____________________

5. ¿Qué ejemplifica **por ejemplo** en la línea 18? ____________________

6. ¿Para quién es el anuncio de Kentucky Fried Chicken? ____________________

Un mercado creciente

La población de los Estados Unidos está formada en su gran mayoría por inmigrantes o descendientes de inmigrantes que han venido no sólo de Europa, sino también de muchas otras partes del mundo. Los hispanos forman parte de estos inmigrantes; hay más de 38 millones de hispanos en el país y muchas compañías comerciales están investigando e invirtiendo mucho dinero en este mercado hispano.

A diferencia de los norteamericanos, los hispanos gastan una mayor parte de su sueldo en productos para el hogar, a pesar de tener un sueldo promedio menor. Y aunque la mayoría de los inmigrantes hispanos va asimilándose al idioma inglés y a la cultura estadounidense a través de las generaciones, conserva a la vez su idioma y su identidad hispana. Muchos de ellos (mexicanos, puertorriqueños, cubanos y centroamericanos) viven relativamente cerca de su país de origen y esto les permite estar en contacto con su familia, sus amigos y su cultura. Los hispanos también mantienen contacto con su lengua y con su cultura a través de las cadenas hispanas de televisión de los Estados Unidos y de muchos periódicos y revistas.

Basándose en sus investigaciones, las compañías comerciales hacen dos tipos de propaganda para los hispanos. Por un lado, hay propaganda dirigida a la comunidad hispana en general y por otro lado, debido a las diferencias entre hispanos de diferentes países, hay propaganda dirigida hacia grupos en particular. Por ejemplo, una propaganda de la cerveza Coors que se basa en un rodeo puede ser muy popular entre los mexicanos de Los Ángeles, San Antonio y Houston, pero no entre otros grupos de hispanos. Asimismo, la compañía Goya Foods presenta una propaganda de frijoles rojos para la comunidad puertorriqueña de Nueva York y otra de frijoles negros para la comunidad cubana de Miami. En este anuncio de Kentucky Fried Chicken usan la palabra "chévere". Esto indica que el anuncio es para gente de origen caribeño.

Uno, Dos y Tres,
¡Qué Pollo Más Chévere ...
El de Kentucky es!

El sabor único de la Receta Original de Kentucky Fried Chicken, en sus deliciosas variedades, harán de su fiesta un verdadero placer. Cámbiese ahora al gran sabor y ... ¡ahorre!

El poder adquisitivo de la población hispana en los Estados Unidos ha hecho que el mundo de los negocios tome conciencia de la importancia de este mercado. Las compañías comerciales, con la ayuda de expertos norteamericanos e hispanos, empiezan a comprender que la cultura hispana está formada por una multitud de culturas diferentes, que tienen puntos en común, pero que también tienen características y sutilezas propias.

NOMBRE ______________________ FECHA ______________

Actividad 19: ¿Qué aprendiste? Anota (*Jot down*) lo que aprendiste al leer el artículo sobre los siguientes temas.

1. La diferencia entre la inmigración europea y la hispana

____

____

____

2. Los factores que motivan a las compañías norteamericanas a invertir en el mercado hispano

____

____

____

Capítulo 13 Repaso

Present subjunctive, present perfect subjunctive, indicative, infinitive

In Chapters 8, 9, and 13, you learned some uses of the subjunctive mood. The subjunctive is used in the dependent clause if the independent clause contains a verb of doubt, emotion, desire/giving advice, hope, need/want, or sweeping negation.

Here are some examples:

Dudo que él tenga razón. (*doubt*)

Es fantástico que ellos se casen. (*emotion*)

Él **quiere que** tú lo hagas. (*desire*)

Espero que él venga. (*hope*)

Busco un apartamento que sea bonito. (*need/want*)

No hay ninguna clase que sea fácil en esta universidad. (*sweeping negation*)

Remember: If there is no change of subject, then there is no need for the word **que** and the infinitive is used. Compare these sentences:

Mi padre quiere que **yo** estudie medicina.

Yo quiero estudi**ar** medicina.

When expressing present doubt, emotion, etc., about the past, use **haya, hayas,** etc., + *past participle.*

Dudo que ellos **hayan venido**.

Es una lástima que ella no **haya ganado** las elecciones.

Busco un médico que **haya estudiado** acupuntura.

No hay nadie aquí que **haya vivido** en Suramérica.

NOMBRE ______________________________ FECHA ______________

Actividad: Conversaciones. Completa las siguientes conversaciones con la forma apropiada de los verbos indicados. Usa el presente del subjuntivo, el pretérito perfecto del subjuntivo, el indicativo o el infinitivo.

1. —Mi novio quiere que nosotros ______________________ a Puerto Rico para las vacaciones. (ir)

   —¿Quieres ______________________ tú? (ir)

   —Sí, por supuesto. Pero busco un hotel que ______________________ barato y céntrico, y que también ______________________ en la playa. Tú tienes amigos que alguna vez ______________________ a Puerto Rico, ¿no? (ser, estar, viajar)

   —Sí, Miguel y Simón fueron hace poco y Sebastián Navarra es de San Juan. Es posible que ______________________ algo. (saber)

2. —Es una pena que Santiago no ______________________ al cine anoche. (ir)

   —¿Por qué no pudo ir?

   —¿No lo sabías? Tuvo un accidente automovilístico y es posible que ______________________ la pierna derecha. (romperse)

   —No, no lo sabía. ¡Qué horror! ¿Está en el hospital?

   —Sí, está en La Milagrosa. Voy a verlo esta tarde.

   —¿Quieres que yo ______________________ contigo? (ir)

   —Sí, me gustaría.

   —Le quiero ______________________ algo. (comprar)

   —Creo que le ______________________ mucho los bombones. (gustar)

   —Buena idea.

3. —No entiendo a los políticos de hoy. Quieren que nosotros les ______________________, pero siempre mienten. (creer)

   —Es verdad. En las últimas elecciones Javier Martini dijo que no iba a subir los impuestos y yo le creí. Es una pena que sólo dos meses después de ganar, ______________________ los impuestos un 4%. (subir)

   —Yo quiero que todos los políticos ______________________ que el pueblo quiere gente honrada. (entender)

   —Es una lástima que ______________________ Martini las últimas elecciones. Yo no quiero que él ______________________ otra vez. (ganar, presentarse)

   —Ese señor no se va a presentar porque la gente lo quiere ______________________ a Siberia. (mandar)

   —Es verdad. No hay nadie que ______________________ pagar más impuestos. Ese hombre no es nada popular en este momento. (querer)

Capítulo 14

PRÁCTICA MECÁNICA I

Actividad 1: Asociaciones. Asocia las frases de la Columna A con las palabras de la Columna B.

A

1. ______ Si se te pierde el pasaporte, tienes que ir a este lugar.
2. ______ Los musulmanes no van a una iglesia, sino a este lugar.
3. ______ En la ciudad de Pisa en Italia hay una muy famosa y bastante inclinada.
4. ______ Los mayas construyeron estas cosas e hicieron sacrificios humanos encima de ellas.
5. ______ Si quieres ver leones, tigres y otros animales exóticos, visitas este lugar.
6. ______ Los romanos construyeron muchos de estos para llevar agua a las ciudades.
7. ______ Es más grande que una iglesia.
8. ______ Los mexicanos celebran el Día de los Muertos en estos lugares.
9. ______ Si quieres ver flora y fauna en el agua, visitas este lugar.
10. ______ Los judíos van a este lugar para Yom Kipur.

B

a. pirámides
b. sinagoga
c. zoológico
d. mezquita
e. cementerios
f. acueductos
g. acuario
h. catedral
i. consulado
j. torre

NOMBRE ______________________ FECHA ______________

Actividad 2: El dinero. Escribe la palabra correcta.

1. En los Estados Unidos las hay de uno, de cinco, de diez, de veinticinco y de cincuenta centavos. ¿Qué son? ______________
2. El de un dólar tiene la cara de George Washington. ¿Qué es? ______________
3. El anuncio de American Express dice "No salgas de viaje sin ellos". ¿Qué son? ______________
4. En este lugar te dicen a cuánto está el dólar. ______________
5. Visa, MasterCard y American Express. ¿Qué son? ______________
6. Si quieres sacar dinero por la noche y los bancos no están abiertos, ¿adónde vas? ______________
7. Si tienes que ir a un banco, normalmente hablas con una persona que trabaja allí. ¿Cómo se llama esta persona? ______________

Actividad 3: Órdenes. Cambia estas oraciones por órdenes. Usa pronombres de complementos directo e indirecto si es posible.

➤ Debes comer el sándwich. ***Cómelo***

1. Tienes que decirle la verdad al policía. ______________
2. Necesitas escribirme un informe. ______________
3. No debes salir ahora. ______________
4. Tienes que ponerlo allí. ______________
5. Quiero que me busques después de la clase. ______________
6. No debes tocarlo. ______________
7. Te aconsejo que lo hagas. ______________
8. Debes afeitarte. ______________
9. No debes decírselo a nadie. ______________
10. No tienes que empezarlo ahora. ______________

Actividad 4: Más órdenes. Completa estas oraciones con la forma correcta de los verbos indicados, usando el subjuntivo o el indicativo.

1. Te digo que yo no ______________ qué pasó. (saber)
2. El policía les está diciendo que ______________ de aquí. (salir)
3. Le digo a Ud. que me ______________ el dinero mañana o voy a llamar a mi abogado. (traer)
4. Me dice que mañana ______________ a nevar. (ir)
5. Tu madre siempre te dice que no ______________ eso. (hacer)
6. Les dice que ______________ esos papeles a la oficina. (llevar)
7. Nos dicen que ______________ mala la comida en este restaurante. (ser)
8. ¿Nos estás diciendo que ______________ nosotros? (ir)

PRÁCTICA COMUNICATIVA I

Actividad 5: A buscar. Usa Internet para buscar las respuestas a las siguientes preguntas.

1. ¿Dónde están las pirámides del Sol y de la Luna? ¿Quiénes las construyeron y cuándo las construyeron? ______________
2. ¿En qué cementerio y en qué ciudad está el cadáver de Eva Perón? ______________
3. ¿Dónde está la embajada de los Estados Unidos en España? ¿Y los consulados? ______________
4. ¿Qué es Tibidabo? ¿Dónde está? Probablemente al buscar en Internet la palabra "Tibidabo", los sitios que encontraste no estaban en español. ¿Sabes en qué idioma estaban escritos? ______________
5. Las ruinas mayas de Chichén Itzá están en la península de Yucatán. ¿Qué otras ruinas mayas hay en esa península? ______________
6. ¿Dónde está la basílica de Nuestra Señora de Guadalupe? ¿Qué existía en ese lugar anteriormente? ______________

NOMBRE ______________________ FECHA ____________

Actividad 6: En el banco. Lee estas miniconversaciones y di qué está haciendo la Persona A. Usa oraciones completas.

1. PERSONA A ¿Escribo mi nombre aquí?

   PERSONA B No, en la línea que hay abajo.

   ____

2. PERSONA A ¿Cómo quiere el dinero?

   PERSONA B Cuatro billetes de veinte y dos de diez, por favor.

   ____

3. PERSONA A ¿A cuánto está el dólar?

   PERSONA B A 125.

   ____

4. PERSONA B Firme Ud. ahora en esta línea; después al usarlos escriba la fecha y firme otra vez aquí abajo. Es importante que firme delante del cajero. Si los pierde no hay problema; sólo tiene que llamar a este número.

   PERSONA A Muchas gracias.

   ____

Actividad 7: La vida de los niños. Escribe tres órdenes afirmativas y tres órdenes negativas que los padres normalmente les dan a sus hijos pequeños.

1. ______________________
2. ______________________
3. ______________________
4. No ______________________.
5. No ______________________.
6. No ______________________.

Actividad 8: Una vida de perros. Tienes un perro inteligente pero a veces es malo. Escribe estas órdenes para tu perro.

1. sentarse ______________________
2. traer el periódico ______________________
3. bailar ______________________
4. no molestar a la gente ______________________
5. no subirse al sofá ______________________
6. acostarse ______________________
7. no comer eso ______________________
8. quedarse allí ______________________

NOMBRE ______________________ FECHA ______________

Actividad 9: Cómo llegar a mi casa. Escribe instrucciones para un amigo sobre cómo ir desde tu clase de español hasta tu residencia, apartamento o casa. Dale instrucciones muy completas e incluye órdenes. Por ejemplo: **Sal de la clase y baja las escaleras. Al salir del edificio, dobla a la derecha. Camina dos cuadras. Al llegar a la calle Washington, dobla a la derecha.** (etc.)

____

____

____

____

____

____

Actividad 10: ¡Qué desastre de amigo! Tienes un amigo muy torpe (*clumsy*). Siempre tiene accidentes. Mira estos dibujos y escribe las órdenes apropiadas.

1. cruzar: ______________________________
2. tocarla: ______________________________
3. domirse: ______________________________
4. olvidarlas: ______________________________

Actividad 11: ¿Una amiga? Conoces a una persona que piensa que tú eres su mejor amiga y te llama a todas horas. Le estás explicando a tu amigo Manolo cuánto te molesta ella. Completa la conversación.

MANOLO ¿Qué cosas te dice esta mujer?

TÚ Me dice que su trabajo ______________________________
y que sus hijos ______________________________.

MANOLO ¿Te habla de sus problemas?

TÚ Claro, siempre.

MANOLO ¿Y le das consejos?

TÚ Sí, le digo que ______________________________
______________________________.

MANOLO No puedes continuar así. ¿Qué vas a hacer?

TÚ ¡Le voy a decir que no me ______________ más!

NOMBRE ______________________ FECHA ______________

PRÁCTICA MECÁNICA II

Actividad 12: Los animales. Los animales de la televisión forman parte de la cultura de los Estados Unidos y de otros países. Di qué tipo de animales son éstos.

1. Leo ______________
2. Fernando ______________
3. Chita ______________
4. Garfield ______________
5. Mister Ed ______________
6. Yogi y Boo Boo ______________
7. Dumbo ______________
8. Tweetie ______________
9. Elsie ______________
10. Lassie y Rin Tin Tin ______________

Actividad 13: Evita la redundancia. Cambia estas oraciones para evitar la redundancia.

1. Tengo unos pantalones negros y unos pantalones blancos. ______________
2. Quiero la blusa de rayas y también la blusa azul. ______________
3. ¿Compraste las sillas de plástico y las sillas rojas? ______________
4. Vamos a pedir un café con leche y un café solo. ______________

Actividad 14: La posesión. Cambia estas oraciones usando las formas largas de los adjetivos posesivos.

➤ Mi amigo es guapo. *El amigo mío es guapo.*

1. Mi carro es alemán. ______________
2. Su casa es grande. ______________
3. ¿Están aquí sus documentos? ______________
4. ¿Dónde está mi abrigo? ______________
5. Nuestros hijos son pequeños todavía. ______________

NOMBRE ______________________ FECHA ______________

Actividad 15: Los pronombres posesivos. Cambia estas oraciones sustituyendo los sustantivos (*nouns*) por pronombres posesivos.

➤ Mi madre es simpática. ***La mía es simpática.***

1. Me fascinan tus zapatos. ______________________
2. ¿Tienes mi CD de Marc Anthony? ______________________
3. Ellos no necesitan traer sus cintas. ______________________
4. Nuestros cheques de viajero son de Visa pero los cheques de viajero de Ud. son de American Express.
   ____
   ____
5. Mi casa tiene tres dormitorios. ______________________
   ____
6. ¿Dónde están mis libros de economía? ______________________
   ____

PRÁCTICA COMUNICATIVA II

Actividad 16: Los animales. Contesta las siguientes preguntas sobre los animales.

1. ¿Tienes mascotas? Si contestas que sí, descríbelas. Si contestas que no, di por qué no quieres tener mascota o qué mascota te gustaría tener y por qué.
   ____
   ____
   ____
   ____
2. Al ir a un zoológico, ¿cuáles de los animales son los más divertidos y por qué?
   ____
   ____
3. Muchas universidades tienen mascotas que son animales. Imagina que tu universidad quiere cambiar su mascota. ¿Cuál de los siguientes animales crees que sea el mejor y por qué?

   un oso, un león, una serpiente o un toro

   ____
   ____
   ____
   ____

NOMBRE ______________________ FECHA ______________

Actividad 17: La corbata manchada. Al Sr. Sanz se le acaba de manchar (*stain*) la corbata con jugo de tomate y tiene que ir a una reunión importante. Por eso, va a una tienda para comprar una corbata nueva. Completa esta conversación entre el Sr. Sanz y el vendedor. Usa **el, la, los, las** o **uno, una, unos, unas.**

SR. SANZ Necesito comprar una corbata.

VENDEDOR Tenemos muchas. ¿Desea Ud. algún color en especial?

SR. SANZ Quiero __________ roja, pero puede tener otros colores también.

VENDEDOR Aquí tengo __________ rojas y allí hay __________ rojas con rayas de diferentes colores.

SR. SANZ Me gustan __________ de rayas, especialmente __________ roja con rayas azules. Es muy elegante, ¿no?

VENDEDOR Desde luego, y es de seda.

SR. SANZ Bueno, quisiera __________ roja con rayas azules.

Actividad 18: ¡Qué desorden! Pon esta conversación en orden.

______ ¡Ah! La veo allí. Está debajo de la cama.

______ ¿Cuáles?

__1__ ¿Dónde está la mía?

______ ¿Y has visto mis pantalones?

______ ¿Tu camisa?

______ Los verdes.

______ No sé. ¿Dónde la pusiste?

______ No tengo idea; por eso te pregunto.

______ No, pero de todos modos, no te vas a poner la camisa azul con los pantalones verdes.

______ Sí, la azul.

Actividad 19: Los anuncios. Tú haces anuncios de televisión para algunos productos comerciales. En tus anuncios, insultas a la competencia. Completa estos anuncios.

➤ Los carros nuestros tienen una garantía de cinco años, pero
los suyos tienen solamente una de tres.

1. Las neveras nuestras tienen mucho espacio, pero ______________________
2. La ropa nuestra es buena y barata, pero ______________________
3. Los guías turísticos nuestros saben mucho, pero ______________________

Actividad 20: Los compañeros. Verónica vive en un apartamento con Marisa y no está muy contenta. Eduardo vive con Rafael y tampoco está contento con su compañero. Lee estas descripciones de los dos y completa la conversación. Si es posible, usa frases como **la mía, el mío, ese compañero tuyo/mío, esa compañera tuya/mía.**

Marisa

Deja la ropa por todos lados. No lava los platos. Siempre trae amigos a casa. Nunca limpia el baño. Usa la ropa de Verónica sin pedirle permiso.

Rafael

Siempre habla por teléfono. No paga el alquiler a tiempo. Nunca lava los platos y tampoco limpia el baño. Su novia siempre está en el apartamento y se come la comida de Eduardo.

EDUARDO — Tengo un compañero que me molesta muchísimo.

VERÓNICA — ¡Crees que sólo tú tienes problemas!

EDUARDO — Es que ese compañero ______________________.

VERÓNICA — Pues, la ______________________ tampoco. Pero además, ______________________.

EDUARDO — Eso no es nada. Ese compañero ______________________ ______________________.

VERÓNICA — ¡Qué horror! La ______________________. ¿Y sabes que ______________________?

EDUARDO — La cosa que más me molesta es que ______________________ ______________________.

VERÓNICA — Necesito buscar una compañera que ______________________ ______________________.

EDUARDO — A lo mejor debo ______________ también.

Estrategia de lectura: Recognizing False Cognates

Throughout the readings in this book, you have probably noticed how many English cognates there are in Spanish. You have also seen that there are false cognates, that is, words that are spelled similarly in both languages, but have different meanings. The following is a list of commonly used false cognates.

actual present-day
asistir a to attend
embarazada pregnant
la facultad school (of law, English, etc.)
gracioso/a funny
la librería bookstore
la noticia news item
real royal; true
realizar to accomplish
sensible sensitive
simpático/a pleasant, nice
soportar to tolerate

NOMBRE ______________________ FECHA ______________

Actividad 21: Antes de leer. Antes de leer la parte de un diario que escribió Juan Carlos, contesta estas preguntas.

1. ¿Has estado en México alguna vez? Si contestas que sí, ¿qué lugares visitaste? ______________
____
____

2. ¿Sabes qué civilizaciones indígenas vivieron en México? ______________
____
____

3. Escribe en la primera columna del gráfico lo que sabes sobre estos lugares, cosas o personas relacionados con México. Si no sabes nada, escribe "No sé nada". Después de terminar la primera columna, lee el diario de Juan Carlos y escribe en la segunda columna algo que aprendiste al leer.

Lo que ya sabía	Lo que aprendí al leer
1. Diego Rivera	
2. El Museo de Antropología	
3. Tenochtitlán	
4. Chichén Itzá	

Chichén Itzá, México

El diario de Juan Carlos

martes, 25 de marzo

Hoy discutí con Álvaro, pues me tenía loco buscando su pasaporte. Finalmente fue al consulado de España para sacar uno nuevo. Dimos una vuelta por la ciudad. Fuimos por el Paseo de la Reforma hasta el Zócalo y visitamos la Catedral y el Palacio Nacional donde se ve la historia de México en los murales de Diego Rivera. De allí fuimos al Parque de Chapultepec y visitamos el Museo de Antropología. ¡Qué maravilla! La cantidad de objetos olmecas, mayas, toltecas y aztecas que había era impresionante: joyas, instrumentos musicales, cerámica, ropas y, por supuesto, el calendario azteca. Nos contó la guía de la excursión que ya en el siglo XIV los aztecas eran capaces de calcular el año solar.

El imperio azteca constaba de una confederación de tres ciudades —una de ellas era Tenochtitlán, la capital, que estaba donde actualmente está la ciudad de México. Es increíble lo bien planeada que estaba la ciudad: tenía agua potable y sistemas sanitarios mucho mejores que los que Europa llegó a tener en el siglo XVIII. (Esto yo ya lo sabía; lo aprendí en la facultad.)

Salimos del museo (demasiado corta la visita; tengo que regresar algún día) y fuimos a la Plaza de las Tres Culturas: ruinas aztecas, una iglesia colonial y rascacielos del siglo XX. ¡Qué buen ejemplo de la mezcla de culturas hay en el México actual!

miércoles, 26 de marzo

Anoche fuimos a ver el Ballet Folklórico y me fascinó. Me acosté muy tarde y estaba muerto de cansancio. Hoy llegamos a Mérida, Yucatán. El viaje en autobús me cansó mucho pero, por suerte, me divertí charlando con el Sr. Ruiz, porque es muy gracioso. Es una lástima que la Dra. Llanos ya no lo soporte. Llegamos tardísimo al hotel. Ahora a dormir, porque mañana salimos temprano para visitar Chichén Itzá.

jueves, 27 de marzo

Hoy fuimos a las ruinas de Chichén Itzá, donde vivieron muchos de los mayas entre los años 300 y 900 d.C. No se sabe bien dónde comenzó esta civilización: algunos dicen que en el Petén, Guatemala; otros creen que fue en Palenque, México. Los mayas eran muy avanzados en astronomía y matemáticas y conocían el uso del cero antes de que los árabes lo introdujeran en Europa. Cultivaban no sólo el maíz como los aztecas después, sino también el cacao, la batata y el chile. Estos genios también inventaron un sistema de escritura jeroglífica. Todo esto es tan fascinante que ahora quiero conocer otras ciudades mayas como Copán en Honduras y Tikal en Guatemala.

Bueno, de Chichén Itzá lo que más me gustó fue el templo de Kukulkán. Es un lugar impresionante; al entrar sentí una sensación de temor y me salí pronto. En ese templo hay un jaguar rojo con ojos de jade pintado en la pared. Es bellísimo.

Mañana partimos para Uxmal. A ver si les mando otro mensaje electrónico a las chicas.

Actividad 22: Explícalo. Después de leer el texto, explica en otras palabras qué significan las palabras en negrita. ¡No uses inglés!

1. Juan Carlos dice que lo aprendió en la **facultad.**

   ____

   ____

2. La ciudad de Tenochtitlán estaba en el lugar donde **actualmente** está la ciudad de México.

   ____

   ____

3. Juan Carlos dice que el Sr. Ruiz es **gracioso.**

   ____

4. La Dra. Llanos no **soporta** al Sr. Ruiz.

   ____

NOMBRE ______________________ FECHA ______________

Capítulo 15

PRÁCTICA MECÁNICA I

Actividad 1: El medio ambiente. Completa estas oraciones con la palabra o las palabras apropiadas.

1. El hotel usa ______________ ______________; por eso, no paga mucho en electricidad y calefacción.
2. Todos los meses llevamos los periódicos a un lugar donde los ______________.
3. Hay muchos animales que están en peligro de ______________.
4. En Chernobil tuvieron un accidente en una planta de ______________ ______________.
5. En los lagos del norte de los Estados Unidos hay un gran problema con la ______________ ______________ por el uso del carbón.
6. Hay gente que no sabe qué es la ______________ y, por eso, se ven grandes cantidades de ______________ en los parques nacionales.
7. La ciudad de México tiene muchos problemas con la ______________; hay días en que las personas que sufren de asma y otras enfermedades de la respiración no pueden salir de la casa.
8. Van a abrir una ______________ nueva de carros y dicen que va a haber cuatrocientos puestos de trabajo.

Actividad 2: El futuro indefinido. Completa estas oraciones con la forma correcta de los verbos indicados en el subjuntivo o el indicativo (presente o pasado).

1. Cuando ______________ tu tío, dile que lo voy a ver mañana. (venir)
2. Después de que tú ______________ esto, quiero salir. (traducir)
3. Ayer corrimos por el parque hasta que ______________ a llover. (empezar)
4. Voy a ser estudiante hasta que se me ______________ el dinero. (acabar)
5. Debemos estudiar después de que ______________ de la película. (volver)
6. Él me llamó después de que su secretario le ______________ el mensaje. (dar)
7. Le voy a pagar cuando Ud. ______________ todo el trabajo y no antes. (terminar)
8. El hombre me vio cuando yo ______________ el dinero de la bolsa. (sacar)

Actividad 3: ¡Vámonos! Sugiere (*Suggest*) qué debemos hacer.

➤ estudiarlo *¡Estudiémoslo!*

1. bailar ______________
2. sentarnos ______________
3. beberlo ______________
4. no decírselo ______________
5. levantarnos ______________
6. cantar ______________
7. no mandárselo ______________
8. escribirlo ______________

Actividad 4: *¿Qué o cuál/es?* Completa estas preguntas usando **qué** o **cuál/es.**

1. ¿______________ de los carros alquilaste?
2. ¿______________ necesita Ud.?
3. ¿______________ son las exportaciones principales de Venezuela?
4. ¿______________ de éstas quieren Uds.?
5. ¿______________ eres, liberal o conservador?
6. ¿______________ es tu número de teléfono?
7. ¿______________ es la capital de Cuba?
8. ¿______________ es filosofía?
9. ¿En ______________ ciudad viven tus abuelos?
10. ¿______________ libro estás leyendo?

PRÁCTICA COMUNICATIVA I

Actividad 5: La conciencia. Lee este anuncio comercial de Bariloche, Argentina; luego marca con una **X** solamente los métodos de conservación que se mencionan en el anuncio.

Señor Turista:
Bariloche le ofrece sus bellezas.
Colabore conservándolas.

De la arena nace el vidrio
del vidrio la botella...
Pero la botella no se
convierte en arena.
¡No insista!

Cuando vuelan
parecen pájaros o mariposas.
Cuando caen
son papel
y ¡ensucian!
Guárdelos para tirarlos en un
lugar adecuado.

Use y disfrute los bosques, playas
y lagos.
Manténgalos limpios.

Esa basura es para la
bolsa de residuos.
En su auto comienza una
campaña de limpieza.

Las flores son para mirarlas.
¡No las corte!

Recuerde que los elementos reflectivos
(vidrios, latas, etc.)
pueden provocar
incendios.

Limpieza es además cultura.
¡Practíquela aquí también!

1. ______ no tirar papeles
2. ______ reciclaje de productos hechos de vidrio (*glass*)
3. ______ el uso de la energía solar
4. ______ conservar el uso de la electricidad
5. ______ manejar siguiendo los límites de velocidad
6. ______ no tirar basura en los bosques
7. ______ no cortar las plantas
8. ______ reciclar papel de periódico
9. ______ separar la basura en grupos: papeles, plásticos, aluminio, etc.
10. ______ tener una bolsa para la basura en el carro

NOMBRE ______________________________ FECHA ______________

Actividad 6: El político. Lee esta conferencia que dio un político y di si estás de acuerdo con sus ideas o no. Usa frases como **(no) estoy de acuerdo..., (no) creo que..., es posible..., es un problema...,** etc.

> Les digo que aquí, en este estado, no hay problemas de contaminación. Quemamos la basura o se la mandamos a otros estados y así preservamos la ecología de nuestro estado tan bonito. Antes teníamos algunas especies de osos y de peces en peligro de extinción; pero ahora tenemos más de cien osos y la situación en nuestros lagos también está mejorando, aunque todavía no es aconsejable comer los peces. Estamos trabajando con todas las fábricas y no hay ni una que contamine el medio ambiente. Vamos a construir una planta nueva para producir energía nuclear que va a dar energía a la parte sur del estado. No tengan miedo de la energía nuclear; es limpia y barata. Además, la planta va a dar trabajo a quinientas personas. Trabajemos juntos para tener el mejor estado posible.

Tu opinión:

____

____

____

____

____

____

Actividad 7: El pesimista. Eres muy pesimista. Completa estas oraciones de forma original.

1. Los políticos van a hacer algo sobre la lluvia ácida cuando ______________________________
____.
2. La gente no va a reciclar productos hasta que ______________________________
____.
3. El hombre va a seguir destruyendo las selvas hasta que ______________________________
____.
4. Tenemos que pensar en la ecología antes de que el mundo ______________________________
____.

Actividad 8: ¿Qué crees? Completa estas preguntas usando **qué** o **cuál/es.** Después contéstalas con oraciones completas para dar tus ideas sobre la protección del medio ambiente.

1. ¿______________ son algunas cosas que se pueden reciclar? ______________
____.
2. ¿______________ reciclas tú? ______________
____.
3. ¿______________ es la forma de energía más limpia? ______________
____.

Continúa en la página siguiente →

4. ¿__________ sabes de la lluvia ácida? __________
__________.

5. ¿__________ tipo de fábricas hay en tu ciudad? __________
____

6. ¿__________ de las fábricas producen contaminación? __________
__________.

Actividad 9: Invitaciones y soluciones. Completa cada conversación con una sugerencia (*suggestion*). Usa los verbos **bailar, volver, alquilar, sentarse** y **decir** y otras palabras si es necesario.

➤ —Necesitamos pan, leche, patatas, huevos y carne.
—*Comprémoslos en el supermercado.*

1. —¡Qué música más buena!
—__________.
2. —No podemos decirle esto a Fernando, porque no nos va a creer.
—__________.
3. —Estoy cansada y no quiero bailar más. Quiero ver si mis hijos están bien.
—__________.
4. —Lo siento, pero no podemos ir a la costa porque mi carro no funciona.
—__________.
5. —¿Prefieres estar en la barra (*bar*) o en una mesa?
—__________.

PRÁCTICA MECÁNICA II

Actividad 10: Todos son diferentes. Completa estas oraciones que dice Imelda sobre su familia. Usa las formas apropiadas de los siguientes adjetivos: **agresivo, amable, ambicioso, astuto, chismoso, cobarde, creído, honrado, ignorante, indiferente, insoportable, justo, mentiroso, orgulloso, pacifista, perezoso, sensato, sensible, testarudo, valiente.**

1. Estoy muy __________ de mi hija, porque hoy corrió un maratón y terminó en dos horas y treinta y cinco minutos.
2. Mi hijo, el político, es una persona muy __________. Él sabe que la violencia es un problema serio, pero, en vez de construir más prisiones, él quiere mejorar el sistema educativo del país.
3. Mi otra hija es una mujer muy __________; algún día va a ser presidenta de una compañía (si no es presidenta del país) y va a tener más dinero del que es necesario. Seguro que no va a darles ni un peso a los pobres.

Continúa en la página siguiente →

Adjectivos: agresivo, amable, ambicioso, astuto, chismoso, cobarde, creído, honrado, ignorante, indiferente, insoportable, justo, mentiroso, orgulloso, pacifista, perezoso, sensato, sensible, testarudo, valiente

4. El esposo de mi hija mayor no hace nada. Siempre mira televisión. Es muy ______________________.
5. Mi nieto, el hijo de mi hija mayor, es muy ______________________. No tiene miedo de nadie. Ayer en el metro un hombre estaba molestando a una señora y el niño lo paró y le dijo que no debía hacer cosas así. ¡Y sólo tiene cuatro añitos!
6. Mi hermano es muy ______________________; ayer un hombre me estaba molestando en el metro y mi hermano no le dijo nada. La próxima vez voy a ir con mi nieto.
7. Mi esposo Juan es un hombre muy ______________________; ayer fuimos a ver la película *Bambi* y él lloró cuando se murió la madre de Bambi.
8. Mi madre es muy ______________________. Siempre nos ayuda aunque no está muy bien de salud, no critica a nadie y siempre está contenta.
9. Nuestro perro es muy ______________________ y da miedo, por eso nadie entra en nuestra casa si no hay alguien de la familia allí.
10. A veces yo soy demasiado ______________________. Ayer me dieron 20 euros de más en el supermercado y volví a la tienda para devolverlos.
11. Mi sobrino es muy ______________________; se cree superior a todo el mundo.
12. La hermana menor de mi esposo asiste a la universidad, pero no le importa nada la política. Es bastante ______________________ a todo, no como los otros estudiantes que siempre están luchando por una causa u otra.
13. Mi sobrina Maricarmen no puede estar con su primo Carlos. Ella dice que él es machista y, por eso, le parece ______________________. No lo quiere ver ni pintado en la pared.
14. Mis padres eran maravillosos, sabían que cada hijo era diferente y nunca favorecieron a nadie. Eran muy ______________________ con nosotros.
15. Mi vecino es increíble. Sabe algo de todos los que viven en mi edificio y cada vez que me ve me cuenta algo íntimo sobre otro. Me molesta muchísimo. Es muy ______________________.
16. El hijo de mi hermana nunca se responsabiliza de sus actos. Siempre dice que sus hermanos hicieron algo que no debían hacer. Nunca sé si debo creerle o no, porque no dice la verdad. Es muy ______________________ el niño y esto les causa problemas a mi hermana y a su marido.

Actividad 11: Hablando del pasado. Escribe oraciones completas usando el pluscuamperfecto (*past perfect*) de uno de los verbos indicados. Es posible que tengas que añadir palabras.

➤ tú / abrir / puerta / cuando / perro / salir
Tú habías abierto la puerta cuando el perro salió.

1. nosotros / comprar / comida / antes de / llegar / casa ______________________
____
2. profesora / dar / examen / cuando / yo / entrar ______________________
____
3. ellos / vender / carro / cuando / nosotros / llegar ______________________
____
4. yo / salir / cuando / tus hermanos / tener / accidente ______________________
____
5. ella / visitar / Ecuador / antes de / empezar / universidad ______________________
____

Actividad 12: Expresiones. Usa expresiones con **por** para completar estas oraciones.

1. ______________________, ¿sabes la dirección de Victoria?
2. La comida estuvo horrible y el servicio peor, pero ______________________, la música estuvo buena.
3. Elisa manejaba a 135 kilómetros ______________________; ______________________ no la vio ningún policía.
4. Debes llevar cheques de viajero en vez de dinero en efectivo ______________________.
5. Simón estudia mucho; ______________________ saca buenas notas.
6. ______________________ que voy a tu fiesta; siempre son buenísimas.

Actividad 13: Uniendo ideas. Termina estas oraciones con las palabras **que, lo que** o **quien/es.**

1. El carro ______________________ está enfrente de la tienda es mío.
2. ¿Conoces al señor ______________________ lleva el abrigo negro?
3. No ocurrió ______________________ Uds. creen.
4. Me gusta ese libro ______________________ tienes en la mano.
5. ¿Te interesó ______________________ viste?
6. Éste es el empleado de ______________________ te hablé ayer.
7. La chica con ______________________ se casó mi hermano se llama Alejandra.
8. Voy a estudiar algo ______________________ sea fácil.

NOMBRE ______________________ FECHA ____________

PRÁCTICA COMUNICATIVA II

Actividad 14: En una reunión. Una feminista está hablando con los participantes de un congreso. Aquí tienes una parte de su conversación con ellos. Completa las respuestas del público con adjetivos.

LA FEMINISTA El sexismo se ve en todas partes. Si un hombre tiene muchas ideas y quiere tener un puesto mejor, se dice que tiene ambiciones; pero si una mujer hace esto, ¿saben cómo la llaman?

EL PÚBLICO ______________________

LA FEMINISTA Si una mujer no quiere hacer algo porque tiene miedo, se dice que está bien y se considera normal, pero si un hombre tiene miedo, ¿saben cómo lo llaman?

EL PÚBLICO ______________________

LA FEMINISTA Si una mujer no quiere trabajar y desea estar en su casa con sus hijos, la llaman ama de casa, pero si un hombre no quiere ir a trabajar y desea estar en casa limpiando, cocinando y cuidando a los hijos, piensan que no le gusta trabajar. ¿Saben cómo lo llaman?

EL PÚBLICO ______________________

LA FEMINISTA Si un hombre llora y demuestra sus emociones lo llaman débil, pero si una mujer actúa así, ¿saben cómo la llaman?

EL PÚBLICO ______________________

LA FEMINISTA ¡Qué lástima que existan personas que piensen así en el mundo! Me dan lástima las personas que piensan así. ¿Saben cómo las llamo?

EL PÚBLICO ______________________

Actividad 15: Nadie es perfecto. Usa adjetivos para describir a tu mejor y a tu peor profesor/a de la escuela secundaria. Explica tanto las cualidades como los defectos de cada persona.

Mi mejor profesor/a era ______________________

____

____

____

____

____

____

Continúa en la página siguiente →

NOMBRE ______________________________ FECHA ______________

Mi peor profesor/a era ______________________________

____

____

____

____

Actividad 16: ¡Qué día! Lee lo que dice Teresa y pon en orden sus actividades de ayer.

Antes de salir del apartamento limpié el baño y lavé los platos de la cocina. Luego caminé a mi clase, pero, en el camino, paré en el cajero automático para sacar dinero. Enfrente del banco vi a Vicente. Él me esperó mientras yo sacaba el dinero y entonces fuimos a tomar un café. Después de la clase fui a pagar el alquiler, pero se me había olvidado el cheque, así que tuve que volver al apartamento para buscarlo y por fin pude pagar. Por la tarde, mientras estaba estudiando en la biblioteca, llegó Claudia a invitarnos a Vicente y a mí a ir al teatro. Antes de ir al apartamento para cambiarme de ropa, llamé a Vicente para decírselo.

_____ Estudió.

_____ Fue a clase.

_____ Fue al cajero automático.

_____ Fue al teatro.

__1__ Limpió la casa.

_____ Llamó a Vicente.

_____ Pagó el alquiler.

_____ Salió del apartamento para ir a clase.

_____ Se cambió de ropa.

_____ Tomó un café con Vicente.

_____ Volvió al apartamento para recoger el cheque.

Actividad 17: La historia.

Parte A. Estudia esta línea histórica; luego haz el ejercicio que sigue.

1492	Colón llega a América.
1494	Firman el Tratado de Tordesillas que divide las nuevas tierras entre España y Portugal.
1502	Bartolomé de las Casas llega a las Américas y empieza a documentar los abusos de los conquistadores contra los indígenas.
1512	Ponce de León llega a la Florida.
1513	Núñez de Balboa es el primer europeo que ve el Pacífico.
1519	Sale Magallanes para darle la vuelta al mundo.
1520	Muere Moctezuma.
1521	Cortés toma México para España; muere Magallanes.
1522	Elcano termina el viaje de Magallanes para darle la vuelta al mundo.
1525	Muere Cuauhtémoc, último emperador azteca, después de tres años de tortura.
1532	Pizarro termina con el imperio incaico en Perú.
1533	Pizarro ejecuta a Atahualpa, el último emperador inca.
1542	Hernando de Soto es el primer europeo que encuentra el río Misisipí.
1620	Los peregrinos fundan la colonia de Plymouth en el estado de Massachusetts.

Parte B. Escribe oraciones usando la información de la línea histórica.

➤ Colón / Tratado de Tordesillas

Colón ya había llegado a América cuando firmaron el Tratado de Tordesillas. / Cuando firmaron el Tratado de Tordesillas, Colón ya había llegado a América.

1. Ponce de León / Núñez de Balboa ______________________

2. Cortés / Pizarro ______________________

3. la muerte de Magallanes / Elcano ______________________

4. Pizarro / Cuauhtémoc ______________________

5. Moctezuma / Atahualpa ______________________

6. Hernando de Soto / Núñez de Balboa ______________________

7. Hernando de Soto / los peregrinos y la colonia de Plymouth ______________________

Actividad 18: Une ideas para aprender historia. Combina las siguientes oraciones cortas sobre la historia hispana para formar oraciones largas. Usa **que, lo que** o una preposición más (*plus*) **quien/es.**

1. Cristóbal Colón habló con los Reyes Católicos. De ellos recibió el dinero para su primera expedición.

2. Ponce de León exploró la Florida en busca de la fuente de la juventud (*youth*). La fuente de la juventud en realidad no existía. Las cosas que encontró fueron indígenas y bellezas naturales.

3. A principios del siglo XVI, los españoles les llevaron el catolicismo a los indígenas. Esto significó para los indígenas un cambio en su vida y en sus costumbres.

4. Hernando de Soto fue uno de los conquistadores españoles. Ellos tomaron posesión de Perú para España.

Continúa en la página siguiente →

5. Simón Bolívar liberó una parte de Hispanoamérica. Hoy en día, incluye Colombia, Venezuela, Ecuador y Panamá.

____

____

Estrategia de lectura: Mind Mapping

As you already have learned, activating background knowledge is an important step to improving reading comprehension. One way to tap this knowledge is to do a mind map, like the one in Chapter 15 of your textbook.

Actividad 19: El mapa mental. Haz un mapa mental sobre los **recursos naturales** (*natural resources*) para prepararte mejor para leer una carta de un periódico.

NOMBRE ______________________ FECHA ______________

Carta abierta a los hermanos hispanoamericanos

Como ciudadano de Hispanoamérica considero que tengo la obligación de pedirles a los gobernantes que hagan algo para salvar nuestra tierra antes de que sea demasiado tarde. Para modernizarnos e intentar convertirnos en países desarrollados, necesitamos la tecnología, pero esta tecnología que trae avances constantes muchas veces destruye nuestros recursos naturales.

Tomemos Guatemala, por ejemplo. ¿Cuánto tiempo vamos a continuar destruyendo la selva tropical? Decimos que necesitamos esa área para criar animales y tener comida. ¿Pero a qué precio? Matamos las especies que ya habitan esa zona y así provocamos la extinción de animales y de plantas. Uds. dirán que nosotros, los guatemaltecos, no somos los únicos que destruimos el ambiente y hay que reconocer que es verdad. Sin embargo, Costa Rica, que también tiene este problema, lo admite y está intentando salvar su selva con la ayuda de científicos estadounidenses.

Usemos los recursos naturales, pero con moderación. ¿Qué va a ocurrir, por ejemplo, el día que se termine el petróleo mundial? El petróleo es un recurso, sí, pero como todo recurso tiene un límite. Si países latinoamericanos como Brasil y Argentina pueden obtener combustible para carros de la caña de azúcar, Guatemala, Honduras, Cuba y la República Dominicana pueden hacer lo mismo con su exceso de caña de azúcar y así reducir notablemente el consumo de petróleo. La fuente de energía que puede reemplazar de forma parcial el petróleo es la energía hidroeléctrica y su posibilidad de desarrollo en Hispanoamérica es gigantesca. Países ejemplares como Paraguay, Perú y Costa Rica lograron aumentar considerablemente su producción en la última década.

Debemos también tener cuidado con el uso de productos químicos que pueden destruir nuestro medio ambiente. Si seguimos abusando del uso de fluorocarburos (acondicionadores de aire, neveras, etc.) y se extiende el agujero en la capa de ozono sobre la Antártida, entonces Chile y Argentina van a ser los primeros en sufrir un aumento de radiación ultravioleta. ¿Qué significa esto? Miles de casos de enfermedades como cáncer de la piel y cataratas en los ojos. Debemos eliminar este peligro antes de que sea demasiado tarde.

¿Es éste el mundo que les queremos dejar a nuestros hijos? Por favor, tomemos conciencia.

Un ser humano preocupado

Actividad 20: Problemas y soluciones. Después de leer la carta, contesta esta pregunta.

¿Cuáles son los problemas y las soluciones que menciona el autor en la carta?

Problemas	Soluciones
1. ______	1. ______
2. ______	2. ______
3. ______	3. ______

NOMBRE ______________________ FECHA ______________

Capítulo 15 Repaso

Narrating in the past

Past narration has a number of components; here are a few of the major ones.

- Preterit and Imperfect

  Use the preterit to move the action along by narrating the start or end of an action or a completed past action; use the imperfect to set the scene, provide description, and to describe past actions in progress.

  Era una noche oscura cuando yo **llegué** a casa. Mientras **abría** la puerta **sonó el teléfono...**

- Past Perfect

  Use the past perfect to narrate an action that occurred prior to another action in the past.

  Ya **había terminado** los estudios cuando **aceptó** un trabajo en Nueva York.

- Present Perfect

  Use the present perfect to ask the question, "Have you ever . . . ?"

  ¿**Has trabajado** como camarero alguna vez?

Remember: After adverbs like **antes** and **después**, you need a conjugated verb. **But**, after the preposition **de**, you need an infinitive. Compare these sentences.

Primero fui al cine y **después comí** con mis amigos en un restaurante.

Antes de comer con mis amigos en un restaurante, fui al cine.

NOMBRE ______________________ FECHA ______________

Actividad: ¡Qué miedo! Completa la siguiente conversación con la forma apropiada de los verbos indicados. Usa el pretérito, el imperfecto, el pluscuamperfecto, el pretérito perfecto (*present perfect*) o el infinitivo.

Lucía le cuenta a su amiga una experiencia que tuvo.

—¿Sabes lo que me ______________________ (1. ocurrir) anoche?

—No, ¿qué te ______________________ (2. pasar)?

—Pues yo ______________________ (3. acostarse) temprano y ya ______________________ (4. dormir) varias horas cuando ______________________ (5. despertarse) muy asustada.

—Pero, ¿Por qué?

—No sé. ______________________ (6. Ser) más o menos las dos de la mañana cuando yo ______________________ (7. oír) un ruido terrible. Entonces ______________________ (8. levantarse) con mucho cuidado, ______________________ (9. abrir) la puerta de mi habitación, pero no ______________________ (10. ver) ni ______________________ (11. oír) nada. Aunque ______________________ (12. tener) mucho miedo, yo ______________________ (13. decidir) ir a investigar. Antes de ______________________ (14. salir) de mi habitación, ______________________ (15. tomar) mi raqueta de tenis para protegerme y ______________________ (16. salir) muy despacio. Ya ______________________ (17. bajar) las escaleras, cuando ______________________ (18. volver) a oír ruidos extraños en la sala. ¿Alguna vez ______________________ (19. tener) tú tanto miedo que casi no puedes caminar? Pues, yo ______________________ (20. estar) paralizada de terror, pero ______________________ (21. entrar) en la sala y en ese momento alguien encendió la luz. ______________________ (22. Haber) un grupo de personas. ______________________ (23. Ser) mis mejores amigos que habían llegado mientras yo ______________________ (24. dormir) para sorprenderme porque hoy es mi cumpleaños.

—Ay, ¿pero cómo entraron?

—Mi novio ______________________ (25. tener) la llave de mi casa y todos ______________________ (26. entrar) en silencio; pero mientras ______________________ (27. caminar) en la oscuridad, uno de ellos ______________________ (28. hacer) el ruido que me ______________________ (29. (despertar). ¿Sabes? Primero yo ______________________ (30. llorar) y después les ______________________ (31. dar) las gracias a mis amigos. ¿______________________ (32. vivir) tú un momento similar alguna vez?

—No, nunca, pero me gustaría. Y a propósito, ¡feliz cumpleaños!

NOMBRE ______________________ FECHA ______________

Capítulo 16

PRÁCTICA MECÁNICA I

Actividad 1: La fotografía. A tu amigo Lorenzo le gusta mucho la fotografía. Mira este dibujo (*drawing*) e identifica los objetos que él tiene en su dormitorio. Incluye el artículo indefinido en tus respuestas.

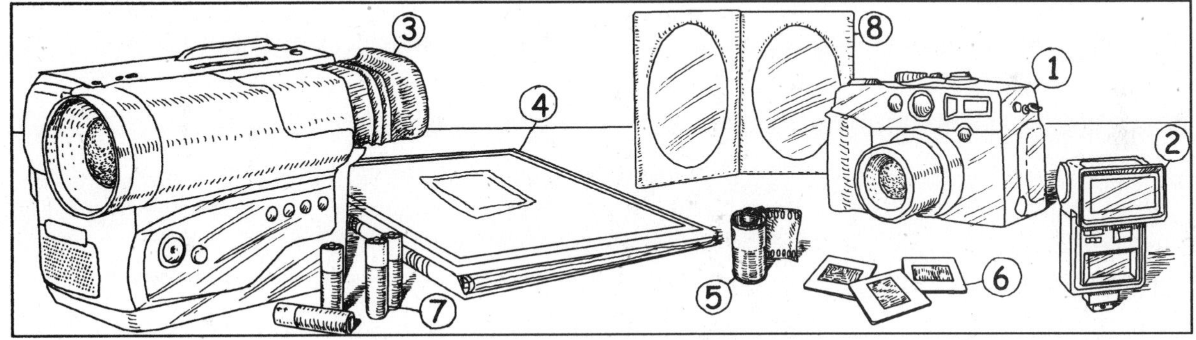

1. ______________________
2. ______________________
3. ______________________
4. ______________________
5. ______________________
6. ______________________
7. ______________________
8. ______________________

Actividad 2: Lo bueno. Completa estas oraciones usando expresiones como **lo bueno, lo interesante, lo fácil, lo malo, lo triste,** etc.

1. Tengo un nuevo trabajo; ______________ es que ganaré mucho más dinero, pero ______________ es que tengo que trabajar en un pueblo de la selva que no tiene electricidad; tampoco tiene agua corriente (*running water*).
2. Voy a ir a Bariloche; ______________ es que puedo esquiar, pero ______________ es que también tengo que pasar muchas horas en conferencias sobre medicina nuclear. Sé que me dormiré en las conferencias porque estaré cansado de tanto esquiar.
3. Mañana tengo un examen; ______________ es que en la primera parte solamente tengo que decir si las oraciones son ciertas o falsas, pero ______________ es que también tengo que escribir una composición y nunca me expreso bien cuando escribo.

Actividad 3: El futuro. Completa estas oraciones con la forma apropiada del futuro de los verbos indicados.

1. El año que viene yo ______________ un trabajo. (tener)
2. Uds. ______________ algún día. (casarse)
3. ¿Cuándo ______________ tú ayudarme? (poder)
4. Nosotros se lo ______________ cuando podamos. (decir)
5. Paco ______________ en casa de sus tíos cuando vaya a la universidad. (quedarse)
6. Yo ______________ un buen médico. (ser)
7. Si Ud. tiene tiempo mañana, ______________ con mi jefe, ¿verdad? (hablar)
8. Yo ______________ a las ocho y ______________ el vino. (salir, traer)
9. Si tenemos dinero, este verano ______________ a las islas Galápagos. (ir)
10. Yo te lo ______________ mañana. (comprar)

Actividad 4: Forma hipótesis. Completa estas oraciones con la forma apropiada del potencial (*conditional*) de los verbos indicados.

1. ¿Qué ______________ tú en mi lugar? (hacer)
2. Yo ______________ que ella tiene razón. (decir)
3. Fernando nos dijo que no ______________ venir mañana. (poder)
4. Nosotros creímos que Uds. ______________ por qué no podíamos hacerlo. (entender)
5. Sabía que Víctor no ______________ en un examen. (copiar)
6. Pepe y Carmen no ______________ sin despedirse. (irse)
7. El niño gritó que no lo ______________. (hacer)
8. El chofer dijo que no ______________ más autobuses para Mérida hoy. (salir)
9. Me dijo que en ese hotel todo el mundo ______________. (divertirse)
10. Nos explicaron que después de terminar los estudios, ______________ la oportunidad de trabajar en otro país. (tener)

PRÁCTICA COMUNICATIVA I

Actividad 5: Este año. Termina estas oraciones sobre tu vida de este año.

1. Lo interesante ______________________
2. Lo más inesperado ______________________
3. Lo triste ______________________
4. Lo malo ______________________
5. Lo bueno ______________________
6. Lo más cómico ______________________

Actividad 6: Tu futuro. Haz una lista de tres cosas que harás la semana que viene y tres cosas que debes hacer.

Para hacer

➤ ***Iré al museo.***

1. ______________________
2. ______________________
3. ______________________

Para hacer si hay tiempo

➤ ***Debo escribir unas cartas.***

1. ______________________
2. ______________________
3. ______________________

NOMBRE ______________________ FECHA ______________

Actividad 7: Predicciones. Primero, escribe nombres de personas famosas para las categorías indicadas. Después, da tus predicciones sobre qué estarán haciendo, dónde vivirán, en qué trabajarán, si estarán casados/divorciados, etc. dentro de diez años. Usa la imaginación.

1. Un/a cantante: ______________

   Tu predicción:

   ____

   ____

   ____

2. Un/a político/a: ______________

   Tu predicción:

   ____

   ____

   ____

3. Un actor / una actriz: ______________

   Tu predicción:

   ____

   ____

   ____

4. Tu profesor/a de español: ______________

   Tu predicción:

   ____

   ____

   ____

Actividad 8: Bola de cristal. Haz predicciones sobre el mundo de Hollywood y de Washington.

1. El próximo presidente de los Estados Unidos ______________

   ____

2. El próximo escándalo en Washington ______________

   ____

3. La mejor película del año ______________

   ____

4. La boda del año en Hollywood ______________

   ____

5. El divorcio menos esperado ______________

   ____

Actividad 9: ¿Qué harías? Completa estas miniconversaciones dando consejos. Usa el potencial (*conditional*).

1. —No sé qué hacer; mi jefe quiere que yo salga con él.
   —En tu lugar, yo ______________________.
2. —Tengo un problema; los frenos de mi carro están muy malos y no tengo dinero para arreglarlos.
   —En tu lugar, yo ______________________.
3. —Me están molestando muchísimo los lentes de contacto. Siempre lloro.
   —En tu lugar, yo ______________________.
4. —Lo bueno es que tengo una entrevista con la compañía Xerox, pero lo malo es que es el mismo día de mi examen final de economía. No quiero cambiar la entrevista y el profesor es muy estricto en cuanto a los exámenes.
   —En tu lugar, yo ______________________.

Actividad 10: Los planes. Lee esta nota que Teresa le dejó a Marisel esta mañana; después termina la conversación entre Diana y Marisel. Usa el pretérito o el potencial (*conditional*) en las respuestas.

> Marisel:
>
> Voy a ir al oculista para hacerme un chequeo y también voy a comprar pilas para la cámara de Diana. Después es posible que Álvaro y yo vayamos a tomar algo. Las veo en la puerta del Café Comercial a las nueve, cerca del metro de Bilbao, para ir al cine. Álvaro dijo que iría también.
>
> Teresa

DIANA	¿Has hablado con Teresa?
MARISEL	No, pero ______________________.
DIANA	¿Fue al oculista?
MARISEL	______________________.
DIANA	¡Ay! Espero que no se le olvide comprarme las pilas.
MARISEL	Dijo que te ______________________.
DIANA	Bien. ¿Dijo algo sobre la película?
MARISEL	Sí, dijo ______________________.
DIANA	¿Y Álvaro va?
MARISEL	______________________.

NOMBRE ______________________________ FECHA ______________

PRÁCTICA MECÁNICA II

Actividad 11: El trabajo. Estás leyendo en una revista la siguiente lista de consejos sobre cómo conseguir trabajo. Completa las oraciones con las palabras apropiadas.

1. Cuando Ud. busque trabajo, es importante que tenga algún tipo de ______________. Muchas compañías piden hasta tres años. También es necesario tener un ______________ universitario para muchos puestos.
2. Primero Ud. tiene que completar una ______________, mandarles un ______________ y tener tres cartas de ______________.
3. Después de evaluar a los candidatos para un puesto, es posible que lo llamen para hacerle una ______________.
4. Antes de aceptar el trabajo, es importante hablar de cuánto va a ser el ______________ y qué beneficios incluye. También es importante el ______________ en caso de que se enferme.
5. Después de que le ofrezcan un trabajo, es posible que Ud. firme un ______________.

Actividad 12: Probabilidad. Completa estas oraciones con la forma apropiada del futuro o el potencial (*conditional*) de los verbos indicados.

1. ¿Dónde está Felisa? ¿______________ enferma? (Estar)
2. ¿Qué hora ______________ cuando llegaron anoche? (ser)
3. Me pregunto qué ______________ comiendo esos señores. (estar)
4. Ahora, su hermano menor ______________ unos diecinueve años. (tener)
5. Sus hijos ______________ diez y quince años cuando los señores Martínez se divorciaron. (tener)
6. ______________ millones de pesos en el banco cuando lo robaron. (Haber)
7. Gabriela salió a las siete, así que ______________ llegando a Roma ahora. (estar)
8. Quiero comprar este carro. ¿Cuánto ______________? (costar)

Actividad 13: ¿Infinitivo o subjuntivo? Completa estas oraciones con la forma apropiada (infinitivo o subjuntivo) de los verbos indicados.

1. Antes de que ellos ______________, debemos preparar algo de comer. (venir)
2. Vam[illegible] ll[illegible] [illegible]os abrigos, en caso de que ______________. (nevar)
3. Te[illegible]sa s[illegible]ldrá [illegible]on Vicente esta noche con tal de que él ______________ de estudiar te[illegible]ano. (terminar)
4. D[illegible]na enseña inglés para ______________ dinero. (ganar)
5. Vamos a llegar el sábado sin que nadie lo ______________. (saber)
6. Aceptaré el trabajo con tal de que me ______________ un buen sueldo. (ofrecer)

Continúa en la página siguiente →

7. Ellos van a arreglar el carro antes de ____________________ a la playa. (ir)
8. La compañía nos da clases especiales para que ____________________ todo lo necesario sobre los nuevos productos. (saber)
9. Saldremos a bailar esta noche a menos que mi madre no ____________________ venir para estar con los niños. (poder)
10. Mándamelo antes de ____________________; sólo necesito tener una idea de lo que estás haciendo. (terminar)

PRÁCTICA COMUNICATIVA II

Actividad 14: Posiblemente... Lee estas miniconversaciones y contesta las preguntas en oraciones completas. Como no estás seguro/a de las respuestas, usa el futuro para hablar de probabilidad.

1. —Hay poca luz.
   —Puede ser que salga todo negro; no la saques.
   —¿Y si uso flash?
   —Estamos en un museo, no se puede.
   ¿Qué hacen estas personas? ____
   ____.
2. —¿Incluyo mi trabajo de guía turístico?
   —¿Por qué no? Si quieres encontrar un empleo, por lo menos...
   ¿Qué están haciendo? ____
   ____.
3. —¡Ay! No salieron bien.
   —Nunca me han gustado las de blanco y negro.
   —Sí, estoy de acuerdo, pero son para un periódico.
   ¿De qué están hablando? ____
   ____.
4. —Aquí ven a Carlitos y a Cristina cuando estábamos en Bogotá. Y aquí hay otra de Carlitos en el hospital después de la operación.
   —Papá, la luz por favor; se me cayó algo.
   ¿Qué están haciendo? ____
   ____.
5. —Bien, muy bien. ¿Tiene Ud. algunas preguntas para mí?
   —Sí, gracias. Si me dan el trabajo, ¿tendré que viajar con frecuencia?
   —Es posible que haga un viaje al mes a nuestras oficinas en La Paz.
   ¿Qué están haciendo? ____
   ____.

Actividad 15: Un encuentro raro. Lee lo que pasó y contesta las preguntas. Usa la imaginación.

Ayer vi a una mujer que entró a la librería. Noté que llevaba un sobre en la mano y que estaba muy nerviosa. Ella me preguntó si teníamos el libro ***Las aventuras de Miguel Littín*** de Gabriel García Márquez. Le dije que sí y le indiqué dónde estaba. Mientras estaba mirando el libro, entró un hombre de barba y con gafas de sol. Llevaba abrigo negro y sombrero. Mientras el señor miraba libros de arte, la mujer puso el sobre dentro del libro. Después, ella me dijo que no tenía el dinero, pero que iba a volver mañana para comprar el libro y salió. Después de unos minutos, vi al hombre de la barba abrir el libro y sacar el sobre. Cuando él salía, yo...

1. ¿Quién sería la mujer? ______________________
2. ¿Quién sería el hombre? ______________________
3. ¿Qué habría en el sobre? ______________________
4. ¿Por qué irían a la librería y no a otro lugar? ______________________
5. ¿Conocería el hombre a la mujer? ______________________
6. ¿Qué haría el vendedor después? ______________________
7. ¿Adónde iría el hombre de barba al salir de la librería? ______________________

Actividad 16: La experiencia.

Parte A. Lee esta conversación entre Teresa y su tío don Alejandro sobre el futuro de Juan Carlos.

TERESA Tío, sabes que Juan Carlos va a solicitar un puesto en Venezuela. ¿Tienes algún consejo para él?

TÍO ¡Claro que sí! Es importantísimo que le mande una carta a ese amigo de su padre y que le dé las gracias. Esa carta debe llegar antes que la solicitud. El curriculum debe estar hecho en computadora porque parece más profesional. Puede usar mi computadora si quiere. Si le piden que vaya a Venezuela para hacer una entrevista, sólo debe ir si ellos se lo pagan todo. Si lo paga él, van a pensar que es un tonto. Y por último, no debe firmar el contrato sin saber cuánto va a ganar de sueldo y qué seguro médico u otros beneficios va a tener. Tiene que leer el contrato con cuidado.

TERESA Gracias tío, se lo diré.

Parte B. Ahora completa esta conversación entre Teresa y Juan Carlos, basada en los consejos de don Alejandro.

TERESA	Hablé con mi tío y tiene muchos consejos para ti.
JUAN CARLOS	¡Ay, qué bueno! ¿Qué me aconseja?
TERESA	Primero, debes escribirle una carta al señor dándole las gracias antes de que ______ ______________________.
JUAN CARLOS	Ya le escribí.
TERESA	Segundo, tienes que escribir el curriculum en computadora para que ______________ ______________________.
JUAN CARLOS	Por supuesto. Pero, ¿dónde voy a poder hacer eso?
TERESA	Mi tío dijo que ______________________.
JUAN CARLOS	¡Perfecto! ¿Algo más?
TERESA	Tercero, si te piden que vayas a Venezuela para hacerte una entrevista, no vayas a menos que ______________________ ______________________.
JUAN CARLOS	O.K. Esa idea me gusta.
TERESA	Una cosa más; solamente acepta el trabajo con tal de que ellos ______________ ______________________.
JUAN CARLOS	Le daré las gracias a tu tío.
TERESA	¡Ah! No firmes el contrato sin ______________________.

Estrategia de lectura: Understanding the Writer's Purpose and Tone

When writing a text, the writer chooses a purpose (such as informing, entertaining, or convincing) and a tone (serious, funny, or aggressive, for example). By identifying the purpose and tone of a text, you can improve your comprehension and be more aware of the writer's point of view.

Actividad 17: Antes de leer. Mira la foto que acompaña el artículo y luego lee el título y el subtítulo. Di cuál crees que sea el propósito del artículo y el tono del autor.

Propósito:	a. entretener	b. informar	c. convencer
Tono:	a. serio	b. divertido	c. crítico

FAMILIA

CALABAY SICAY

GUATEMALA

En San Antonio de Palopó, la población indígena lucha por su supervivencia

Guatemala ha vivido bajo el terror de la guerra civil.[1] El balance es elocuente: 100.000 muertos—alrededor de uno de cada 20 habitantes—, 400 pueblos destruidos y un éxodo de más de 100.000 personas hacia los campos de refugiados de México. Durante más de un siglo, la nación ha estado controlada por su poderoso ejército y por un puñado de familias ricas descendientes de europeos. En la base de la pirámide social, desposeídos de cualquier tipo de privilegio, están los indígenas mayas, que constituyen más de la mitad de la población. La familia Calabay Sicay pertenece a la tribu de los cakchiqueles, uno de los 22 colectivos indígenas de Guatemala. Viven en San Antonio de Palopó, un hermoso lugar a orillas del lago Atitlán. Aquí se respira tranquilidad. Sin embargo, sus habitantes se resisten tenazmente a relacionarse con extranjeros.

Los Calabay Sicay son campesinos, por eso es frecuente encontrar a Lucía atando en manojos las cebollas que cultiva Vicente, su marido, y que después venden en el mercado de Sololá, la ciudad importante más próxima. Ese trabajo es casi un descanso. La vida en San Antonio de Palopó no es fácil. Las comodidades escasean, y por no tener no tienen ni agua corriente en la casa. Para *matar* el poco tiempo libre del que disponen, Lucía hila pulseras y bolsas en un telar pequeño. Vicente utiliza otro más grande para tejer *las cobijas* (mantas) con las que se tapan sus tres hijos.

RETRATO ROBOT

- Número de personas que viven en la casa: 5.
- Tamaño de la vivienda: 29,4 M^2. Una habitación con la cocina independiente.
- Semana laboral: padre, 60 horas; madre, todo el día.
- Equipamiento doméstico: radios: 1. Teléfonos: 0. Televisores: 0. Automóviles: 0.
- Posesiones más apreciadas: para la madre, un cuadro religioso y la Biblia. Para el padre, un casete portátil. Para las hijas, las muñecas. Para el hijo, un balón de fútbol.
- Renta per capita: 132.160 pesetas.[2]
- Porcentaje de sus ingresos que la familia Calabay Sicay dedica a comida: 66%.
- Desearían adquirir: televisor, cacerolas, sartenes, mesa de cocina.
- Número de veces que la familia ha estado a más de 50 Km de su casa: 0.
- Desean para el futuro: se conforman con sobrevivir.

[1] *The Guatemalan Civil War lasted 36 years and ended in 1996.*
[2] *132.160 pesetas = about $942 per capita per year.*

NOMBRE ______________________ FECHA ______________

Actividad 18: Los pobres. Cada país tiene gente rica y gente humilde. Compara las posesiones de la familia Calabay Sicay con las de una familia pobre de tu país.

Capítulo 17

PRÁCTICA MECÁNICA I

Actividad 1: El arte. Completa las siguientes oraciones con palabras apropiadas asociadas con el arte.

1. En clase cuando estoy aburrido hago ______________ graciosos del profesor.
2. No es un original; es una ______________.
3. Picasso no sólo fue pintor; fue también ______________. Una de sus esculturas abstractas está en Chicago. A algunas personas les gusta y a otras no.
4. El Greco, Velázquez y Goya son tres ______________ españoles famosos.
5. En muchas clases de arte, antes de pintar personas y escenas, los estudiantes tienen que pintar como práctica un ______________, que puede ser de frutas encima de una mesa.
6. Muchos artistas pintaron a los reyes españoles, pero algunos de los ______________ más famosos son los que hizo Velázquez del rey Felipe II.
7. La ______________ ______________ de Velázquez se llama *Las Meninas.* En este cuadro se ve a la infanta Margarita, a los reyes, a Velázquez y a otras personas del palacio. Este cuadro es famoso en todo el mundo.
8. Frida Kahlo pintó muchos cuadros de ella misma. Muchos de esos ______________ muestran el dolor y sufrimiento que ella pasó por tener un accidente terrible en las calles de México D.F.

Actividad 2: *¿Pedir o preguntar?* Completa estas oraciones con la forma apropiada de **pedir** o **preguntar.**

1. Yo te ______________ que lo hagas.
2. Ellos me ______________ si sabía el número de teléfono de Victoria.
3. El criminal me ______________ el dinero, pero yo no tenía nada.
4. Felipe, ¿por qué no le ______________ al taxista dónde está el museo?
5. Anoche, el niño nos ______________ cuándo íbamos a volver.
6. Ayer, Carlos y Ramón le ______________ a María que los ayudara con el trabajo.

Actividad 3: El pasado del subjuntivo. Completa estas oraciones con la forma apropiada de los verbos indicados en el imperfecto del subjuntivo.

1. Carlos IV quería que Goya le ______________ un retrato. (pintar)
2. Era posible que El Greco ______________ problemas con los ojos. (tener)
3. El cuñado de Goya le aconsejó que ______________ a Madrid a estudiar arte. (ir)
4. Me prohibieron que ______________ fotos en el Museo del Oro. (sacar)
5. Salvador Dalí buscaba personas que ______________ tan locas como él. (estar)
6. Un amigo nos aconsejó que ______________ la exhibición de Botero en Madrid y nos fascinó lo grande que era todo. (ver)
7. Vi unos cuadros de Claudio Bravo y eran tan realistas que yo dudaba que ______________ cuadros; creía que eran fotos. (ser)
8. Fue interesante que Picasso ______________ pintar *Guernica* en ese momento histórico (1937). (decidir)
9. Te dije que ______________ la exhibición de Rufino Tamayo. ¿Por qué no fuiste? (visitar)
10. ¡Qué lástima que Frida Kahlo ______________ tan joven! (morir)

Actividad 4: *¿Estudie, haya estudiado o estudiara?* Completa estas oraciones con la forma apropiada de los verbos indicados usando el presente, el pretérito perfecto del subjuntivo (*present perfect subjunctive*) o el imperfecto del subjuntivo.

1. ¿Crees que ellos ya ______________ el museo? (visitar)
2. Dudábamos que el profesor ______________ la respuesta. (saber)
3. Es posible que se ______________ la escultura mañana. (vender)
4. La ciudad busca un artista que ______________ hacer un estudio de la historia de la zona para hacer un mural. (querer)
5. Hoy visité a mi abuelo, que está muy enfermo. Hablé con él por media hora pero dudo que me ______________. (entender)

Continúa en la página siguiente →

6. Le dijo que no ______________ a los niños al parque hoy porque iba a llover. (llevar)
7. Lo mandé por avión para que ______________ pronto. (llegar)
8. Fue una pena que nosotros no ______________ salir anoche. (poder)
9. Fue fantástico que nosotros finalmente ______________ ese cuadro que queríamos. (comprar)
10. Nos sorprendió que el Museo del Prado ______________ tantos cuadros italianos y flamencos (*Flemish*). Es una colección excelente. (tener)

PRÁCTICA COMUNICATIVA I

Actividad 5: El preguntón. Lee esta parte de una carta que Carla le escribe a Fernanda sobre un nuevo amigo. Después de leerla, termina la carta con la forma apropiada de los verbos **pedir** o **preguntar.**

...No me vas a creer, pero hay un hombre que siempre veo en el metro y me parece muy interesante. Últimamente, habla mucho conmigo. Al principio, todos los días me ______________ sobre el tiempo. Quería saber si iba a llover por la tarde o no. Ayer me ______________ si podía ayudarme con los paquetes que llevaba. Y después me ______________ mi número de teléfono. Él llamó anoche, pero yo no estaba. Entonces, le ______________ a mi madre cuándo iba a volver yo. Volvió a llamar, pero yo no había llegado todavía, entonces le ______________ a mi madre que me dijera que él iba a llamarme mañana...

Actividad 6: La juventud. Cuando éramos niños todos teníamos dudas, sorpresas y miedo. Completa estas oraciones de forma original.

1. Yo dudaba que mis profesores ______________________________
____
2. Tenía miedo de que mis padres ______________________________
____
3. Me sorprendió que mi hermano/a ______________________________
____
4. Era posible que yo ______________________________
____
5. Yo jugaba sin que ______________________________
____

Actividad 7: La telenovela. Lee esta conversación de una telenovela; después completa las frases. Usa el indicativo, el pretérito perfecto del subjuntivo (*present perfect subjunctive*) o el imperfecto del subjuntivo.

PILAR — No sé si puedo seguir mintiéndole a Roberto.

ANTONIO — No estás mintiendo; solamente le dices esas cosas a tu marido para que no sepa nada.

PILAR — Sí, es verdad. Le miento para que no mate a Hernando.

ANTONIO — Sin duda; es que tienes que recordar que Maruja era la hermana menor de Roberto y que él la adoraba.

PILAR — Él no entiende que Hernando intentó ayudar a Maruja. Claro que fue el carro de Hernando y que los frenos no funcionaron, pero él no quería que ella se muriera en ese accidente. Hernando no hizo absolutamente nada. Él la quería.

ANTONIO — Claro que la quería. Cuando estaban comprometidos siempre le regalaba flores y después de la boda eran muy felices, hasta que llegó ese…

PILAR — Es que Roberto sabe que Hernando nunca tuvo dinero y cuando Maruja se murió, Hernando recibió todo: el dinero, las joyas, la casa de Caracas y la casa de la playa.

ANTONIO — Roberto no sabe que Maruja tuvo una aventura amorosa y que se iban a divorciar. Si le dices algo, va a creer que Hernando la mató. No puedes decirle la verdad a Roberto.

PILAR — Yo sé que…

1. Es una lástima que ____

   ____

2. Pilar no cree que Hernando ____

   ____

3. Pilar decía mentiras para que ____

   ____

4. Era evidente que ____

   ____

5. Roberto cree que Hernando ____

   ____

6. Antonio le aconsejó a Pilar que ____

   ____

7. Es importante que Roberto ____

   ____

NOMBRE ______________________ FECHA ______________

Actividad 8: Historia de amor. Completa esta historia de amor sobre Juan Carlos y Claudia. Primero, lee todo el párrafo, después vuelve a leerlo y rellena los espacios.

Cuando Juan Carlos conoció a Claudia, ella no creía que él ______________________ ______________________.

Juan Carlos estaba muy nervioso, porque él dudaba que Claudia ______________________ ______________________. Por eso, él llamó a Teresa para ver qué le gustaba hacer a Claudia. Al final, él le pidió a Claudia que saliera con él y así empezó todo. Era evidente que ______________________ y todos pensaban que se iban a casar. Por eso, a Claudia le sorprendió que Juan Carlos ______________________ un trabajo en Caracas porque ella no quería que ellos ______________________ separados. Al final, fueron a Alcalá de Henares y Juan Carlos le pidió que ella ______________________ con él. Ahora están comprometidos y la boda será al final del verano.

PRÁCTICA MECÁNICA II

Actividad 9: El amor. Termina cada oración con una palabra o frase de la siguiente lista relacionada con el amor.

amante	casarse	divorciarse	querer
amar	celos	enamorarse	querido/a
amorosa	comprometido/a	odiar	separarse
aventura	compromiso	pareja	soledad
cariño	corazón	pelearse	

1. Ellos están ______________________, se casarán en julio.
2. Matilde siempre ______________________ con Francisco. Ella le grita y se oyen los gritos por todo el edificio.
3. Es mejor vivir con alguien, porque la ______________________ puede ser muy triste.
4. Julia tiene ______________________ de Adriana porque piensa que su esposo ha tenido una ______________________ ______________________ con ella. Por eso, Julia está pensando en ______________________ de él por un tiempo.
5. Madonna ______________________ con Sean Penn y después de unos años ellos ______________________.

Actividad 10: ¿Acciones recíprocas? Completa estas oraciones con los pronombres apropiados y la forma correcta de los verbos indicados. ¡Ojo! No todas las acciones son recíprocas.

1. Anoche, los novios __________ ______________________ en la puerta de la casa. (abrazar)
2. En los cines los jóvenes __________ ______________________ cuando apagan la luz. (besar)
3. Cuando era pequeña mi tía siempre __________ ______________________, pero no me gustaba mucho porque me daba miles de besos. (besar)
4. Yo __________ ______________________, pero ella no me vio. (ver)
5. Ellos __________ ______________________ todos los días en clase y la profesora siempre se enfada. (hablar)

Actividad 11: Lo hipotético. Completa estas oraciones con la forma apropiada de los verbos indicados.

➤ *Si Paco tuviera dinero, compraría un carro nuevo. / Si mañana tengo tiempo, lo haré.*

1. Si yo _______________ Antonio, le _______________ la verdad. (ser, decir)
2. Mis padres _______________ por todo el mundo si _______________ dinero. (viajar, tener)
3. Si me _______________ el viernes, _______________ al cine. (pagar, ir)
4. Si nosotros no _______________ que estudiar tanto, _______________ tener trabajo. (tener, poder)
5. Si tú _______________ aquí en México, te _______________ el Parque de Chapultepec, la Plaza de las Tres Culturas, el Zócalo y mucho más. (estar, enseñar)
6. Si Carlos _______________ tiempo mañana, lo _______________. (tener, hacer)
7. Fernando miente tanto que si él _______________ la verdad, yo no le _______________. (decir, creer)
8. Si Uds. no _______________ conmigo, yo _______________ problemas ahora. (estar, tener)

Actividad 12: Todo es posible. Completa estas oraciones con la forma correcta de los verbos indicados en el tiempo y modo (*tense and mood*) apropiados.

1. Ayer mientras yo _______________, _______________ un accidente de tráfico. Espero que no _______________ nadie. (correr, ver, morirse)
2. Cuando Jorge _______________ cinco años, su familia _______________ a Punta del Este por primera vez. Como nunca había visto el océano Atlántico, a él le sorprendió que un océano _______________ tan grande. (tener, viajar, ser)
3. Ellos _______________ de Taxco a las siete; entonces es posible que ya _______________ a la capital. (salir, llegar)
4. Pobre Tomás. Su novia _______________ una aventura amorosa con su mejor amigo Enrique. Si yo _______________ él, no _______________ con ninguno de los dos por el resto de mi vida. (tener, ser, hablar)
5. Mi amigo Adán _______________ ahora en Ecuador, pero cuando _______________ aquí siempre nos _______________: nos _______________ información en la biblioteca, nos _______________ a comer cuando teníamos exámenes y nos _______________ su carro cuando _______________ a visitar a nuestros padres. Fue una pena que _______________ trabajo en Ecuador. (vivir, vivir, ayudar, buscar, invitar, dar, ir, encontrar)

PRÁCTICA COMUNICATIVA II

Actividad 13: Para encontrar tu pareja ideal.

Parte A. Lee el anuncio comercial y contesta las preguntas.

Encuentre con quien compartir su vida

Con más de 10 años de experiencia en Alemania, Austria y Suiza, presentamos en la Argentina, el método más serio, para personas interesadas en encontrar su pareja.
Envíenos el cuestionario adjunto (sólo para mayores de 21 años) y sus datos serán analizados EN LA MÁS ESTRICTA RESERVA, con ayuda de tests científicos y computación de datos.
De este modo, logramos que la persona propuesta, corresponda con la mayor exactitud al requerimiento del interesado.
El sistema elimina todo factor de riesgo, ya que nuestros profesionales, mediante un exhaustivo examen, logran que la persona propuesta corresponda lo más posible a lo deseado individualmente y asegura la verdadera identidad de los interesados.

¡Ésta es su oportunidad!

Llame y envíenos el cuestionario y recibirá sin cargo el folleto SELEVIP con información total sobre el servicio que prestamos y los métodos que aplicamos.
Además adelantaremos nuestra recomendación sobre posibles compañeros/as con una breve descripción.

1. ¿Qué tipo de agencia es SELEVIP? ______________________________

____

2. ¿Es una compañía nacional o internacional? ______________________________

____

3. ¿Cómo indica el anuncio que SELEVIP es una agencia muy seria y que usa los métodos más modernos? ______________________________

____

4. ¿Qué se debe hacer para tener más información? ______________________________

____

NOMBRE ______________________ FECHA ______________

Parte B. Como dice el anuncio, para ser feliz no debes estar solo. Rellena el cuestionario para dar el primer paso hacia encontrar tu pareja ideal con la ayuda de la agencia SELEVIP

FICHA PERSONAL
Por favor llenar con letra imprenta:
Señor ☐ Señora ☐ Señorita ☐
Apellido: ______
Nombre: ______
Calle y N º ______
Ciudad: ______ C.P. ______
Teléfono part.: ______ Comercial: ______
Nacionalidad: ______

SUS DATOS
Fecha de nacimiento: ______ Religión ______
Estado Civil:
Soltero(a) ☐ Viudo(a) ☐ Divorciado(a) ☐
Vive separado(a) ☐
Tiene hijos:
NO ☐ SI ☐ Cuantos ______
Entrada mensual neta aproximada: ______
Auto propio ☐ SI ☐ NO ☐
Vivienda: Propia ☐ Alquilada ☐ Familiar ☐
Vive solo(a):
SI ☐ NO ☐ Con sus Padres ☐ Con sus hijos ☐

ESTUDIOS
☐ Primario ☐ Técnico ☐ Otros
☐ Secundario ☐ Universitario
Profesión titulado en: ______
Profesión ejercida actualmente: ______
☐ Independiente ☐ Empleado ☐ Obrero
☐ Trabajo ocasional ☐ Cesante ☐ Estudiante
☐ Otro
Idiomas: ______
Habla ☐ Lee ☐ Escribe ☐

ENCUENTRE CON QUIEN COMPARTIR SU VIDA... Y SE ENCONTRARA A SI MISMO.

SI UD. HA LLENADO EL CUESTIONARIO ENVIELO SIN DEMORA A:

ESTUDIO

selevip

OFICINA DE RECEPCION Y PROCESAMIENTO DE DATOS:

Paraguay 729-Piso 1º, Of.4
1057 Buenos Aires
Tel. 312-4035/313-9102

SU APARIENCIA
Estatura en cm.: ______
Incapacidad física: ☐ NO ☐ SI ¿Cuál?
Contextura: ☐ Delgada ☐ Esbelta ☐ Mediana ☐ Gruesa
Apariencia: ☐ Clásica ☐ A la moda ☐ Elegante ☐ Común ☐ Deportiva
Color de cabello: ______ Ojos: ______

SUS INTERESES (Máximo 5 en cada rubro)

Intelectuales	Prácticos	Deportes prac./adete		
☐ Pintura	☐ T.Manuales	Bowling	☐	☐
☐ Música	☐ Fotografía	Tenis	☐	☐
☐ Teatro	☐ Coleccionar	Squash	☐	☐
☐ Ballet	☐ Cocinar	Gimnasia	☐	☐
☐ Opera	☐ Jardinería	Equitación	☐	☐
☐ Literatura	☐ Hacer música	Fútbol	☐	☐
☐ Cine	☐ Dibujo	Boxeo	☐	☐
☐ Televisión	☐ Caminatas	Natación	☐	☐
☐ Historia	☐ Filmar	Golf	☐	☐
☐ Ciencia	☐ Animales	Surf	☐	☐
☐ Técnica	☐ Naipes	Esquí	☐	☐
☐ Otros	☐ Viajes	Otros	☐	☐

SUS IDEAS PARTICULARES
Fuma ☐ No fuma ☐ Ocasionalmente ☐
Tiene hijo(s) propio(s): ☐ SI ☐ NO
Si tiene, cuántos viven con Ud.? ______
Desea tener hijos aún? ______
(Por favor contestar aunque ya tenga hijos)
Le parece importante que una mujer, ejerza profesión?
Jornada completa ☐ Media Jornada ☐ NO ☐
Me es indiferente ☐
Le es muy importante su Religión; SI ☐ NO ☐
Le es muy importante una vida sexual armoniosa?
Muy importante ☐ Importante ☐
Más bien sin importancia ☐
Dónde le gustaría encontrarse por primera vez con la persona seleccionada por SELEVIP?:
En su casa ☐ En casa de él/ella ☐
en el estudio de SELEVIP ☐
En un local/restaurante/café ☐
Me es indiferente ☐

COMO DESEA SU FUTURO CONTACTO?
Edad mínima: ____ Edad máxima: ______
Estatura de ____ cm. a ____ cm. es indiferente ☐
Con hijos? SI ☐ NO ☐
Religión deseada: ______ es indiferente ☐
Educación deseada: ______ es indiferente ☐
Desea Ud. que la persona seleccionada tenga en su mayoría los mismos intereses que Ud.?
SI ☐ NO ☐ es indiferente ☐
Sabe Ud. porqué el sistema aplicado por SELEVIP es el más importante de EUROPA para conocer gente?
• Porque cada 6 minutos una persona sola ingresa al sistema.
• Porque el sistema aplicado por SELEVIP le ofrece las mayores posibilidades para hacer contactos.

Firma ______ Fecha ______

Actividad 14: Soluciones. Es más fácil darles soluciones a otros que solucionar nuestros problemas. Termina estas oraciones dando soluciones.

1. Si estuviera en las Naciones Unidas, ______________________
2. Si fuera el presidente de los Estados Unidos, ______________________
3. Si tuviera millones de dólares, ______________________
4. Si pudiera hablar por quince minutos por televisión, ______________________
5. Si fuera Ralph Nader, ______________________

Actividad 15: Interpretaciones. La semana pasada, Víctor salió con Laura. Él quedó encantado y quiere salir con ella otra vez. Ella, en cambio, lo encontró muy aburrido y no quiere salir más con él. Al día siguiente hablaron con un amigo mutuo (*a mutual friend*). Escribe lo que dijeron.

Víctor

Dudaba que ______________________.

No podía creer que ella ______________________.

Me sorprendió que ella ______________________.

Fui a casa antes de que ella ______________________.

Si saliera con ella otra vez ______________________.

Laura

Dudaba que ______________________.

No podía creer que él ______________________.

Me sorprendió que él ______________________.

Fui a casa antes de que él ______________________.

Si saliera con él otra vez ______________________.

NOMBRE ______________________ FECHA ______________

Estrategia de lectura: **Reading Between the Lines**

As you have learned while using *¡Claro que sí!*, many skills contribute to being a good reader. The better you become at reading, the more adept you are at making inferences or "reading between the lines".

Actividad 16: Los memos.

Parte A. Julia Guzmán es la jefa de Gustavo Tamames. Unos empleados de la compañía acaban de encontrar los siguientes memos. Léelos.

MEMO

Sr. Tamames:

No me quería pelear con Ud. Claro que puedo hacerlo y me gustaría hacerlo, pero nadie puede saber nada. Sé que formamos la pareja perfecta, pero si supiera la gente, me moriría de vergüenza. ¿Qué tal el martes a las ocho?

Srta. Guzmán

MEMO

Srta. Guzmán

Imposible el martes. Tengo que salir con mi esposa (es su cumpleaños), pero jueves sería perfecto. Creo que el jueves es el mejor día para ir al Club Caribe. No creo que encontremos a nadie que nos conozca, pero por si acaso.

Gustavo

MEMO

Gustavo:

El jueves a las ocho en el nuevo Club Caribe. Tengo muchas ganas de bailar contigo.

Julia

MEMO

Julia:

Gracias por el baile. ¡Eres increíble! Gracias por todo. ¡Soy el hombre más feliz del mundo!

Gustavo

MEMO

Gustavo:

Gracias a ti por una noche inolvidable. Tengo muchos celos de tu esposa pero yo nunca he estado tan feliz. Es una pena que yo no pueda ir a Puerto Rico.

Julia

Parte B. Ahora termina estas oraciones como si fueras uno de los empleados que acaban de encontrar y leer los memos. Para terminar las oraciones tienes que leer entre líneas (*read between the lines*).

1. Era probable que la esposa de Gustavo no ______________________
2. Es posible que en el Club Caribe ellos ______________________
3. Yo no creía que Gustavo ______________________
4. Si yo fuera Gustavo, ______________________
5. Si yo fuera la esposa de Gustavo, ______________________
6. A mí me sorprendió que Julia ______________________

Actividad 17: La verdad.

Parte A. Después de leer los memos y de expresar sus opiniones sobre la situación (Actividad 16), los empleados leyeron este artículo en el periódico. Léelo.

> Anoche en el nuevo club nocturno, Club Caribe, tocó el conjunto La Salsa Tropical y para terminar hubo una competencia de baile. Ganó la pareja de Julia Guzmán y Gustavo Tamames. Recibieron un viaje para dos a San Juan, Puerto Rico, por una semana. Julia Guzmán dijo que no iba a ir y que le iba a dar su pasaje a la esposa de Gustavo para que pudieran celebrar su aniversario de diez años en Puerto Rico. Gustavo le prometió a Julia que le traería un buen regalo de su viaje. La esposa de Gustavo le explicó a este periódico que ella y su esposo se habían enamorado en Puerto Rico y que no habían tenido dinero para volver. Recibir el pasaje fue una sorpresa para la Sra. de Tamames. Otra cosa curiosa es que Julia es la jefa de Gustavo; por eso, él dijo que no creía que fuera a tener problemas en el trabajo al pedir una semana de vacaciones.

Parte B. Ahora completa esta carta donde la Sra. de Tamames le da las gracias a Julia.

Querida Srta. Guzmán:

Me parece increíble que Ud. y mi esposo ______________________________

______________________________. Estoy segura que nuestro viaje a Puerto Rico

______________________________.

Espero que algún día nosotros ______________________________

______________________________ por Ud.

Muchísimas gracias por todo.

La saluda atentamente,

Elisa Fernández de Tamames

NOMBRE ______________________ FECHA ______________

Capítulo 18

PRÁCTICA COMUNICATIVA

Actividad 1: Corregir. Corrige estas oraciones según lo que aprendiste en las lecturas del libro de ejercicios y en el libro de texto.

1. El Salto Ángel e Iguazú son dos montañas de Suramérica.

2. Gabriel García Márquez es de México.

3. Bolivia tiene una capital, Sucre.

4. Las Islas Canarias son de Ecuador; allí está el Instituto Darwin.

5. Los mayas y los incas son principalmente de México y de Centroamérica y los aztecas son de los Andes.

6. Los moros llevaron su lengua a España. Esta lengua forma la base del español de hoy día.

Continúa en la página siguiente →

7. El Museo del Prado está en Bogotá y tiene la mayor colección de oro precolombino del mundo.

____

____

8. Una forma de música muy popular del Caribe es el flamenco.

____

____

9. En Guatemala hay cuatro idiomas oficiales: el catalán, el gallego, el vasco y el español.

____

____

Actividad 2: Una vida anterior. Crees en la reencarnación. En una vida anterior (*previous life*), conociste a Hillary Clinton en una de sus vidas anteriores. Contesta estas preguntas sobre el encuentro.

1. ¿Quién eras tú? ______________________________
2. ¿Quién era Hillary? ______________________________

   ____

3. ¿En qué país estuvieron y más o menos qué año era? ______________________________

   ____

4. ¿Cómo era Hillary? ______________________________

   ____

5. ¿Qué ropa llevaban Uds.? ______________________________

   ____

6. ¿Qué y dónde comieron Uds.? ______________________________

   ____

7. ¿Qué hicieron después de comer? ______________________________

   ____

8. Hillary hizo algo que te sorprendió. ¿Qué hizo? ______________________________

   ____

9. ¿Por qué te gustó o no te gustó ese encuentro con Hillary? ______________________________

   ____

Actividad 3: Tus costumbres. En oraciones completas, contesta estas preguntas sobre cómo estudiaste este año para aprender el español.

1. ¿Habías estudiado español antes de este año? ______________________

   Si contestas que sí, ¿cuántos años hace que estudiaste y por cuánto tiempo? ______________________

2. ¿Cuándo tiempo estudiabas por semana este año? ______________________

3. ¿Qué hacías para aprender vocabulario? ______________________

4. ¿Qué te parecieron las grabaciones? ¿Las escuchabas sólo una vez o más de una vez? ______________________

5. ¿Te gustaba hablar con tus compañeros en clase? ______________________

6. ¿Hablabas mucho o poco en clase? ______________________

7. Si tuvieras que tomar esta clase otra vez, ¿hablarías más en clase? ______________________

8. Antes de empezar el curso, ¿pensabas que iba a ser fácil o difícil? ______________________

9. ¿Has aprendido mucho o poco? ______________________

10. ¿Usarás el español en el futuro? ______________________

    Si contestas que sí, ¿cómo? ______________________

11. Si mañana fueras a un país hispano, ¿podrías comunicarte con la gente a un nivel básico? ______________________

Actividad 4: Los consejos. Si tuvieras un amigo que quisiera estudiar español el año que viene, ¿qué consejos le darías? Para ayudarlo, escribe siete instrucciones o sugerencias utilizando el imperativo (*commands*).

1. Para aprender vocabulario, ______________________
2. Cuando escuches las grabaciones, ______________________
3. Cuando estudies la gramática, ______________________
4. Para entender las lecturas, ______________________
5. En clase, ______________________
6. En clase, no ______________________
7. Cuando escribas en español, no ______________________

Lab Manual

Capítulo preliminar

MEJORA TU PRONUNCIACIÓN

STRESSING WORDS

You have already seen Spanish stress patterns in the text. Remember that a word that ends in *n, s,* or a vowel is stressed on the next-to-last syllable, for example, **re*pi*tan**, **Hon*du*ras**, **a*mi*go**. A word that ends in a consonant other than *n* or *s* is stressed on the last syllable, as in the words **espa*ñol***, **fa*vor***, **Ma*drid***. Any exception to these two rules is indicated by a written accent mark on the stressed vowel, as in **An*drés***, **Pe*rú***, ***án*gel**.

Placing correct stress on words helps you to be better understood. For example, the word **a*mi*go** has its natural stress on the next-to-last syllable. Listen again: **a*mi*go**, not ***a*migo**, nor **ami*go***; **a*mi*go**. Try to keep stress in mind when learning new words.

Actividad 1: Escucha y subraya.

A. Listen to the following names of Hispanic countries and cities and underline the stressed syllables. You will hear each name twice.

1. Pa-na-ma
2. Bo-go-ta
3. Cu-ba
4. Ve-ne-zue-la
5. Me-xi-co
6. Ma-drid
7. Te-gu-ci-gal-pa
8. A-sun-cion

B. Pause the recording and decide which of the words from **part A** need written accents. Write the missing accents over the appropriate vowels.

Actividad 2: Los acentos.

A. Listen to the following words related to an office and underline the stressed syllables. You will hear each word twice.

1. o-fi-ci-na
2. di-rec-tor
3. pa-pel
4. dis-cu-sion
5. te-le-fo-no
6. bo-li-gra-fo
7. se-cre-ta-rio
8. ins-truc-cio-nes

B. Pause the recording and decide which of the words from **part A** need written accents. Write the missing accents over the appropriate vowels.

MEJORA TU COMPRENSIÓN

Actividad 3: La fiesta. You will hear three introductions at a party. Indicate whether each one is formal or informal.

	Formal	Informal
1.	❒	❒
2.	❒	❒
3.	❒	❒

Actividad 4: ¿De dónde eres? You will hear three conversations. Don't worry if you can't understand every word. Just concentrate on discovering where the people in the pictures are from. Write this information on the lines provided in your lab manual.

1. _______________ 2. _______________ 3. _______________

Actividad 5: ¡Hola! ¡Adiós! You will hear three conversations. Don't worry if you can't understand every word. Just concentrate on discovering whether the people are greeting each other or saying good-by.

	Saludo (*greeting*)	Despedida (*saying good-bye*)
1.	❑	❑
2.	❑	❑
3.	❑	❑

Actividad 6: La entrevista. A man is interviewing a woman for a job. You will only hear what the man is saying. As you listen, number the response that the woman should logically make to each of the interviewer's statements and questions. Before listening to the interview, look at the woman's possible responses. You may have to listen to the interview more than once.

______ Gracias.

______ Soy de Caracas.

______ Claudia Menéndez.

______ ¡Muy bien!

Actividad 7: Las capitales. You will hear a series of questions on the capitals of various countries. Circle the correct answers in your lab manual. Before you listen to the questions, read all possible answers.

1.	Washington, D.C.	San Salvador	Lima
2.	México	Guatemala	Madrid
3.	Ottawa	Washington, D.C.	Buenos Aires
4.	Lima	Bogotá	Tegucigalpa
5.	Caracas	Santiago	Managua

Actividad 8: Las órdenes. You will hear a teacher give several commands. Number the picture that corresponds to each command. If necessary, pause the recording after each item.

_____

_____

_____

_____

Actividad 9: Las siglas. Listen and write the following acronyms.

1. ____________
2. ____________
3. ____________
4. ____________
5. ____________
6. ____________

Actividad 10: ¿Cómo se escribe? You will hear two conversations. Concentrate on listening to the names that are spelled out within the conversations and write these names in your lab manual.

1. ____________
4. ____________

NOMBRE ______________________ FECHA ______________

Capítulo 1

MEJORA TU PRONUNCIACIÓN

VOWELS

In Spanish, there are only five basic vowel sounds: **a**, **e**, **i**, **o**, **u**. These correspond to the five vowels of the alphabet. In contrast, English has long and short vowels, for example, the long *i* in *pie* and the short *i* in *pit*. In addition, English has the short sound, schwa, which is used to pronounce many unstressed vowels. For example, the first and last *a* in the word *banana* are unstressed and are therefore pronounced [ə]. Listen: *banana*. In Spanish, there is no similar sound because vowels are usually pronounced the same way whether they are stressed or not. Listen: **banana**.

Actividad 1: Escucha la diferencia. Listen to the contrast in vowel sounds between English and Spanish.

	Inglés	Español
1.	map	mapa
2.	net	neto
3.	beam	viga
4.	tone	tono
5.	taboo	tabú

Actividad 2: Escucha y repite. Listen and repeat the following names, paying special attention to the pronunciation of the vowel sounds.

1. Ana Lara
2. Pepe Méndez
3. Mimí Pinti
4. Toto Soto
5. Lulú Mumú

Actividad 3: Repite las oraciones. Listen and repeat the following sentences from the textbook conversations. Pay attention to the pronunciation of the vowel sounds.

1. ¿Cómo se llama Ud.?
2. Buenos días.
3. ¿Cómo se escribe?
4. ¿Quién es ella?
5. Juan Carlos es de Perú.
6. Las dos Coca-Colas.

MEJORA TU COMPRENSIÓN

Actividad 4: Guatemala. You will hear a series of numbers. In your lab manual, draw a line to connect these numbers in the order in which you hear them. When you finish, you will have a map of Guatemala.

1	2	3	4	5	6	7	8	9	10
11	12	13	14	15	16	17	18	19	20
21	22	23	24	25	26	27	28	29	30
31	32	33	34	35	36	37	38	39	40
41	42	43	44	45	46	47	48	49	50
51	52	53	54	55	56	57	58	59	60
61	62	63	64	65	66	67	68	69	70
71	72	73	74	75	76	77	78	79	80
81	82	83	84	85	86	87	88	89	90
91	92	93	94	95	96	97	98	99	100

Actividad 5: Los números de teléfono. You will hear a telephone conversation and two recorded messages. Don't worry if you can't understand every word. Just concentrate on writing down the telephone number that is given in each case.

1. ______________ 2. ______________ 3. ______________

Actividad 6: ¿Él o ella? Listen to the following three conversations and put a check mark under the drawing of the person who is being talked about in each case. Don't worry if you can't understand every word. Just concentrate on discovering to whom each discussion refers.

1. ____ ____ 2. ____ ____ 3. ____ ____

Actividad 7: En el tren. Carlos is talking to a woman with a child on the train. Listen to the questions that he asks. For each question, number the response that would be appropriate for the women to give. Before you begin the activity, read the possible responses.

______ Dos años

______ Andrea

______ De Tegucigalpa.

______ Ella se llama Deborah.

NOMBRE ______________________ FECHA ______________

Actividad 8: La conversación.

A. You will hear a series of sentences. Write each sentence you hear in the first column below. You will hear each sentence twice.

A. ______________________	______
B. ______________________	______
C. ______________________	______
D. ______________________	______
E. ______________________	______
F. ______________________	______
G. ______________________	______
H. ______________________	______

B. Now stop the recording and put the sentences you have written in the correct order to form a logical conversation. Number each sentence in the blank in the right-hand column above.

NOMBRE ______________________ FECHA ______________

Actividad 9: En el hotel. You will hear a conversation between a hotel receptionist and a guest who is registering. Fill out the computer screen in your lab manual with the information about the guest. Don't worry if you can't understand every word. Just concentrate on listening for the information needed. You may have to listen to the conversation more than once. Remember to look at the computer screen before you begin the activity.

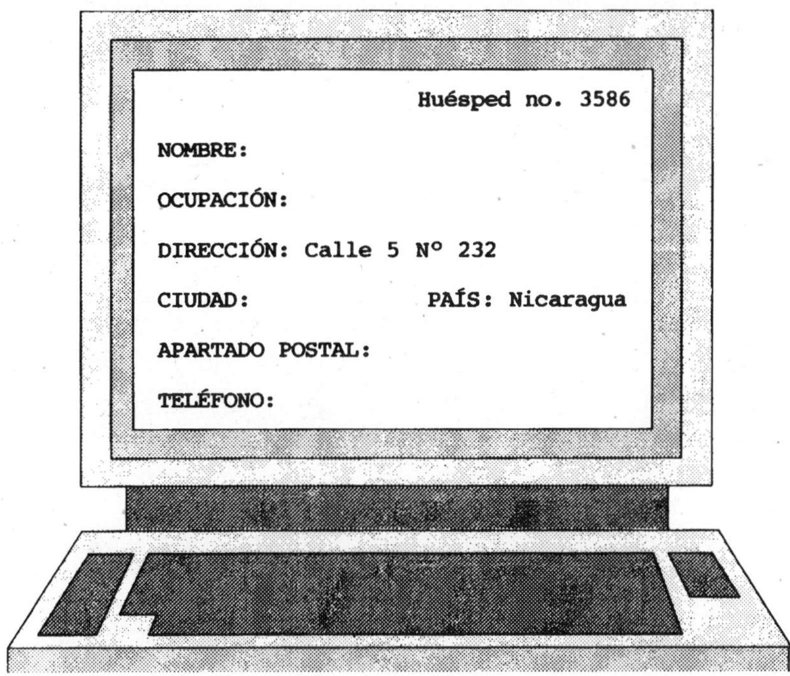

Huésped no. 3586
NOMBRE:
OCUPACIÓN:
DIRECCIÓN: Calle 5 Nº 232
CIUDAD:
PAÍS: Nicaragua
APARTADO POSTAL:
TELÉFONO:

Actividad 10: Los participantes. Mr. Torres and his assistant are going over the participants they have chosen for a TV game show. Listen to their conversation and fill out the chart with information on the participants. Don't worry if you can't understand every word. Just concentrate on listening for the information needed to complete the chart. You may have to listen to the conversation more than once.

Participantes	Nacionalidad	Ocupación	Edad
Francisco	*chileno*		
Laura		*abogada*	
Gonzalo			*30*
Andrea	*mexicana*		

Conversación: *En el Colegio Mayor Hispanoamericano*

Conversación: *En la cafetería del colegio mayor*

Capítulo 2

MEJORA TU PRONUNCIACIÓN

THE CONSONANT *d*

The consonant **d** is pronounced two different ways in Spanish. When **d** appears at the beginning of a word or after *n* or *l,* it is pronounced by pressing the tongue against the back of the teeth, for example, **depósito**. When **d** appears after a vowel, after a consonant other than *n* or *l,* or at the end of a word, it is pronounced like the *th* in the English word *they*, for example, **médico**.

Actividad 1: Escucha y repite. Listen and repeat the names of the following occupations, paying attention to the pronunciation of the letter **d**.

1. **d**irector
2. **d**eportista
3. ven**d**e**d**or
4. mé**d**ico
5. estu**d**iante
6. aboga**d**a

SPANISH SOUNDS *p, t,* AND *[k]*

In Spanish **p**, **t**, and **[k]** (**[k]** respresents a sound) are unaspirated. This means that no puff of air occurs when they are pronounced. Listen to the difference: *Paul*, **Pablo**.

Actividad 2: Escucha y repite. Listen and repeat the names of the following objects often found around the house. Pay attention to the pronunciation of the Spanish sounds **p**, **t**, and **[k]**.

1. **p**eriódi**c**o
2. **t**eléfono
3. **c**om**p**u**t**adora
4. **t**elevisor
5. **c**ámara
6. dis**c**o **c**om**p**a**c**to

Actividad 3: Las cosas de Marisel. Listen and repeat the following conversation between Teresa and Marisel. Pay attention to the pronunciation of the Spanish sounds **p**, **t**, and **[k]**.

TERESA ¿**T**ienes **c**afé?

MARISEL ¡**C**laro **que** sí!

TERESA ¡Ah! **T**ienes **comput**adora.

MARISEL Sí, es una Ma**c**in**t**osh.

TERESA A mí me gusta más la IBM **porque** es más rá**p**ida.

MEJORA TU COMPRENSIÓN

Actividad 4: La perfumería. You will hear a conversation in a drugstore between a customer and a salesclerk. Check only the products that the customer buys and indicate whether she buys one or more than one of each item. Don't worry if you can't understand every word. Just concentrate on the customer's purchases. Before you listen to the conversation, read the list of products.

	Uno/a	Más de uno/a (*more than one*)
1. aspirina	❐	❐
2. crema de afeitar	❐	❐
3. champú	❐	❐
4. cepillo de dientes	❐	❐
5. desodorante	❐	❐
6. jabón	❐	❐
7. pasta de dientes	❐	❐
8. peine	❐	❐
9. perfume	❐	❐

Actividad 5: El baño de las chicas. Alelí, Teresa's young cousin, is visiting her at the dorm and she is now in the bathroom asking Teresa a lot of questions. As you hear the conversation, indicate in the drawing which of the items mentioned belong to whom.

Actividad 6: ¿Hombre o mujer? Listen to the following remarks and write a check mark below the person or persons being described in each situation.

1. ____ ____

2. ____ ____

3. ____ ____

4. ____ ____

NOMBRE ______________________ FECHA ______________

Actividad 7: El mensaje telefónico. Ms. Rodríguez calls home and leaves a message on the answering machine for her children, Esteban and Carina. Check off each item that Ms. Rodríguez reminds them about. Don't worry if you can't understand every word. Just concentrate on which reminders are for Esteban and which ones are for Carina. Before you listen to the message, look at the list of reminders.

	Esteban	Carina		Esteban	Carina
1. comprar hamburguesas	❐	❐	3. mirar video	❐	❐
2. estudiar matemáticas	❐	❐	4. no ir al dentista	❐	❐

Actividad 8: El regalo de cumpleaños.

A. You will hear a phone conversation between Álvaro and his mother, who would like to know what she can buy him for his birthday. Check off the things that Álvaro says he already has. Don't worry if you can't understand every word. Just concentrate on what Álvaro doesn't need. Before you listen to the conversation, read the list of possible gifts.

Álvaro tiene ...

❐ escritorio

❐ lámpara

❐ reloj

❐ silla

❐ toallas

B. Now write what Álvaro's mother is going to give him for his birthday. You may need to listen to the conversation again.

El regalo es ______________.

Actividad 9: La agenda de Diana.

A. Pause the recording and write in Spanish two things you are going to do this weekend.

1. ______________________________

2. ______________________________

NOMBRE ______________________ FECHA ______________

B. Now complete Diana's calendar while you listen to Diana and Claudia talking on the phone about their weekend plans. Don't worry if you can't understand every word. Just concentrate on Diana's plans. You may have to listen to the conversation more than once.

Día	Actividades
viernes	*3:00 P.M. – examen de literatura*
sábado	
domingo	

Actividad 10: La conexión amorosa. Mónica has gone to a dating service and has made a tape describing her likes and dislikes. Listen to the recording and then choose a suitable man for her from the two shown. Don't worry if you can't understand every word. Just concentrate on Mónica's preferences. You may use the following space to take notes. Before you listen to the description, read the information on the two men.

Mónica prefiere:

NOMBRE: Óscar Varone
OCUPACIÓN: profesor de historia
EDAD: 32
GUSTOS: música salsa, escribir

NOMBRE: Lucas González
OCUPACIÓN: médico
EDAD: 30
GUSTOS: música clásica, salsa, esquiar

El hombre perfecto para Mónica es ______________________________.
(nombre)

Conversación: *¡Me gusta mucho!*

Conversación: *Planes para una fiesta de bienvenida*

NOMBRE ______________________ FECHA ______________

Capítulo 3

MEJORA TU PRONUNCIACIÓN

THE CONSONANTS *r* AND *rr*

The consonant **r** in Spanish has two different pronunciations: the flap, as in **caro**, similar to the double *t* sound in *butter* and *petty*, and the trill sound, as in **carro**. The **r** is pronounced with the trill only at the beginning of a word or after *l* or *n,* as in **reservado**, **sonrisa** (*smile*). The **rr** is always pronounced with the trill, as in **aburrido**.

Actividad 1: Escucha y repite. Listen and repeat the following descriptive words. Pay attention to the pronunciation of the consonants **r** and **rr**.

1. enfermo
2. rubio
3. moreno
4. gordo
5. aburrido
6. enamorado
7. preocupado
8 borracho

Actividad 2: Escucha y marca la diferencia. Circle the word you hear pronounced in each of the following word pairs. Before you begin, look over the pictures and word pairs.

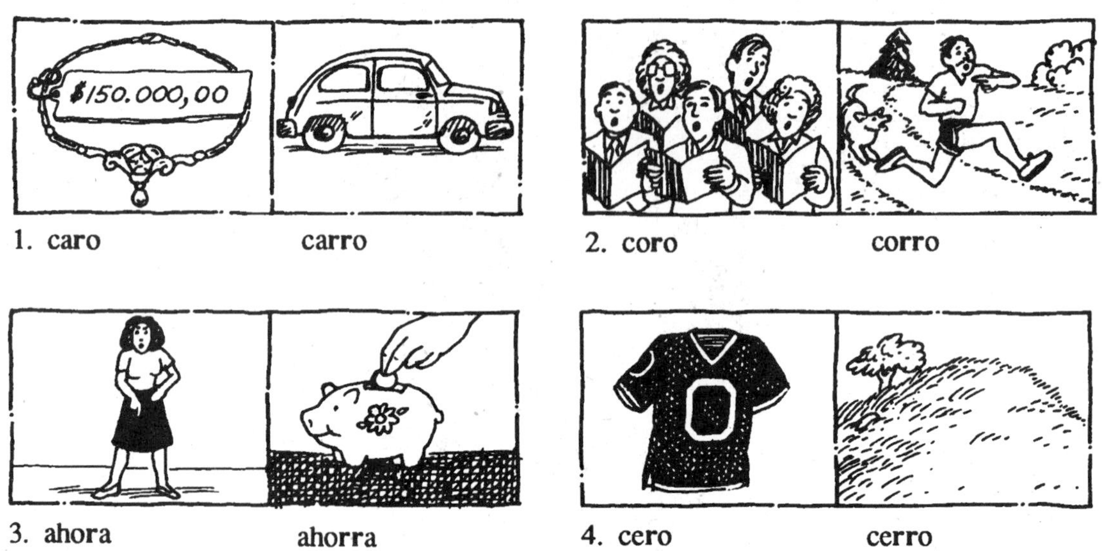

1. caro carro
2. coro corro
3. ahora ahorra
4. cero cerro

Actividad 3: Teresa. Listen and repeat the following sentences about Teresa. Pay attention to the pronunciation of the consonants **r** and **rr**.

1. Estudia turismo.
2. Trabaja en una agencia de viajes.
3. Su papá es un actor famoso de Puerto Rico.
4. ¿Pero ella es puertorriqueña?

MEJORA TU COMPRENSIÓN

Actividad 4: ¿Dónde? You will hear four remarks. In your lab manual, match the letter of each remark with the place where it is most likely to be heard. Before you listen to the remarks, review the list of places. Notice that there are extra place names.

1. ______ farmacia
2. ______ biblioteca
3. ______ teatro
4. ______ supermercado
5. ______ agencia de viajes
6. ______ librería

Actividad 5: Mi niña es... A man has lost his daughter in a department store and is describing her to the store detective. Listen to his description and place a check mark below the drawing of the child he is looking for. Don't worry if you can't understand every word. Just concentrate on the father's description of the child. Before you listen to the conversation, look at the drawings.

1. ❐

2. ❐

3. ❐

Actividad 6: Su hijo está... Use the words in the list to complete the chart about Pablo as you hear a conversation between his teacher and his mother. Fill in **en general** to describe the way Pablo usually is. Fill in **esta semana** to indicate how he has been behaving this week.

aburrido	antipático	bueno
cansado	inteligente	simpático

Pablo Hernández
En general, él es ______________________________ ______________________________.   Pero, esta semana él está ______________________________ ______________________________.

Actividad 7: La conversación telefónica. Teresa is talking with her father long-distance. You will hear her father's portion of the conversation only. After you hear each of the father's questions, complete Teresa's partial replies, provided in your lab manual.

1. __________ ______________ Claudia.
2. ______________ economía.
3. ______________ __________ la Universidad Complutense.
4. ______________ de Colombia.
5. ______________, pero ahora ______________ en Quito.
6. ______________ es comerciante.
7. ______________ ama de casa.

Continued on next page→

8. ______________, gracias.
9. ________, ______________ mucho.
10. ______________ en la agencia de viajes del tío Alejandro.
11. ______________ muy ocupado.

Actividad 8: Intercambio estudiantil. Marcos contacts a student-exchange program in order to have a foreign student stay with him. Complete the following form as you hear his conversation with the program's secretary. Don't worry if you can't understand every word. Just concentrate on filling out the form. Before you listen to the conversation, read the form.

C.A.D.I.E.: Consejo Argentino de Intercambio Estudiantil		
Nombre del interesado: *Marcos Alarcón*		
Teléfono:	Edad:	Ocupación:
Gustos: *leer ciencia ficción*		
Preferencia de nacionalidad:		

Actividad 9: Las descripciones.

A. Choose three adjectives from the list of personality characteristics that best describe each of the people shown. Pause the recording while you make your selection.

artístico/a	intelectual	inteligente
optimista	paciente	pesimista
serio/a	simpático/a	tímido/a

Tu opinión

1. ______________
____
____

Tu opinión

2. ______________
____
____

B. Now listen as these two people describe themselves, and enter these adjectives in the blanks provided. You may have to listen to the descriptions more than once.

Su descripción

1. ______________________
____
____
____

Su descripción

2. ______________________
____
____
____

Actividad 10: El detective Alonso. Detective Alonso is speaking into his tape recorder while following a woman. Number the drawings in the upper left corner according to the order in which he says the events take place. Don't worry if you can't understand every word. Just concentrate on the sequence of events.

Conversación: *Una llamada de larga distancia*

Conversación: *Hay familias... y... FAMILIAS*

Capítulo 4

MEJORA TU PRONUNCIACIÓN

THE CONSONANT *ñ*

The pronunciation of the consonant **ñ** is similar to the *ny* in the English word *canyon.*

Actividad 1: Escucha y repite. Listen and repeat the following words, paying attention to the pronunciation of the consonants **n** and **ñ**.

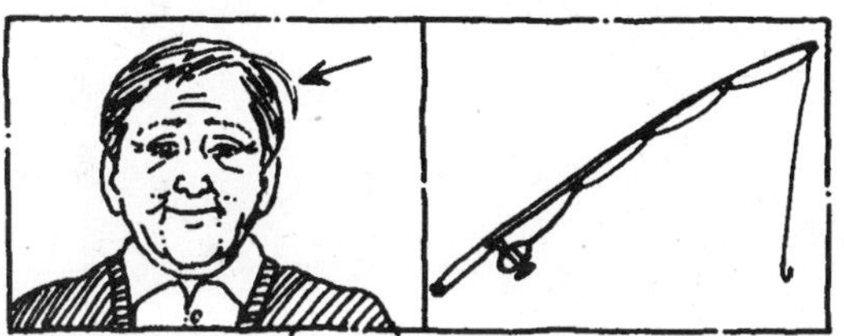

1. cana caña

2. una uña

3. mono moño

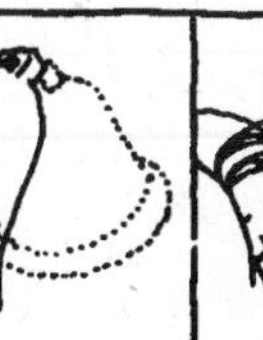

4. sonar soñar

Actividad 2: Escucha y repite. Listen and repeat the following sentences. Pay special attention to the pronunciation of the consonants **n** and **ñ**.

1. Subo una montaña.
2. Conoces al señor de Rodrigo, ¿no?
3. ¿Podrías comprar una guía urbana de Madrid de este año?
4. ¿Cuándo es tu cumpleaños?

MEJORA TU COMPRENSIÓN

Actividad 3: Los sonidos de la mañana. Listen to the following sounds and write what Paco is doing this morning.

1. ______________________
2. ______________________
3. ______________________
4. ______________________

Actividad 4: El tiempo este fin de semana.

A. As you hear this weekend's weather forecast for Argentina, draw the corresponding weather symbols on the map under the names of the places mentioned. Remember to read the place names on the map and look at the symbols before you listen to the forecast.

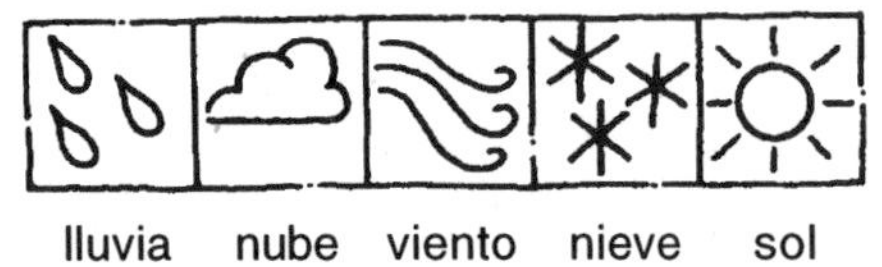

lluvia nube viento nieve sol

B. Now replay the activity and listen to the forecast again, this time adding the temperatures in Celsius under the names of the places mentioned.

Actividad 5: La identificación del ladrón. As you hear a woman describing a thief to a police artist, complete the artist's sketch. You may have to replay the activity and listen to the description more than once.

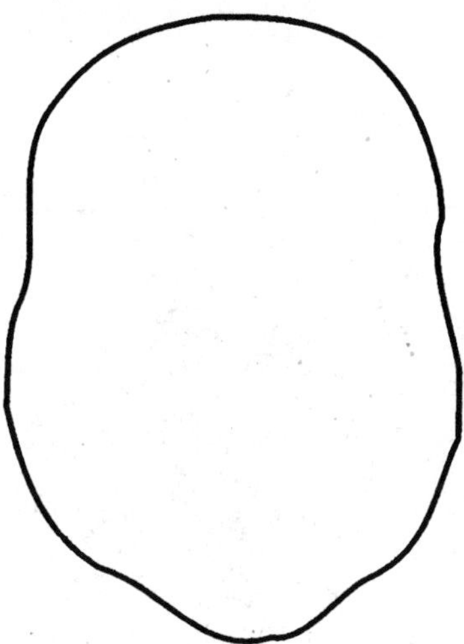

Actividad 6: Celebraciones hispanas.

A. A woman will describe some important holidays around the Hispanic world. As you listen to the description of each holiday, write the date on which it is celebrated.

	Fecha
1. Día de los Muertos	________________
2. Día de los Santos Inocentes	________________
3. Día Internacional del Amigo	________________
4. Día de Reyes	________________

B. Now listen again and match the holiday with the activity people usually do on that day. Write the number of the holiday from the preceding list.

a. ______ las personas reciben e-mails de otras personas

b. ______ las personas hacen bromas (*pranks*)

c. ______ las personas hacen un altar en casa

d. ______ los niños reciben juguetes (*toys*)

Actividad 7: ¿Conoces a ese chico?

A. Miriam and Julio are discussing some guests at a party. As you listen to their conversation, write the guests' names in the drawing. Use arrows to indicate which name goes with which person.

Miguel

Ramón

Mónica

Begoña

Carmen

B. Now listen to the conversation again, and write next to each name who or what the person knows.

Actividad 8: La entrevista. Lola Drones, a newspaper reporter, is interviewing a famous actor about his weekend habits. Cross out those activities listed in Lola's notebook that the actor does *not* do on weekends. Remember to read the list of possible activities before you listen to the interview.

se levanta tarde

corre por el parque

hace gimnasia en un gimnasio

ve televisión

estudia sus libretos *(scripts)*

sale con su familia

va al cine

Conversación: *Noticias de una amiga*

NOMBRE ______________________ FECHA ______________

Capítulo 5

MEJORA TU PRONUNCIACIÓN

THE CONSONANTS *ll* AND *y*

The consonants **ll** and **y** are usually pronounced like the *y* in the English word *yellow.* When the **y** appears at the end of a word, or alone, it is pronounced like the vowel **i** in Spanish.

Actividad 1: Escucha y repite. Listen and repeat the following verse. Pay special attention to the pronunciation of the **ll** and the **y**.

Hay una toalla
en la playa amarilla.
Hoy no llueve;
Ella no tiene silla.

Actividad 2: Escucha y repite. Listen and repeat the following sentences. Pay special attention to the pronunciation of the **ll** and the **y**.

1. Y por favor, otra cerveza.
2. Voy a llamar a Vicente y a Teresa.
3. Ellos también van al cine.
4. ¡Ay! Tiene mucha violencia.

MEJORA TU COMPRENSIÓN

Actividad 3: ¿Qué acaban de hacer? As you hear the following short conversations, circle what the people in each situation have just finished doing. Remember to read the list of possible activities before you begin.

1. a. Acaban de ver una película.
   b. Acaban de hablar con un director.
2. a. Acaban de beber un café.
   b. Acaban de comer.
3. a. Acaban de ducharse.
   b. Acaban de jugar un partido de fútbol.

Actividad 4: El cine. You will hear a recorded message and a conversation, both about movie schedules. As you listen, complete the information on the cards. Don't worry if you can't understand every word. Just concentrate on filling out the cards. Remember to look at the cards before beginning.

GRAN REX		
La historia oficial		
Horario:	______, ______, ______, 10:00	
Precio:	$______	$______ matinée.

SPLENDID		
La mujer cucaracha		
Horario:	______, 8:00, ______	
Precio:	$______	$______ matinée.

NOMBRE ______________________ FECHA ______________

Actividad 5: Las citas del Dr. Malapata. As you hear Dr. Malapata's receptionist making appointments for two patients, complete the corresponding scheduling cards.

DR. MALAPATA	
Paciente:	
Fecha:	Hora:
Fecha de hoy:	

DR. MALAPATA	
Paciente:	
Fecha:	Hora:
Fecha de hoy:	

Actividad 6: Las sensaciones. Listen to the conversation between Aníbal and Dora and check off the different sensations or feelings they have.

	Aníbal	Dora
1. Tiene calor	☐	☐
2. Tiene frío.	☐	☐
3. Tiene hambre.	☐	☐
4. Tiene miedo.	☐	☐
5. Tiene sed.	☐	☐
6. Tiene sueño.	☐	☐
7. Tiene vergüenza.	☐	☐

Actividad 7: Ofertas increíbles. Listen to the following radio ad about a department store and check off the articles of clothing that are mentioned. Remember to read the list of items before you listen to the ad.

______ blusas de rayas

______ camisas de manga larga

______ chaquetas de cuero

______ cinturones de plástico

______ faldas de seda

______ trajes de baño de algodón

______ zapatos de diferentes colores

Actividad 8: La fiesta.

A. Look at the drawing of a party and write four sentences in Spanish describing what some of the guests are doing. Pause the recording while you write.

1. ______________________
2. ______________________
3. ______________________
4. ______________________

B. Miriam and Julio are discussing some of the guests at the party. As you listen to their conversation, write the guests' names in the drawing. Use arrows to indicate which name goes with which person. Don't worry if you can't understand every word. Just concentrate on who's who.

Pablo Fabiana Lucía Mariana

C. Now listen to the conversation again and write the occupations of the four guests next to their names.

Actividad 9: Los fines de semana.

A. Write three sentences in Spanish describing things you usually do on weekends. Pause the recording while you write.

1. ______________________
2. ______________________
3. ______________________

NOMBRE ______________________ FECHA ______________

B. Pedro is on the phone talking to his father about what he and his roommate Mario do on weekends. Listen to their conversation and check off Pedro's activities versus Mario's. Remember to read the list of activities before you listen to the conversation.

	Pedro	Mario
1. Se acuesta temprano.	❐	☑
2. Se acuesta tarde.	☑	❐
3. Sale con sus amigos.	❐	❐
4. Se despierta temprano.	❐	❐
5. Se despierta tarde.	❐	❐
6. Duerme 10 horas.	❐	❐
7. Duerme 14 horas.	❐	❐
8. Juega al fútbol.	❐	❐
9. Almuerza con sus amigos.	❐	❐
10. Pide una pizza.	❐	❐
11. Juega al tenis.	❐	❐

Conversación: *¿Qué hacemos esta noche?*

Conversación: *De compras en San Juan*

NOMBRE ______________________ FECHA ____________

Capítulo 6

MEJORA TU PRONUNCIACIÓN

THE SOUND [*g*]

The sound represented by the letter **g** before **a**, **o**, and **u** is pronounced a little softer than the English *g* in the word *guy*: **gustar, regalo, tengo**. Because the combinations **ge** and **gi** are pronounced **[he]** and **[hi]**, a *u* is added after the *g* to retain the **[g]** sound: **guitarra, guerra**.

Actividad 1: Escucha y repite. Listen and repeat the following phrases, paying special attention to the pronunciation of the letter **g**.

1. mi ami**ga**
2. te **gu**stó
3. es ele**ga**nte
4. sabes al**go**
5. no ten**go**
6. no pa**gué**

Actividad 2: ¡Qué guapo! Listen and repeat the following conversation between Claudio and Marisa. Pay special attention to the pronunciation of the letter **g**.

MARISA Me **gu**sta mucho.
CLAUDIO ¿Mi bi**go**te?
MARISA Sí, estás **gua**po pero cansado, ¿no?
CLAUDIO Es que ju**gué** al tenis.
MARISA ¿Con **Gó**mez?
CLAUDIO No, con López, el **guí**a de turismo.

THE SOUND [*K*]

The **[k]** sound in Spanish is unaspirated, as in the words **casa, claro, quitar,** and **kilo**. Hear the contrast between the *[k]* sound in English and the **[k]** sound in Spanish: *case,* **caso**; *kilo,* ***kilo;*** cape, ***capa***. The **[k]** sound in Spanish is spelled *c* before *a, o,* and *u; qu* before *e* and *i,* and *k* in a few words of foreign origin. Remember that the *u* is not pronounced in *que* or *qui,* as in the words **qué** and **quitar.**

Actividad 3: El saco. Listen and repeat the following conversation between a salesclerk and a customer. Pay attention to the **[k]** sound.

CLIENTE ¿**C**uánto **c**uesta ese sa**c**o?
VENDEDORA ¿A**qu**él?
CLIENTE Sí, el de **c**uero negro.
VENDEDORA ¿No **qu**iere el sa**c**o azul?
CLIENTE No. Bus**c**o uno negro.

MEJORA TU COMPRENSIÓN

Actividad 4: El gran almacén. You are in Araucaria, a department store in Chile, and you hear about the sales of the day over the loudspeaker system. As you listen, write the correct price above each of the items shown.

Actividad 5: Los premios.

A. You will listen to a radio ad for a photo contest that mentions the prizes (**premios**) that will be awarded and how much each is worth. Before you listen to the ad, stop the recording and write down under **tu opinión** how much you think each item is worth.

	tu opinión	el anuncio (*ad*)
Mercedes Benz	$________	$________
viaje para dos por una semana a Costa Rica	$________	$________
reproductor de DVD	$________	$________
cámara digital	$________	$________
chaqueta de cuero	$________	$________

B. Now listen to the ad and write down how much each prize is worth in the second column.

NOMBRE ______________________ FECHA ______________

Actividad 6: La habitación de Vicente. Vicente is angry because Juan Carlos, his roommate, is very messy. As you listen to Vicente describing the mess to Álvaro, write the names of the following objects in the drawing of the room, according to where Juan Carlos leaves them.

medias teléfono libros periódico

Actividad 7: ¿Presente o pasado? As you listen to each of the following remarks, check off whether the speaker is talking about the present or the past.

	Presente	Pasado
1.	❐	❐
2.	❐	❐
3.	❐	❐
4.	❐	❐

Actividad 8: El fin de semana pasado.

A. In your lab manual, write in Spanish three things you did last weekend. Pause the recording while you write.

1. ______________________________
2. ______________________________
3. ______________________________

B. Now listen to Raúl and Alicia talking in the office about what they did last weekend. Write *R* next to the things that Raúl did, and *A* next to the things that Alicia did. Remember to look at the list of activities before you listen to the conversation.

1. ______ Fue a una fiesta.
2. ______ Trabajó.
3. ______ Comió en su casa.
4. ______ Se acostó temprano.
5. ______ Fue al cine.
6. ______ Tomó café.
7. ______ Habló con una amiga.
8. ______ Se acostó tarde.
9. ______ Jugó al tenis.
10. ______ Miró TV.

Actividad 9: La familia de Álvaro. This is an incomplete tree of Álvaro's family. As you listen to the conversation between Álvaro and Clara, complete the tree with the initials of the names listed in your lab manual. Don't be concerned if you don't understand every word. Just concentrate on completing the family tree. You may have to listen to the conversation more than once.

Juan José (J)	Flavia (F)	Héctor (H)	Tomás (T)

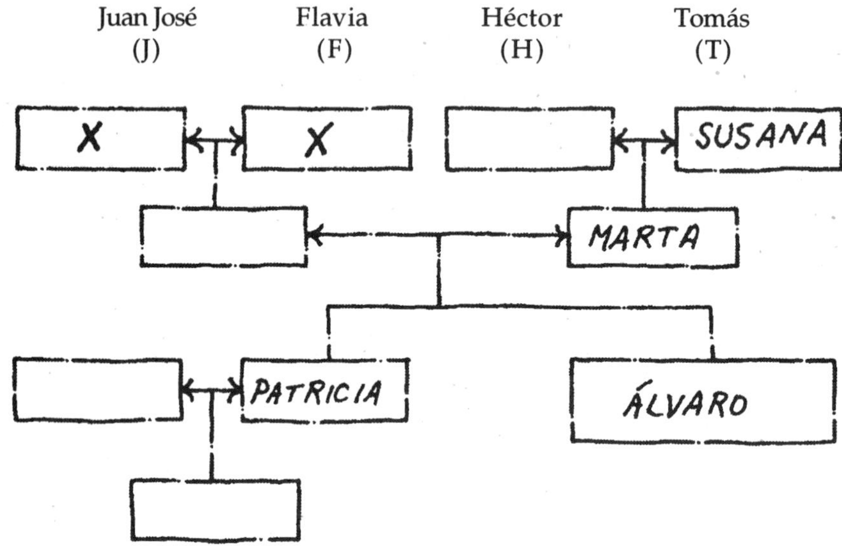

Actividad 10: Una cena familiar. Tonight there is a family dinner at Álvaro's and his mother is planning the seating arrangements. Listen to Álvaro's mother, Marta, as she explains her plan to Álvaro. Write the name of each family member on the card in front of his/her place setting. You may have to refer to *Actividad 9* for the names of some of Álvaro's relatives.

NOMBRE ______________________ FECHA ______________

Actividad 11: El matrimonio de Nando y Olga.

A. Nando and Olga have already gotten married, and now Hernán, Nando's father, gets a phone call. Read the questions in your lab manual; then listen to the phone call and jot one-word answers next to each question. You may have to listen to the conversation more than once.

1. ¿Quién llamó al padre de Nando por teléfono? ______________________
2. ¿A quién le hizo un vestido la Sra. Montedio? ______________________
3. ¿Qué le aquiló la mamá de Nando a su hijo? ______________________
4. ¿Quién les regaló una cámara de video a los novios? ______________________
5. ¿Quiénes les regalaron un viaje? ______________________
6. ¿A quiénes llamaron los novios desde la República Dominicana? ______________________

B. Now pause the recording and use your one-word answers to write down complete answers to the questions from **part A**.

1. ______________________
2. ______________________
3. ______________________
4. ______________________
5. ______________________
6. ______________________

Conversación: *La boda en Chile*

NOMBRE ______________________ FECHA ______________

Capítulo 7

MEJORA TU PRONUNCIACIÓN

THE CONSONANTS *b* AND *v*

In Spanish, there is generally no difference between the pronunciation of the consonants **b** and **v**. When they occur at the beginning of a phrase or sentence, or after *m* or *n,* they are both pronounced like the *b* in the English word *bay*, for example, **bolso** and **vuelo**. In all other cases, they are pronounced by not quite closing the lips, as in **cabeza** and **nuevo**.

Actividad 1: Escucha y repite. Listen and repeat the following travel-related words, paying special attention to the pronunciation of the initial **b** and **v**.

1. **b**anco
2. **v**estido
3. **v**uelo
4. **b**olso
5. **v**uelta
6. **b**otones

Actividad 2: Escucha y repite. Listen and repeat the following weather expressions. Note the pronunciation of **b** and **v** when they occur within a phrase.

1. Está nu**b**lado.
2. Hace **b**uen tiempo.
3. ¿Cuánto **v**iento hace?
4. Llue**v**e mucho.
5. Está a dos grados **b**ajo cero.

NOMBRE ________________________ FECHA ____________

Actividad 3: En el aeropuerto. Listen and repeat the following sentences. Pay special attention to the pronunciation of the **b** and **v**.

1. **B**uen **v**iaje.
2. ¿Y su hijo **v**iaja solo o con Ud.?
3. Las lle**v**as en la mano.
4. ¿Dónde pongo las **b**otellas de ron?
5. **V**amos a hacer escala en Miami.
6. Pero no lo **v**a a **b**e**b**er él.
7. **V**oy a cam**b**iar mi pasaje.

MEJORA TU COMPRENSIÓN

Actividad 4: ¿Qué es? As you hear each of the following short conversations in a department store, circle the name of the object that the people are discussing.

1. una blusa — un saco
2. unos pantalones — un sombrero
3. unas camas — unos videos

Actividad 5: Un mensaje para Teresa. Vicente calls Teresa at work, but she is not there. Instead, he talks with Alejandro, Teresa's uncle. As you listen to their conversation, write the message that Vicente leaves.

MENSAJE TELEFÓNICO

Para: *Teresa*

Llamó: ____________________

Teléfono: ____________________

Mensaje: ____________________

Recibido por:	Fecha:	Hora:
tío Alejandro	*6 de septiembre*	

Actividad 6: La operadora. You will hear two customers calling the operator. As you listen, write the name of the country or city they are calling and check off what they want.

	Ciudad y país	Quiere...	
1.	______________	❐ marcar directo	❐ llamada a cobro revertido
2.	______________	❐ el indicativo del país	❐ el prefijo de la ciudad

Actividad 7: Las excusas. Two of Perla's friends call her to apologize for not having come to her party last night. They also explain why some others didn't show up. As you listen, match each person with his/her excuse for not going to the party. Notice that there are extra excuses.

Invitados

1. ______ Esteban
2. ______ Pilar
3. ______ Andrés
4. ______ Viviana

Excusas

a. Tuvo que estudiar.
b. No le gusta salir cuando llueve.
c. Conoció a una persona en la calle.
d. Se durmió en el sofá.
e. No pudo dejar a su hermano solo.
f. Se acostó temprano.

Actividad 8: Aeropuerto Internacional, buenos días. You will hear three people calling the airport to ask about arriving flights. As you listen to the conversations, fill in the missing information on the arrival board.

Llegadas Internacionales

Línea aérea	Número de vuelo	Procedencia	Hora de llegada	Comentarios
Iberia		Lima		a tiempo
TACA	357		12:15	
LACSA		NY/México		

Actividad 9: Las noticias. As you hear the news report, complete the following chart indicating who the people are and what happened in each case.

	Quién es	Qué ocurrió
1. María Salinas	____________	______________________
2. Mario Valori	____________	______________________
3. Pablo Bravo	____________	______________________
4. Sara Méndez	____________	______________________

NOMBRE ______________________ FECHA ______________

Actividad 10: ¿Cuánto tiempo hace que...? You will listen to a set of personal questions. Pause the recording after you listen to each question, and write a complete answer in your lab manual.

1. ______________________
2. ______________________
3. ______________________
4. ______________________

Conversación: *¿En un "banco" de Segovia?*

Conversación: *Un día normal en el aeropuerto*

Capítulo 8

MEJORA TU PRONUNCIACIÓN

THE CONSONANTS *g* AND *j*

As you saw in Chapter 6, the consonant **g**, when followed by the vowels *a, o,* or *u* or by the vowel combinations *ue* or *ui,* is pronounced a little softer than the *g* in the English word *guy,* for example, **gato, gordo, guerra**. **G** followed by *e* or *i* and *j* in all positions are both pronounced similarly to the *h* in the English word *hot,* as in the words **general** and **Jamaica**.

Actividad 1: Escucha y repite. Listen and repeat the following words. Pay attention to the pronunciation of the letters **g** and **j**.

1. ojo
2. Juan Carlos
3. trabajar
4. escoger
5. congelador
6. gigante

Actividad 2: Las asignaturas. Listen and repeat the following conversation between two students. Pay attention to the pronunciation of the letters **g** and **j**.

ESTUDIANTE 1 ¿Qué asignatura vas a escoger?

ESTUDIANTE 2 Creo que psicología.

ESTUDIANTE 1 Pero es mejor geografía.

ESTUDIANTE 2 ¡Ay! Pero no traje el papel para inscribirme.

ESTUDIANTE 1 ¿El papel rojo?

ESTUDIANTE 2 No. El papel anaranjado.

NOMBRE ______________________ FECHA ______________

MEJORA TU COMPRENSIÓN

Actividad 3: El crucigrama. Use the clues you will hear to complete the puzzle on electrical appliances. Remember to look over the list of words and the puzzle before you listen to the clues.

lavaplatos	horno	aspiradora	secadora
cafetera	tostadora	nevera	lavadora

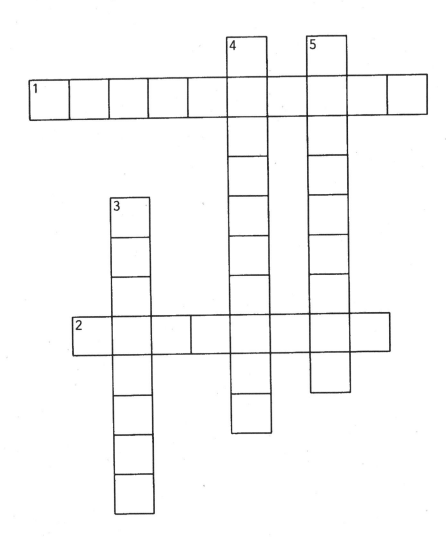

1

2

3

4

5

Actividad 4: En busca de apartamento. Paulina has seen an ad listing an apartment for rent and calls to find out more about it. Listen to Paulina's conversation with the apartment manager and complete her notes on the apartment.

Teléfono 986-4132

Apartamento: 1 dormitorio

¿Alquiler? $ ¿Depósito? $

¿Amueblado?

¿Teléfono?

¿Dirección? San Martín ¿Piso?

Actividad 5: ¿Dónde ponemos los muebles? Paloma and her husband are moving into a new apartment and are now planning where to place their bedroom furniture. As you listen to their conversation, indicate where they are going to put each piece of furniture by writing the number of each item in one of the squares on the floor plan of their bedroom.

1 alfombra	3 cómoda	5 sillón
2 cama	4 mesa	6 televisor

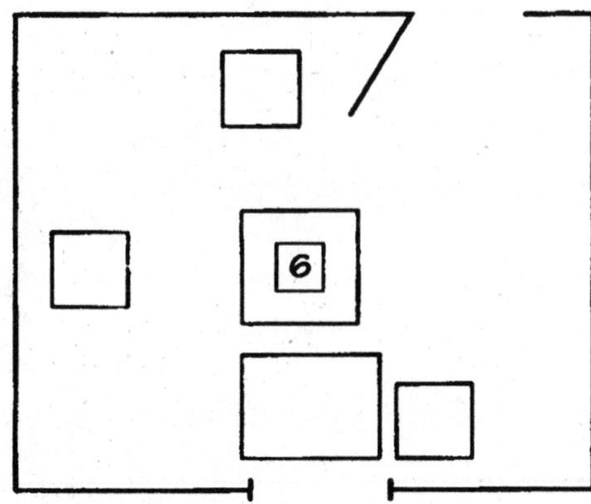

NOMBRE ______________________ FECHA ______________

Actividad 6: En el Rastro. Vicente and Teresa go to the Rastro (an open-air market in Madrid) to look for some inexpensive shelves. Listen to their conversation with a vendor and, based on what you hear, check whether the statements in your lab manual are true or false.

	Cierto	Falso
1. Hay poca gente en este mercado.	❐	❐
2. Vicente ve unos estantes.	❐	❐
3. Los estantes son baratos.	❐	❐
4. Teresa regatea (*bargains*).	❐	❐
5. El comerciante no baja el precio.	❐	❐
6. Teresa compra dos estantes.	❐	❐

Actividad 7: Radio consulta.

A. Esperanza is the hostess of **"Problemas,"** a call-in radio show. As you listen to the following conversation between a caller and Esperanza, check off the caller's problem.

1. ❐ La señora está deprimida (*depressed*).
2. ❐ La señora no sabe dónde está su animal.
3. ❐ La señora tiene un esposo que no se baña.
4. ❐ La señora tiene un hijo sucio (*dirty*).

B. Before you listen to Esperanza's reply, choose which actions from the list *you* would advise the caller to take.

	Tus consejos	Los consejos de Esperanza
1. Debe poner a su esposo en la bañera.	❐	❐
2. Debe hablar con un compañero de trabajo de su esposo para que él le hable a su esposo.	❐	❐
3. Debe llevar a su esposo a un psicólogo.	❐	❐
4. Ella debe hablar con una amiga.	❐	❐
5. Tiene que decirle a su esposo que él es muy desconsiderado.	❐	❐
6. Tiene que decirle a su esposo que la situación no puede continuar así.	❐	❐

C. Now, listen to Esperanza and check off the three pieces of advice she gives.

Actividad 8: El dictáfono. Patricio's boss is out of the office, and she has left him a message on the dictaphone reminding him of the things they have to do today. Listen to the message and write a **P** in front of the things that Patricio is asked to do and a **J** (for **jefa**) in front of the things that Patricio's boss will do herself.

1. ______ comprar una cafetera
2. ______ escribir les una carta a los señores Montero
3. ______ llamar a los señores Montero para verificar su dirección
4. ______ llamar a la agencia de viajes
5. ______ ir a la agencia de viajes
6. ______ ir al banco
7. ______ pagar el pasaje

Actividad 9: Busco un hombre que...

A. You will listen to a radio ad of a woman who is looking for her ideal partner. Before you listen to the ad, stop the recording and check off the characteristics you look for in a partner.

	tú	ella
Busco un hombre/una mujer que...		
sea inteligente	____	____
tenga dinero	____	____
tenga un trabajo estable (*stable*)	____	____
salga por la noche	____	____
sepa bailar	____	____
sea guapo/a	____	____
sea simpático/a		

B. Now listen to the radio ad and check off in the list above the characteristics this woman is looking for in a man.

Conversación: *En busca de apartamento*

Conversación: *Todos son expertos*

Capítulo 9

MEJORA TU PRONUNCIACIÓN

THE CONSONANTS *c, s,* AND *z*

In Hispanic America, the consonant **c** followed by an *e* or an *i,* and the consonants **s** and **z** are usually pronounced like the *s* in the English word *sin.* In Spain, on the other hand, the consonant **c** followed by an *e* or an *i,* and **z** are usually pronounced like the *th* in the English word *thin.*

Actividad 1: Escucha y repite.

A. Listen and repeat the following food-related words. Pay attention to the pronunciation of the consonant **c** followed by an *e* or an *i,* and the letters **s** and **z.**

1. la taza
2. el vaso
3. la ensalada
4. el postre
5. la cocina
6. la cerveza

B. Now listen to the same words again as they are pronounced by a speaker from Spain. Do not repeat the words.

Actividad 2: La receta. Listen to the following portions of Álvaro's tortilla recipe. Notice how Álvaro, who is from Spain, pronounces the consonant **c** followed by an *e* or an *i,* and the consonants **s** and **z.**

Se cortan unas cuatro patatas grandes.
Luego se fríen en aceite.
Mientras tanto, revuelves los huevos.
Se ponen las patatas y la cebolla en un recipiente.
Y se añade un poco de sal.

MEJORA TU COMPRENSIÓN

Actividad 3: ¿Certeza o duda? You will hear four statements. For each of them, indicate whether the speaker is expressing certainty or doubt.

	Certeza	Duda
1.	❒	❒
2.	❒	❒
3.	❒	❒
4.	❒	❒

Actividad 4: Mañana es día de fiesta. Silvia is talking on the phone with a friend about her plans for tomorrow. As you listen to what she says, write four phrases about what may happen.

Mañana quizás / tal vez...

1. ______________________________
2. ______________________________
3. ______________________________
4. ______________________________

Actividad 5: Mi primer trabajo. As you listen to Mariano telling about his first job, fill in each of the blanks in his story with one or more words.

______________ cuando empecé mi primer trabajo. ______________ cuando llegué a la oficina el primer día. Allí conocí a mis colegas. Todos eran muy simpáticos. Una persona estaba enferma, así que yo ______________ todo el santo día. ______________ de la mañana cuando terminé. Ése fue un día difícil pero feliz.

Actividad 6: El horario de Nélida. After you hear what Nélida did this evening, figure out when each event happened. You may want to listen more than once.

¿Qué hora era cuando pasaron estas cosas?

1. Nélida llegó a casa. ______________
2. Alguien la llamó. ______________
3. Entró en la bañera. ______________
4. Comenzó "Los Simpsons". ______________
5. Se durmió. ______________

Actividad 7: Las compras. Doña Emilia is going to send her son Ramón grocery shopping and is now figuring out what they need. As you listen to their conversation, check off the items they have, those they need to buy, and those they are going to borrow from a neighbor.

	Tienen	Necesitan comprar	Van a pedir prestado (*borrow*)
1. aceite	❐	❐	❐
2. tomates	❐	❐	❐
3. Coca-Cola	❐	❐	❐
4. vino blanco	❐	❐	❐
5. leche	❐	❐	❐
6. vinagre	❐	❐	❐

Actividad 8: La receta de doña Petrona. You will now hear doña Petrona demonstrating how to make **ensalada criolla** on her television program, **"Recetas Exitosas."** As you hear her description of each step, number the drawings to show the correct order. Note that there are some extra drawings.

Actividad 9: Cómo poner la mesa. You will hear a man on the radio describing how to set a place setting. As you listen to him, draw where each item should go on the place mat.

NOMBRE ______________________ FECHA ______________

Actividad 10: Cuando estudio mucho.

A. Pause the recording and write in Spanish three things that you like doing to take your mind off school or work.

1. ______________________
2. ______________________
3. ______________________

B. Federico, Gustavo, and Marisa are discussing what they do to take their minds off their studies. Listen to their conversation and write down sentences to indicate what activity (or activities) each of them finds relaxing.

1. Federico: ______________________
2. Gustavo: ______________________

   ____
3. Marisa: ______________________

   ____

Actividad 11: El viaje a Machu Picchu. Mr. López receives a phone call. Listen to his conversation with the caller and check whether each statement is true or false.

	Cierto	Falso
1. El señor López ganó un viaje a Ecuador.	❐	❐
2. La señora dice que una computadora escogió su número de teléfono.	❐	❐
3. La señora dice que él ganó pasajes para dos personas.	❐	❐
4. El señor López le da su número de tarjeta de crédito a la mujer.	❐	❐
5. El señor López cree que la mujer le dice la verdad.	❐	❐

Conversación: *El trabajo y el tiempo libre*

Conversación: *Después de comer, nada mejor que la sobremesa*

NOMBRE ______________________ FECHA ______________

Capítulo 10

MEJORA TU PRONUNCIACIÓN

DIPHTHONGS

In Spanish, vowels are classified as weak **(i, u)** or strong **(a, e, o)**. A diphthong is a combination of two weak vowels or a weak and a strong vowel in the same syllable. When a strong and a weak vowel are combined, the strong vowel takes a slightly greater stress, for example, **vuelvo**. When two weak vowels are combined, the second one takes a slightly greater stress, as in the word **ciudad**. Sometimes the weak vowel in a strong-weak combination takes a written accent, and the diphthong is therefore dissolved, as in **día**.

Actividad 1: Escucha y repite. Escucha y repite las siguientes palabras.

1. la p**ie**rna
2. la leng**ua**
3. los **oí**dos
4. los lab**io**s
5. el p**ie**
6. c**ui**dar

Actividad 2: Escucha y repite. Escucha y repite las siguientes oraciones de la conversación en el libro de texto entre Vicente y sus padres.

1. S**ie**mpre los echo de menos.
2. B**ue**no, ahora vamos a ir a Sarchí.
3. Ten**ía** tres años c**ua**ndo subí a la carreta del ab**ue**lo.
4. No me s**ie**nto b**ie**n.
5. ¿Q**uie**res comprarle algo de artesan**ía** típica?

Actividad 3: ¿Diptongo o no? Escucha y marca si las siguientes palabras contienen diptongo o no.

	Sí	No
1.	❐	❐
2.	❐	❐
3.	❐	❐
4.	❐	❐
5.	❐	❐
6.	❐	❐

MEJORA TU COMPRENSIÓN

Actividad 4: Los preparativos de la fiesta. La. Sra. Uriburu llama a casa para ver si su esposo ha hecho algunos preparativos para la cena de esta noche. Mientras escuchas a la Sra. Uriburu, escoge las respuestas correctas de su esposo.

1. a. Sí, ya la limpié.
   b. Sí, ya lo limpié.
2. a. No, no lo compro.
   b. No, no lo compré.
3. a. No tuviste tiempo.
   b. No tuve tiempo.
4. a. Sí, te la preparé.
   b. Sí, se la preparé.
5. a. Sí, se lo di.
   b. Sí, se los di.
6. a. No, no me llamó.
   b. No, no la llamé.

Actividad 5: ¿Le molesta o le gusta? As you listen to a series of statements, check off the opinion of the speaker in each case.

1. a. Las clases le parecieron fáciles.
   b. Las clases le parecieron difíciles.
2. a. Le encanta ir a la casa de sus padres.
   b. Le molesta ir a la casa de sus padres.
3. a. Le fascina la luz.
   b. Le molesta la luz.
4. a. A él le pareció interesante la película.
   b. A él le pareció aburrida la película.

Actividad 6: Tengo correo electrónico. Escucha la conversación telefónica entre Fernando y Betina y completa la siguiente tabla.

Dirección de correo electrónico de Betina:
Sitio que recomienda Fernando:

Actividad 7: Los testimonios. Ayer hubo un asalto a un banco (*bank robbery*) y ahora un detective les está haciendo preguntas a tres testigos (*witnesses*). Escucha las descripciones de los testigos y escoge el dibujo correcto del asaltante (*thief*).

❒ ❒ ❒

Actividad 8: Un mensaje telefónico. El asaltante del banco llama a su jefa a la casa y le deja un mensaje muy importante. Escucha y escribe el mensaje. Cuando termines, para el CD y usa las letras que tienen números debajo para descifrar (*decode*) el mensaje secreto que el asaltante le deja a su jefa.

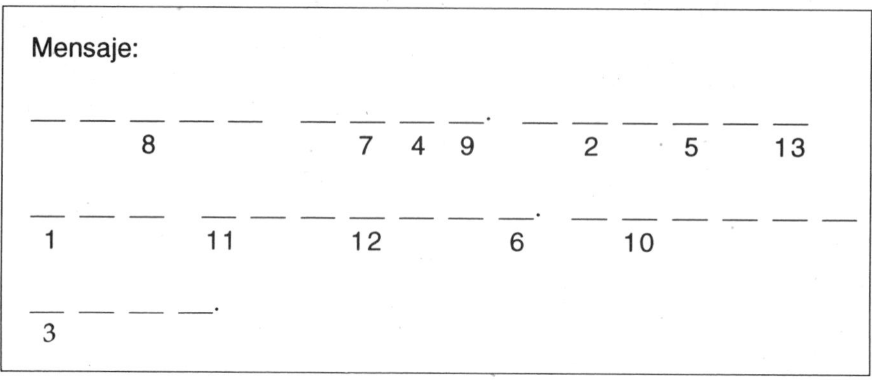

El mensaje secreto:

__ __   __ __ __ __ __ __ __ __   __ __   __ __ __ __ __.
1 2   3 4 5 2 6 7 8 13   4 9   6 10 7 11 12

Actividad 9: El accidente automovilístico.

A. Vas a escuchar una entrevista de radio con una doctora que vio un accidente automovilístico entre un camión y un autobús escolar. Antes de escuchar, para el CD y usa la imaginación para escribir qué hacían las personas de la lista cuando la doctora llegó al lugar del accidente.

1. los niños ______________________
2. los paramédicos ______________________
3. los peatones (*pedestrians*) ______________________
4. la policía ______________________

B. Ahora escucha la entrevista y marca qué hacían las personas de la lista según (*according to*) la doctora.

1. los niños ______________________
2. los paramédicos ______________________
3. los peatones (*pedestrians*) ______________________
4. la policía ______________________

Actividad 10: Los regalos. María y Pedro van a una tienda de deportes que tiene varias ofertas. Escucha la conversación y escribe qué les compran a sus hijos.

Le compran a...

1. Miguel ______________________
2. Felipe ______________________
3. Ángeles ______________________
4. Patricia ______________________

Actividad 11: Diana en los Estados Unidos. Diana está hablando con Teresa sobre su vida en los Estados Unidos. Escucha la conversación y marca **C** si las oraciones sobre Diana son ciertas o **F** si son falsas.

1. ______ Vivía en una ciudad pequeña.
2. ______ Enseñaba inglés.
3. ______ Hablaba español casi todo el día.
4. ______ Se levantaba tarde.
5. ______ Ella vivía con sus padres.
6. ______ Estudiaba literatura española.

Conversación: *¡Feliz cumpleaños!*

Conversación: *Teresa, campeona de tenis*

Capítulo 11

MEJORA TU PRONUNCIACIÓN

THE CONSONANT *h*

The consonant **h** is always silent in Spanish. For example, the word *hotel* in English is **hotel** in Spanish.

Actividad 1: Escucha y repite. Escucha y repite las siguientes frases relacionadas con la salud.

1. **h**emorragia
2. **h**ospital
3. **h**acer un análisis
4. **h**erida
5. alco**h**ol
6. **h**epatitis

Actividad 2: En el consultorio. Escucha y repite las siguientes oraciones de la conversación en el libro de texto entre la familia de don Alejandro y la doctora.

1. **H**oy me duele la pierna derecha.
2. Debemos **h**acerle un análisis de sangre a**h**ora mismo.
3. **H**ay que internarlo en el **h**ospital.
4. Y a**h**ora no voy a poder.

MEJORA TU COMPRENSIÓN

Actividad 3: No me siento bien.

A. Vas a escuchar tres conversaciones sobre personas que tienen problemas de salud (*health*). Escucha y escribe en la tabla (*table*) qué problema tiene cada persona.

	Problema
El hombre	
La niña	
Adriana	

B. Ahora escucha las conversaciones otra vez y escribe en la tabla qué consejo recibe cada persona.

	Consejo
El hombre	
La niña	
Adriana	

Actividad 4: La conversación telefónica. Clara está hablando por teléfono con una amiga. Tiene hipo (*hiccups*) y no puede terminar algunas frases. Escucha lo que dice Clara y selecciona una palabra para completar la idea que ella no termina cada vez que la interrumpe el hipo. Numéralas del 1 al 4.

_______ aburrido

_______ dormidos

_______ vestidos

_______ preocupada

_______ sentados

Actividad 5: La fiesta inesperada. Esteban decidió hacer una fiesta ayer por la noche e inmediatamente llamó a sus amigos y les dijo que fueran a su casa exactamente como estaban en ese momento (*come as you are*). Hoy Esteban está hablando con su madre sobre la fiesta. Escucha la conversación y marca qué estaba haciendo cada una de estas personas cuando Esteban las llamó.

_______ Ricardo

_______ María

_______ Héctor

_______ Claudia

_______ Silvio

a. Estaba mirando televisión.

b. Estaba vistiéndose.

c. Estaba bañándose.

d. Estaba afeitándose.

e. Estaba comiendo.

Actividad 6: Problemas con el carro. Un señor tuvo un accidente automovilístico y ahora está hablando por teléfono con un agente de la compañía de seguros (*insurance company*) para decirle los problemas que tiene su carro. Escucha la conversación y pon una **X** sólo en las partes del carro que tienen problemas.

Actividad 7: Quiero alquilar un carro. Tomás está en Santiago, Chile, y quiere alquilar un carro por una semana para conocer el país. Por eso llama a una agencia de alquiler para obtener información. Escucha la conversación y completa los apuntes (*notes*) que él toma.

Rent-a-carro: 698-6576

Por semana: $ ____________

Día extra: $ ____________

¿Seguro (*Insurance*) incluido? Sí / No ¿Cuánto? $ ____________

¿Depósito? Sí / No

¿Puedo devolver (*return*) el carro en otra ciudad? Sí / No

¿A qué hora debo devolverlo?

NOMBRE ______________________ FECHA ______________

Actividad 8: La novia de Juan. Juan habla con Laura sobre su novia. Mientras escuchas la conversación, responde a las preguntas en tu manual de laboratorio.

1. ¿Conocía Juan a su novia antes de empezar la universidad? ______________________
2. ¿Cuándo y dónde la conoció? ______________________
3. ¿Qué era algo que no sabía sobre ella cuando empezaron a salir? ______________________
4. ¿Cómo y cuándo lo supo? ______________________
5. ¿Qué piensa hacer Juan? ______________________

Conversación: *De vacaciones y enfermo*

Conversación: *Si manejas, te juegas la vida*

NOMBRE ______________________ FECHA ______________

Capítulo 12

MEJORA TU PRONUNCIACIÓN

LINKING

In normal conversation, you link words as you speak to provide a smooth transition from one word to the next. In Spanish, the last letter of a word can usually be linked to the first letter of the following word, for example, **mis‿amigas, tú‿o‿yo**. When the last letter of a word is the same as the first letter of the following word, they are pronounced as one letter, for example, **las‿sillas, te‿encargo**. Remember that the *h* is silent in Spanish, so the link occurs as follows: **la‿habilidad**.

Actividad 1: Escucha y repite. Escucha y repite las siguientes frases idiomáticas prestando atención al unir las palabras.

1. el mal de‿ojo
2. vale la‿pena
3. qué‿hotel más lujoso
4. más‿o menos
5. favor de‿escribirme

Actividad 2: En el restaurante argentino. Escucha y repite parte de la conversación entre Teresa y Vicente en el restaurante argentino.

TERESA ¡Qué chévere‿este restaurante‿argentino! ¡Y con conjunto de música!

VICENTE Espero que‿a la‿experta de‿tenis le‿gusten la comida‿y los tangos‿argentinos con bandoneón‿y todo.

TERESA Me fascinan. Pero, juegas bastante‿bien, ¿sabes?

VICENTE Eso‿es lo que pensaba antes de jugar contigo...

NOMBRE ______________________ FECHA ______________

MEJORA TU COMPRENSIÓN

Actividad 3: Los instrumentos musicales. Vas a escuchar cuatro instrumentos musicales. Numera cada instrumento que escuches.

______ batería

______ violín

______ violonchelo

______ trompeta

______ flauta

Actividad 4: En el restaurante. Una familia está pidiendo la comida en un restaurante. Escucha la conversación y marca qué quiere cada persona.

Mesa Nº. 8			Camarero: Juan
Cliente Nº.			Menú
1 (mujer)	2 (hombre)	3 (niño)	
			Primer Plato
			Sopa de verduras
			Espárragos con mayonesa
			Tomate relleno
			Segundo Plato
			Ravioles
			Bistec de ternera
			Medio pollo al ajo
			Papas fritas
			Puré de papas
			Ensalada
			Mixta
			Zanahoria y huevo
			Criolla

Actividad 5: La dieta Kitakilos.

A. Mira los dibujos de María antes y después de la dieta del Dr. Popoff. Para el CD y escribe debajo de cada dibujo dos adjetivos que la describan. Imagina y escribe también dos cosas que ella puede hacer ahora que no hacía antes.

Antes

María era ______________________ y
______________________.

Después

Ahora es ______________________ y
______________________ y puede
______________________ y
______________________.

B. Ahora escucha un anuncio comercial sobre la dieta del Dr. Popoff y escribe dos cosas que hacía María antes de la dieta y dos cosas que hace después de la dieta. No es necesario escribir todas las actividades que ella menciona.

Antes

____

____

Después

____

____

Actividad 6: La isla Pita Pita. Escucha la descripción de la isla Pita Pita y usa los símbolos que se presentan y los nombres de los lugares para completar el mapa incompleto. Los nombres de los lugares que se mencionan son **Blanca Nieves, Hércules, Mala-Mala, Panamericana** y **Pata**.

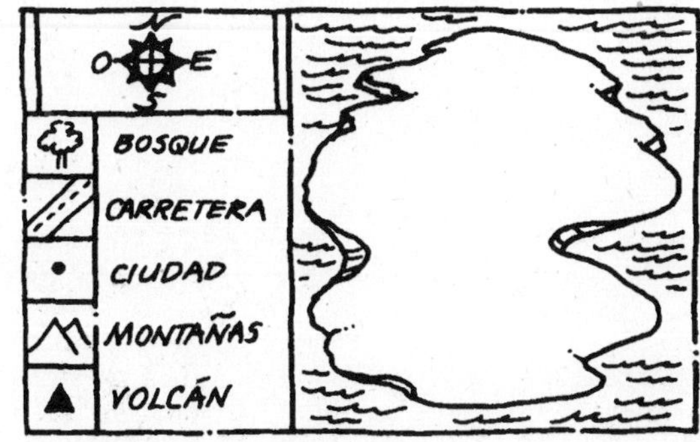

NOMBRE ______________________ FECHA ______________

Actividad 7: Visite Venezuela. ¿Sabes cuáles de los lugares de la lista pertenecen a Venezuela y cuáles no? Escucha el anuncio comercial sobre Venezuela y marca sólo los lugares que pertenecen a ese país.

______ salto Ángel

______ cataratas del Iguazú

______ Ciudad Bolívar

______ Mérida

______ islas Galápagos

______ islas Los Roques

______ playa de Punta del Este

______ playa de La Guaira

______ Volcán de Fuego

Actividad 8: Las tres casas.

A. Llamas a una inmobiliaria (*real-estate agency*) para obtener información sobre tres casas y te contesta el contestador automático. Escucha la descripción de las casas y completa la tabla.

	Tamaño (m^2)	Dormitorios	Año	Precio (dólares)
Casa 1	***250***			***350.000***
Casa 2		***2***		
Casa 3			***2003***	

B. Ahora mira la tabla y escucha las siguientes oraciones. Marca **C** si son ciertas o **F** si son falsas.

1. ______
2. ______
3. ______
4. ______
5. ______

Conversación: *¡Qué música!*

Conversación: *La propuesta*

NOMBRE ______________________ FECHA ______________

Capítulo 13

MEJORA TU PRONUNCIACIÓN

INTONATION

Intonation in Spanish usually goes down in statements, information questions, and commands. For example, **Me llamo Susana. ¡Qué interesante! ¿Cómo te llamas? No fume.** On the other hand, intonation goes up in yes/no questions and tag questions, for example, **¿Estás casado? Estás casado, ¿no?**

Actividad 1: ¿Oración declarativa o pregunta? Escucha las siguientes oraciones y marca si son oraciones declarativas (*statements*) o preguntas que se pueden contestar con **sí** o **no**.

	Oración declarativa	Pregunta con respuesta de **sí** o **no**
1.	❒	❒
2.	❒	❒
3.	❒	❒
4.	❒	❒
5.	❒	❒
6.	❒	❒
7.	❒	❒
8.	❒	❒

Actividad 2: Escucha y repite. Escucha y repite las siguientes oraciones de la conversación del libro de texto entre don Alejandro y los chicos. Presta atención a la entonación.

1. ¡Entren, entren muchachos!
2. Igualmente, don Alejandro. ¿Cómo está?

Continúa en la página siguiente →

3. Yo no tengo ningún plan en particular.
4. ¿Pueden darme más detalles?
5. ¿De qué se trata?
6. Hasta luego.
7. ¡Me parece buenísimo!

MEJORA TU COMPRENSIÓN

Actividad 3: ¿Qué le pasó? Vas a escuchar cuatro situaciones de personas que están viajando. Numera las frases según la situación que describen.

_______ Se le rompió el Pepto Bismol en la maleta.

_______ Se le cayó un vaso.

_______ Se le perdió el dinero.

_______ Se le perdió la tarjeta de crédito.

_______ Se le olvidó el nombre.

_______ Se le olvidó la llave en el carro.

Actividad 4: La dieta.

A. La Sra. Kilomás necesita bajar de peso (*to lose weight*) y está en el consultorio hablando con el médico. Para el CD y escribe tres cosas que crees que el médico le va a decir que no coma.

1. ______________ 2. ______________ 3. ______________

B. Ahora escucha la conversación y escribe en la columna correcta las cosas que la Sra. Kilomás puede y no puede comer o beber.

Coma:

____

____

No coma:

____

____

____

____

____

Beba:

____

____

____

No beba:

____

NOMBRE ______________________ FECHA ______________

Actividad 5: El Club Med. El Sr. Lobos está hablando con su secretaria sobre el tipo de persona que busca para el puesto (*job*) de director de actividades. Escucha la conversación y luego elige el aviso clasificado que prepara la secretaria después de la conversación.

1

CLUB MED BUSCA

Persona deportista y enérgica para ser **Director de actividades.**

REQUISITOS: saber inglés, conocer un Club Med, tener experiencia con niños, saber jugar a algunos deportes.

2

CLUB MED BUSCA

Persona deportista y enérgica para ser **Director de actividades.**

REQUISITOS: saber inglés y francés, conocer un Club Med, conocer la República Dominicana, tener experiencia con niños y adultos.

La secretaria escribe el aviso número ______.

Actividad 6: El tour a Guatemala.

A. Imagina que tienes la posibilidad de ir a Guatemala. Para el CD y escribe cuál de los tours que se presentan prefieres.

GUATEMALA SOL

Incluye:
- Pasaje de ida y vuelta
- 9 días en hoteles ★★★★
- Tours con guía a Antigua y Chichicastenango
- Opcional: ruinas de Tikal

GUATEMALA CALOR

Incluye:
- Pasaje de ida y vuelta
- 9 días en hoteles ★★★
- Tours sin guía a Antigua y Chichicastenango
- Opcional: ruinas de Tikal

Prefiero el tour ______________________________.

B. Terencio llama a una agencia de viajes porque quiere hacer un tour por Guatemala. Escucha la conversación con el agente de viajes y luego indica qué tour de la **parte A** le va a ofrecer el agente de viajes.

El agente de viajes le va a ofrecer el tour ______________________.

NOMBRE ______________________ FECHA ____________

Actividad 7: En la oficina de turismo. Hay algunos turistas en una oficina de turismo. Escucha las conversaciones entre un empleado y diferentes turistas y completa el mapa con los nombres de los lugares adonde quieren ir los turistas: el **correo**, una **iglesia** y el **Hotel Aurora**. Antes de empezar, busca en el mapa la oficina de turismo.

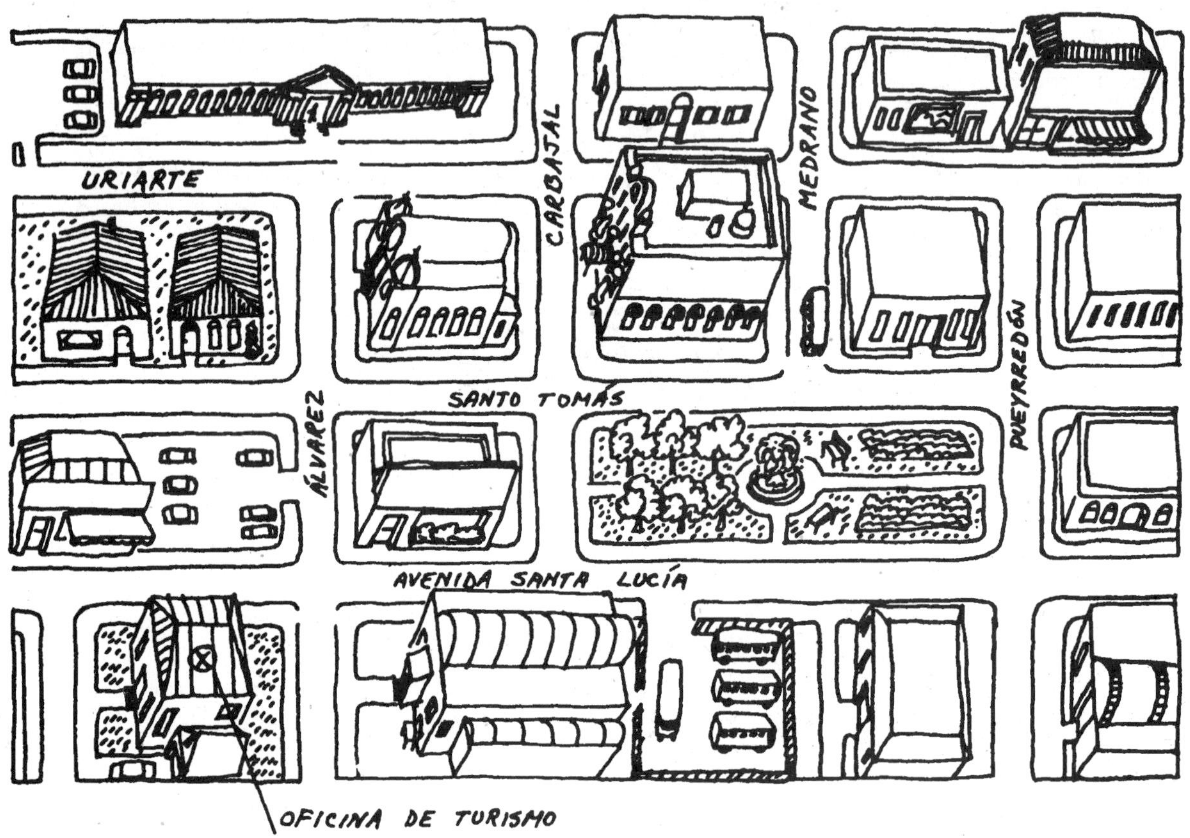

Actividad 8: La llamada anónima. Unos hombres secuestraron (*kidnapped*) al Sr. Tomono, un diplomático, en Guayaquil, Ecuador, y quieren un millón de dólares. Llaman a la Sra. Tomono para decirle qué debe hacer con el dinero. Escucha la conversación telefónica y marca las siguientes oraciones con **C** si son ciertas o con **F** si son falsas.

1. ______ La Sra. Tomono debe poner el dinero en una maleta marrón.
2. ______ Ella debe ir a la esquina de las calles Quito y Colón.
3. ______ Tiene que hablar por el teléfono público.
4. ______ Tiene que ir con su hija.

Actividad 9: Los secuestradores y el detector. La Sra. Tomono le avisó a la policía y ellos pusieron un detector en la maleta con el dinero. La señora ya les entregó el dinero a los secuestradores (*kidnappers*) y ahora un policía está siguiendo el camino del carro en una computadora. Mientras escuchas al policía, marca el camino que toma el carro y pon una **X** donde el carro se detiene (*stops*). Cuando termines, vas a saber dónde está el Sr. Tomono. Comienza en la esquina de las calles Quito y Colón.

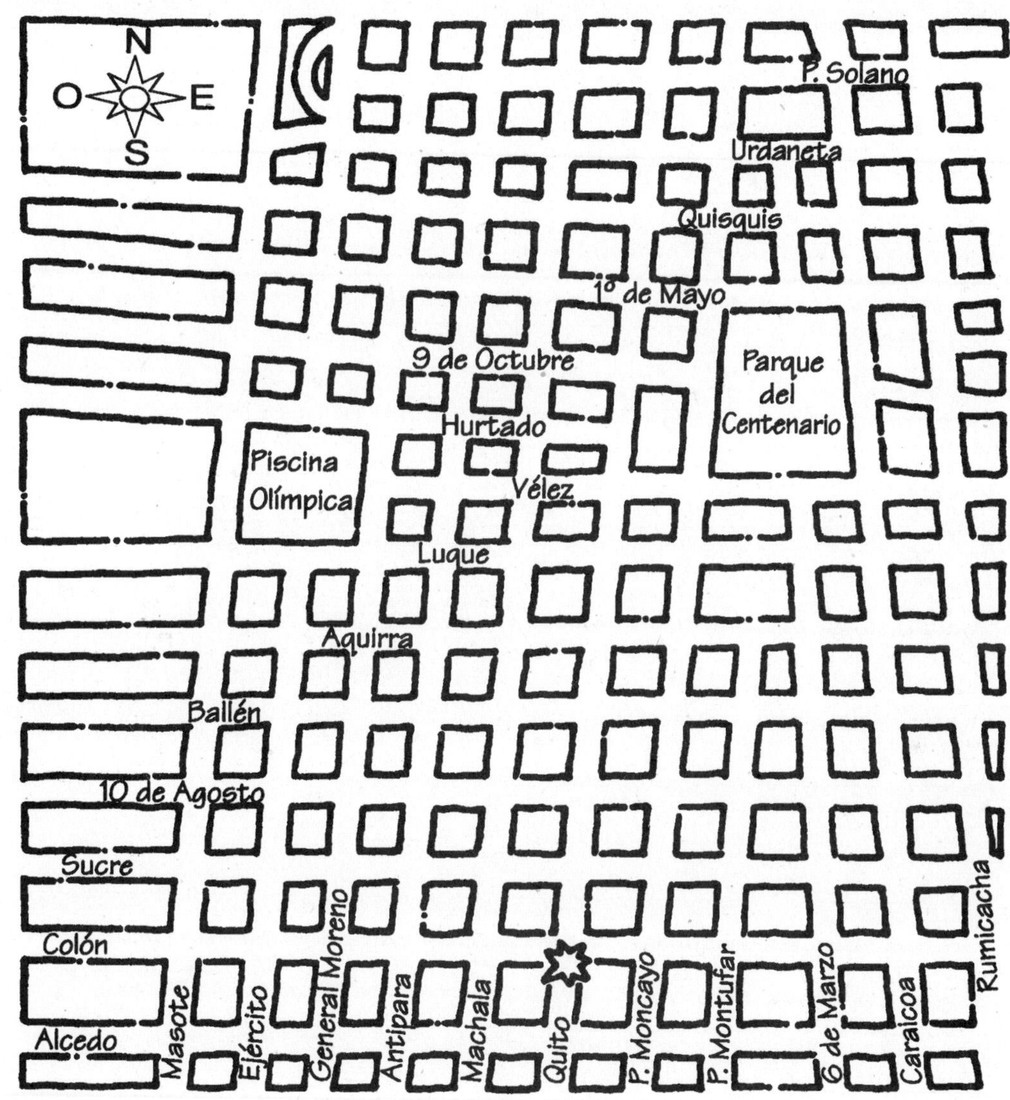

Conversación: *La oferta de trabajo*

Conversación: *Impresiones de Miami*

NOMBRE ______________________ FECHA ______________

Capítulo 14

MEJORA TU PRONUNCIACIÓN

REVIEW OF THE SPANISH SOUNDS *p, t, [k],* AND *d*

Remember that the Spanish **p, t,** and **[k]** are not aspirated, as in **papel, tomate, carta,** and that **d** can be pronounced as in **dónde** or as in **Adela.**

Actividad 1: Un dictado. Escucha y completa la siguiente historia sobre Álvaro.

Álvaro perdió el ______________ y por eso ayer ______________ que ir al ______________ de España en la ciudad de México. Por suerte ya tenía una ______________ del pasaporte, pero ______________ tuvo que llevar ______________ fotos y la ______________ que hizo en la estación de policía. ______________ de ir al consulado, se fue al hotel otra vez a ______________ con Juan Carlos y el grupo para ir en el ______________ de la ciudad.

MEJORA TU COMPRENSIÓN

Actividad 2: ¿Con qué va a pagar? Escucha las siguientes situaciones y marca con qué va a pagar la persona en cada caso.

	Efectivo	Tarjeta de crédito	Cheque	Cheque de viajero
1.	❒	❒	❒	❒
2.	❒	❒	❒	❒
3.	❒	❒	❒	❒

Actividad 3: En la casa de cambio. Un cliente está en una casa de cambio y necesita cambiar dinero. Escucha la conversación y contesta las preguntas en el manual de laboratorio.

1. ¿Qué moneda tiene el cliente? ______________________
2. ¿Qué moneda quiere? ______________________
3. ¿A cuánto está el cambio? ______________________
4. ¿Cuánto dinero quiere cambiar? ______________________
5. ¿Cuánto dinero recibe? ______________________

Actividad 4: El crucigrama. Escucha las pistas (*clues*) y completa el crucigrama con los animales de la lista presentada.

caballo	gato	pájaro	serpiente
elefante	león	perro	toro
gallina	mono	pez	vaca

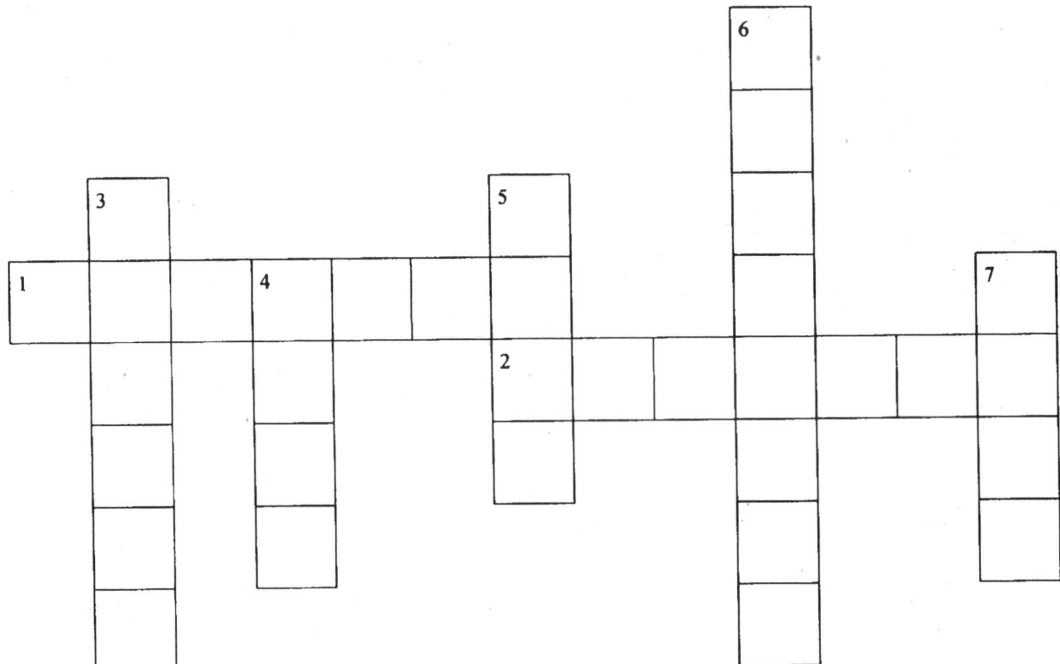

Actividad 5: Pichicho. Sebastián le está mostrando a su amigo Ramón las cosas que su perro Pichicho puede hacer. Escucha a Sebastián y numera los dibujos según las órdenes (*commands*). ¡Ojo! Hay dibujos de ocho órdenes pero Sebastián sólo da seis.

____

____

____

____

____

____

____

____

Actividad 6: ¿De qué hablan? Escucha las minisituaciones y marca de qué están hablando las personas.

1. a. un sombrero — b. una camisa
2. a. un restaurante — b. un hombre
3. a. unos zapatos — b. unas medias
4. a. una cerveza — b. una clase

Actividad 7: Madrid y el D. F.

A. Vas a escuchar dos anuncios comerciales: uno sobre Madrid y otro sobre la ciudad de México. Para cada uno, marca qué lugares se pueden visitar. ¡Ojo! A veces se puede visitar el mismo tipo de lugar en las dos ciudades.

	Madrid (Segovia)	ciudad de México (Teotihuacán)
acuario	______	______
acueducto	______	______
castillo	______	______
catedral	______	______
palacio	______	______
parque de atracciones	______	______
pirámide	______	______
ruinas	______	______
templo	______	______
torre	______	______
zoológico	______	______

B. Para el CD y escribe cuál de los dos lugares te gustaría visitar y por qué.

____

____

____

Actividad 8: La peluquería. La Sra. López y la Sra. Díaz están en la peluquería hablando de sus hijos. Escucha la conversación y completa la información sobre sus hijos.

Hijo	Edad	Ocupación	Sueldo	Deportes
Alejandro López				*nadar*
Marcos Díaz		*abogado y*		

Conversación: *En México y con problemas*

NOMBRE ______________________ FECHA ______________

Capítulo 15

MEJORA TU PRONUNCIACIÓN

RHYTHM OF SENTENCES IN SPANISH

Rhythm in Spanish differs from rhythm in English. In English, the length of syllables can vary within a word. For example, in the word *information,* the third syllable is longer than the others. In Spanish, all syllables are of equal length, as in **información.** In Chapters 15 through 17, you will practice rhythm in sentences.

Actividad 1: El ritmo de las oraciones. Primero escucha la siguiente conversación. Luego, escucha y repite las oraciones prestando atención al ritmo.

CARLOS ¿Qué pasa? Dímelo.
SONIA No, no puedo.
CARLOS ¿Qué tienes? Cuéntame.
SONIA No, no quiero.
CARLOS Vamos. Vamos. No seas así. ¿Es por Miguel?
SONIA Me cae la mar de mal.

MEJORA TU COMPRENSIÓN

Actividad 2: ¿Cuándo ocurre? Vas a escuchar cuatro minisituaciones. Marca si la persona en cada caso habla del pasado o del futuro.

	Pasado	Futuro
1.	❐	❐
2.	❐	❐
3.	❐	❐
4.	❐	❐

Actividad 3: De regreso a casa.

A. Imagina que eres soldado (*soldier*) y vas a regresar a tu casa después de un año de estar en la guerra. Para el CD y escribe lo primero que vas a hacer cuando llegues a tu casa.

Voy a _______________.

B. Simón Colón y Alberto Donnes son dos soldados que van a regresar a su casa después de un año de estar en la guerra. Ahora están hablando de las cosas que van a hacer cuando lleguen a su casa. Escucha y marca quién va a hacer qué cosa.

Cuando llegue a su casa...	Simón	Alberto
1. va a ver a su novia.	❐	❐
2. va a estar solo.	❐	❐
3. va a caminar.	❐	❐
4. va a comer su comida favorita.	❐	❐
5. va a estar con su familia.	❐	❐

Actividad 4: ¿Cómo es en realidad?

A. Éste es Rubén. ¿Cómo crees tú que sea él? Para el CD y escribe tres adjetivos de la siguiente lista que lo describan.

agresivo	cobarde	mentiroso
amable	honrado	orgulloso
ambicioso	ignorante	perezoso
chismoso	impulsivo	sensible

1. _______________ 2. _______________ 3. _______________

B. Ahora vas a escuchar a Julia y a Sandro hablando de Rubén. Escucha la conversación y escribe los adjetivos que cada persona usa para describir a Rubén.

1. Julia dice que Rubén es _______________, _______________ y _______________.
2. Sandro dice que Rubén es agresivo, _______________, _______________ y _______________.

Actividad 5: La fiesta de Alejandro. Cuando Alejandro celebró su cumpleaños el sábado pasado, tomaron una foto de la fiesta. Escucha las siguientes oraciones y marca si es cierto o falso que las cosas mencionadas habían ocurrido antes de que se tomara esta foto.

	Cierto	Falso
1.	❒	❒
2.	❒	❒
3.	❒	❒
4.	❒	❒
5.	❒	❒

Actividad 6: ¿De qué están hablando? Un padre y su hijo se divierten con un juego de palabras sobre el tema de la ecología. Escucha la conversación y cada vez que oigas el tono (*beep*), numera la palabra a la que se refieren.

______ la destrucción

______ el petróleo

______ la extinción

______ los periódicos

______ la contaminación

______ reciclar

Actividad 7: El anuncio comercial. La asociación Paz Verde está haciendo una campaña publicitaria (*ad campaign*) para proteger el medio ambiente. Escucha el anuncio y marca sólo las cosas que se mencionan.

1. ______ reciclar
2. ______ no tirar papeles en la calle
3. ______ no usar insecticidas
4. ______ no fumar
5. ______ no comprar productos en aerosol
6. ______ ahorrar (*save*) agua y electricidad

Conversación: Pasándolo muy bien en Guatemala

Anuncio: Sí, mi capitana

NOMBRE ______________________ FECHA ______________

Capítulo 16

MEJORA TU PRONUNCIACIÓN

Actividad 1: El ritmo de las oraciones. Primero escucha el siguiente monólogo. Luego escucha y repite las oraciones prestando atención al ritmo.

Sin amigos no podría vivir.
Sin dinero sería feliz.
Sin inteligencia no podría pensar
en cómo hacer para triunfar.

MEJORA TU COMPRENSIÓN

Actividad 2: En la casa de fotos. Vas a escuchar una conversación entre un cliente y una vendedora en una casa de fotos. Marca sólo las cosas que el cliente compra.

1. ❒ álbum
2. ❒ cámara
3. ❒ flash
4. ❒ lente
5. ❒ pila
6. ❒ rollo de fotos de color
7. ❒ rollo de fotos blanco y negro
8. ❒ rollo de diapositivas

NOMBRE ______________________ FECHA ____________

Actividad 3: La cámara Tannon. Escucha el anuncio de la cámara de fotos y marca las tres cosas que dice el anuncio que podrás hacer con esta cámara.

1. ❑ Podrás sacar fotos debajo del agua.
2. ❑ No necesitarás pilas para el flash.
3. ❑ No necesitarás rollo de fotos.
4. ❑ Podrás ver las fotos en tu televisor.
5. ❑ Podrás sacar fotos en color y en blanco y negro.

Actividad 4: Vivir en Caracas. Juan Carlos está en Caracas hablando con Simón, un venezolano, sobre lo bueno y lo malo de vivir en esta ciudad. Escucha la conversación y escribe las ideas mencionadas bajo la columna correspondiente.

Lo bueno	Lo malo
____________	____________
____________	____________
____________	____________

Actividad 5: La candidata para presidenta.

A. Cuando los candidatos para la presidencia le hablan al pueblo, siempre prometen (*promise*) cosas. Para el CD y escribe tres promesas (*promises*) típicas de los candidatos.

1. ______________________
2. ______________________
3. ______________________
____

B. Una candidata a presidenta está dando un discurso antes de las elecciones. Escucha y marca sólo las cosas que ella promete hacer.

1. ❑ Reduciré los impuestos.
2. ❑ El sistema educativo (*educational system*) será mejor.
3. ❑ Habrá hospitales gratis.
4. ❑ Habrá más empleos.
5. ❑ El sistema de transporte será mejor.
6. ❑ Aumentaré el sueldo mínimo.
7. ❑ Elegiré a mujeres para el gobierno.

NOMBRE ______________________ FECHA ______________

Actividad 6: El año 2025.

A. Para el CD y escribe oraciones para describir tres cosas que crees que serán diferentes en el año 2025.

1. ______________________
2. ______________________
3. ______________________

B. Ahora vas a escuchar a dos amigos, Armando y Victoria, haciendo dos predicciones cada uno para el año 2025. Marca quién hace cada predicción.

	Armando	Victoria
1. Los carros no usarán gasolina.	❐	❐
2. La comida vendrá en pastillas.	❐	❐
3. La ropa no se lavará.	❐	❐
4. No habrá más libros.	❐	❐
5. No existirán las llaves.	❐	❐
6. No habrá luz solar.	❐	❐

Actividad 7: Entrevista de trabajo. Miguel ve el siguiente aviso y llama por teléfono para obtener más información. Escucha la conversación y completa las notas que toma Miguel.

¿Quieres ganar $100 por semana trabajando en tu tiempo libre mientras estudias en la universidad? Entonces llama al 89-4657.

¿Qué tipo de trabajo?

¿Cuántas horas por día?

¿Puedo trabajar por las noches?

¿Dónde es el trabajo?

¿Cuál es el sueldo?

¿Necesito un curriculum?

Conversación: *Ya nos vamos…*

Conversación: *¿A trabajar en la Patagonia?*

NOMBRE ______________________ FECHA ______________

Capítulo 17

MEJORA TU PRONUNCIACIÓN

Actividad 1: El ritmo de las oraciones. Primero escucha la siguiente conversación entre padre e hija. Luego, escucha y repite la conversación, prestando atención al ritmo.

PADRE Quería que vinieras.

HIJA Disculpa. No pude.

PADRE Te pedí que fueras.

HIJA Lo siento. Me olvidé.

PADRE Te prohibí que fumaras.

HIJA Es que tenía muchas ganas.

PADRE Te aconsejé que trabajaras.

HIJA Basta, por favor. ¡Basta!

NOMBRE ______________________ FECHA ______________

MEJORA TU COMPRENSIÓN

Actividad 2: El crucigrama. Escucha las pistas y completa el crucigrama sobre el arte con las palabras que aparecen en la siguiente lista.

autorretrato	escultura	paisaje
bodegón	obra maestra	pintura
escultor	original	retrato

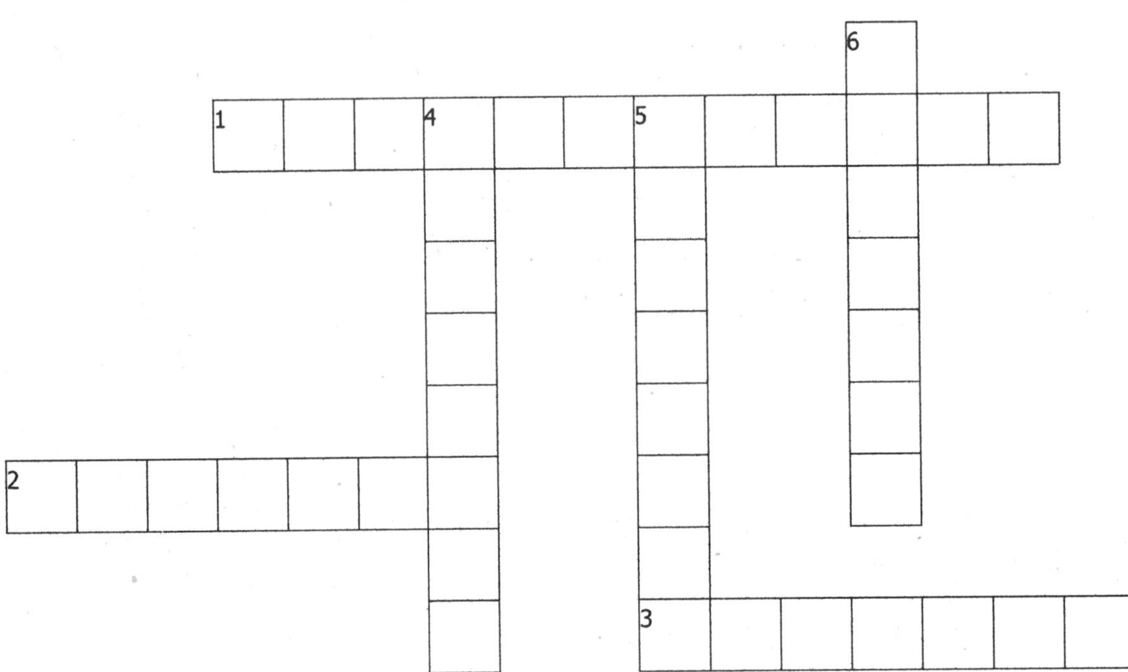

Actividad 3: No veo la hora. Vas a escuchar cuatro situaciones. Para cada caso escoge qué espera la persona que pase lo antes posible. Pon la letra de la situación correspondiente.

1. ______
2. ______
3. ______
4. ______

a. No ve la hora de que terminen las clases.
b. No ve la hora de que llegue la primavera.
c. No ve la hora de tener un hijo.
d. No ve la hora de que termine la película.
e. No ve la hora de que los invitados se vayan.

NOMBRE ______________________________ FECHA ______________

Actividad 4: Si fuera... Vas a escuchar cuatro frases que están incompletas. Escoge un final apropiado para cada frase.

1. ______
2. ______
3. ______
4. ______

a. haría dieta.
b. trabajaría seis horas.
c. tendría una moto.
d. lo llamaría por teléfono ahora mismo.
e. me casaría con ella.

Actividad 5: ¿Recíproco o no? Escucha las siguientes descripciones y marca el dibujo apropiado.

1. ____ ____

2. ____ ____

3. ____ ____

4. ____ ____

Actividad 6: Yo llevaría...

A. Imagina que tuvieras que ir a vivir en una cueva (*cave*) por seis meses. Para el CD y escribe tres cosas que llevarías contigo.

1. ____________________
2. ____________________
3. ____________________

NOMBRE ______________________________ FECHA ______________

B. Escucha ahora a Rolando y a Blanca hablando de lo que ellos llevarían si tuvieran que vivir en una cueva durante seis meses. Marca qué cosas llevaría cada uno.

	Rolando	Blanca
1. comida	❒	❒
2. televisor	❒	❒
3. libro	❒	❒
4. cuchillo	❒	❒
5. cama	❒	❒
6. radio	❒	❒

Actividad 7: Mi hija.

A. Un padre está hablando de cómo quería él que fuera su hija. Escucha lo que dice y marca las cosas que él quería.

Él quería que su hija...

1. ______ fuera doctora.
2. ______ trabajara en una clínica privada.
3. ______ se casara joven.
4. ______ tuviera muchos hijos.
5. ______ se casara con un profesional.
6. ______ viajara y conociera varios países.

B. Ahora escucha la conversación otra vez y escribe qué expectativa (*expectation*) del padre se hizo realidad (*came true*).

____

NOMBRE ______________________ FECHA ______________

Actividad 8: Guernica.

A. Mira el cuadro y para el CD. Después, contesta las preguntas que aparecen en el manual de laboratorio.

1. ¿Cuántas personas ves en el cuadro? ______________________
2. ¿Qué animales ves en el cuadro? ______________________
3. ¿Cuáles son los colores del cuadro? ______________________
4. ¿Es un cuadro violento? ¿pacífico? ¿romántico? ¿dramático? ______________________

B. Ahora imagina que estás en Madrid en el Centro de Arte Reina Sofía y escuchas una grabación (*recording*) que te explica la historia del cuadro. Escucha y marca las siguientes oraciones con **C** si son ciertas o con **F** si son falsas.

1. ______ Guernica es un pueblo de España.
2. ______ Franco era el dictador de España en 1937.
3. ______ Los aviones japoneses bombardearon (*bombed*) Guernica.
4. ______ Picasso pintó este cuadro antes del ataque a Guernica.
5. ______ La flor que tiene el hombre en el cuadro indica la esperanza.
6. ______ El cuadro estuvo en el Museo de Arte Moderno de Nueva York desde 1939 hasta 1981.

Conversación: *El arte escondido*

Conversación: *La pregunta inesperada*

NOMBRE ______________________ FECHA ______________

Capítulo 18

MEJORA TU COMPRENSIÓN

Actividad 1: Las expresiones. Escucha las siguientes situaciones y selecciona una de las expresiones para responder a cada pregunta que oigas. Pon el número de la situación al lado de la expresión correspondiente.

_____ darle a alguien las gracias

_____ llevarle la contraria a la mujer

_____ cada loco con su tema

_____ ¡Que vivan los novios!

Actividad 2: La obra de teatro.

A. En clase leíste la obra de teatro "Estudio en blanco y negro". Para el CD y escribe brevemente si te gustó la obra o no y por qué.

____

____

____

NOMBRE ______________________ FECHA ______________

B. Ahora vas a escuchar a Juan Carlos y a Claudia dando su opinión sobre la obra. Anota si les gustó o no y por qué.

Juan Carlos	Claudia
______________________	______________________
______________________	______________________
______________________	______________________
______________________	______________________

Actividad 3: Nuestro futuro.

A. Para el CD y escribe tres cosas que vas a hacer cuando termines tus estudios.

1. ______________________
2. ______________________
3. ______________________

B. Ramón está hablando con Cecilia sobre lo que va a hacer cuando termine sus estudios universitarios. Escucha la conversación y completa la oración del manual de laboratorio.

Cuando Ramón termine sus estudios universitarios, él ______________________

____

____

____

***Conversación:** La despedida*